朱涵　张韵 / 著

新媒体环境下的图书馆知识共享

LIBRARY KNOWLEDGE SHARING

IN THE ERA OF NEW MEDIA

U1008749

上海社会科学院出版社
SHANGHAI ACADEMY OF SOCIAL SCIENCES PRESS

前　言

提到互联网，就不得不说起与“互联网”相伴而生的“新媒体”。从腾讯QQ、网络视频、数字电视、BBS论坛、SNS网站（人人网、开心网）、Blog，到时下流行的IPTV、智能手机、微博、微信、抖音、快手、Facebook、Twitter、Instagram、YouTube，等等，这些由互联网、数字技术、移动终端、Web3.0、物联网、IPV6、大数据和云计算，以及4G、5G等媒介技术催生出的新媒体让人目不暇接，在我们生活的方方面面镌刻下印记，给我们的生活带来翻天覆地的变化。自媒体、社交媒体、移动媒体以及云媒体也不断跟进，人类社会以前所未有的速度大步迈入共享资源开放、信息自由流通的“地球村”时代，人们获取各种信息的方式变得越来越数字化、便捷化和效用化，新媒体未来的发展空间更是不可估量。

在新媒体环境下，图书馆用户可以通过新媒体平台，不受时间、空间的限制获取大量信息，使图书馆服务变得更加方便快捷。用户使用图书馆获取服务的方式和对图书馆的要求也随之发生了巨大的变化，简单的基于文献、期刊的图书馆服务早已不能满足其需求。调查显示，国内大多数图书馆建立了自己的官方网站、微博、微信公众号、App客户端。图书馆正着力转变服务理念，重视用户需求，借助新媒体技术提升图书馆利用率，增强图书馆的社会认同感。

图书馆知识共享一直是图书馆知识服务的核心所在，也是图书馆和用户建立良好互动关系的重要纽带。新媒体环境下，图书馆如何抓住机遇，使知识共享服务更上一层楼是本书的研究目的所在。本书共分十章：第一章“新媒体环境概述”，主要对新媒体环境进行阐述，揭示新媒体环境与传统网络环境不同之处；第二章“知识共享”，对知识以及知识共享基础理论进行论述，对图书馆知识共享的体系进行介绍，指出新媒体环境下图书馆知识共享之转变；第三章“知识共享障碍”，对图书馆知识共享中面临的各种困境进行梳理，特别指出新媒体环境下知识共享的障碍；在厘清以上问题的基础上，后续五章分别从“知识资源保障”“知识技术建构”“组织文化建设”“用户教育”“知识产权”几方面对如何解决知识共享中面临的困难进行论述；第九章“图书馆知识共享有效性评估”尝试建构图书馆知识共享指标体系；第十章“新媒体环境下图书馆知识共享案例”对国内外现有新媒体环境下图书馆知识共享案例进行梳理。

现阶段本书的研究仍有许多不足之处，还望各位读者批评指正。

目 录

第一章　新媒体环境概述

随着数字技术在信息传播领域内的广泛应用，新式传播媒介及传播形态催生出的新媒体也层出不穷。在这样的时代背景下，如何顺应时代潮流，将新媒体的优势进行有序组合，助力图书馆更好地发挥职能，是图书馆人值得关注和思考的问题。本章从中国互联网发展状况入手，对新媒体环境进行较为全面的介绍。

第一节　中国互联网发展状况

中国互联网络信息中心（China Internet Network Information Center，CNNIC）2021 年 2 月发布的第 47 次《中国互联网络发展状况统计报告》（以下简称《报告》）显示①，截至 2020 年 12 月，我国网民规模达 9.89 亿，较 2020 年 3 月增长 8 540 万，互联网普及率达 70.4%，较 2020 年 3 月提升 5.9 个百分点；我国手机网民规模达 9.86 亿，较 2020 年 3 月增长 8 885 万，网民使用手机上网的比例达 99.7%，较 2020 年 3 月提升 0.4 个百分点；我国网民使用手机上网

① 中国互联网络信息中心. 第 47 次《中国互联网络发展状况统计报告》[R/OL].（2021-02-03）[2021-02-08]. http://www.cnnic.cn/hlwfzyj/hlwxzbg/hlwtjbg/202102/t20210203_71361.htm.

的比例达99.7%，使用电视上网的比例为24.06%，使用台式电脑上网、笔记本电脑上网、平板电脑上网的比例分别为2.8%、28.2%和22.9%。

近五年来，我国网民规模和互联网普及率呈稳步增长态势。按国家统计局截至2019年底的统计数据（人口为14.05亿）计算，网民占全民比例约为70.4%。从地区分布和年龄分布来看，农村地区群体和60岁及以上老年群体是非网民的主要群体，因此城镇居民和60岁以下人群的网络普及率要高于（甚至远高于）七成。此外，手机网民规模亦稳步增长，占网民比例更是高达99.7%。拥有智能手机的人都或多或少地使用互联网。从互联网接入设备来看，手机可谓独占鳌头。

《报告》数据显示，目前互联网发展主要呈现三个特点。一是基础设施建设持续完善，"新基建"助力产业结构升级。2019年，我国已建成全球最大规模光纤和移动通信网络，行政村通光纤和4G比例均超过98%，固定互联网宽带用户接入超过4.5亿户。同时，围绕高技术产业、科研创新、智慧城市等相关的新型基础设施建设不断加快，进一步加速新技术的产业应用，并催生新的产业形态，扩大了新供给，推动形成新的经济模式。二是数字经济蓬勃发展，成为经济发展的新增长点。网络购物持续助力消费市场蓬勃发展。截至2020年3月，我国网络购物用户规模达7.10亿，2019年交易规模达10.63万亿元，同比增长16.5%。数字贸易不断开辟外贸发展的新空间。2019年，通过海关跨境电子商务管理平台的零售进出口商品总额达1 862.1亿元，同比增长38.3%。数字企业加速赋能产业发展。数字企业通过商业模式创新，加快数字技术应用,不断提升供应链数字化水平,为产业转型升级提供了重要支撑。三是互联网应用提升群众获得感,网络扶贫助力脱贫攻坚。互联网应用与群众生活结合日趋紧密,微信、短视频、直播等应用降低了互联网使用门槛,不断丰富群众的文化娱乐生活;在线政务应用以民为本,着力解决群众日常办事的堵点、痛点和难点;网络购物、网络公益等互联网服务在实现农民增收、带动广大网民参与脱贫攻坚行动中发挥了日趋重要的作用。

种种迹象和统计数据资料表明,中国已然成为互联网大国,网络规模、网民数量、智能手机用户以及利用智能手机上网的人数等都位居世界第一位。中国也是当今世界上互联网经济发达的国家之一。一方面,信息技术不断发展的时代背景是促使互联网在中国高速发展的其中一个主要原因。21 世纪是信息技术迅猛发展的时代。从全球范围看,信息化、网络化对经济、政治、文化、社会等各领域的渗透趋势越来越明显,成为推动经济社会转型、实现可持续发展、提升国家综合竞争力的强大动力。从实践层面看,信息化、网络化的巨大作用越来越凸显:在经济领域,促进传统产业转型,不断催生新的经济形态;在政治领域,改变传统政治生态,促进社会不断发展;在文化领域,推动文化的内容、形式和传播方式发生巨大变革;在社会领域,促进社会结构变革,深刻改变社会成员的生活方式;在军事领域,信息化、网络化背景下的军事斗争能力成为国防实力的关键要素;在科技领域,现代信息技术、网络技术水平的提升成为国家科学技术进步的重要标志。可以说,只有掌握先进的信息技术、网络技术,才能抢占经济社会和科技发展先机。

另一方面，国家战略是互联网高速发展的重要推手。2015 年 10 月在北京召开的党的十八届五中全会通过了“十三五”规划建议（简称《建议》），明确提出实施网络强国战略以及与之密切相关的“互联网＋”行动计划。2018 年 4 月，在全国网络安全和信息化工作会议上，习近平总书记深入阐述了网络强国战略思想，系统明确了一系列方向性、全局性、根本性、战略性问题，对当前和今后一个时期的网信工作做出重要战略部署，主要从网络基础设施建设、信息通信业新的发展和网络信息安全三个方面实施网络强国战略。具体举措主要包括①：加强顶层设计和组织领导，成立以习近平同志为组长的中央网络安全和信息化领导小组，为实施网络强国战略提供了强有力的组织保障；加大与网络强国相适应的基础设施建设，把加快建构高速、移动、安全、泛在的新一代信息基础设施作为拓展基础设施建设空间的重要内容；全面部署实施“宽带中国”战略，加快网络、通信基础设施建设和升级，全面推进三网融合；大力推动以“互联网＋”行动计划为代表的互联网应用，实施“互联网＋”行动计划；推进网络关键技术设备自主创新和国产化；着力实现关键技术自主可控，为维护国家安全、网络安全提供技术保障；加强与网络强国相适应的软硬件建设。在肯定互联网繁荣发展的同时，我们还应看到目前仍存在自主创新能力不强，关键技术受制于人，网络安全面临严峻挑战，城乡和区域之间存在“数字鸿沟”等问题。

---

① 人民网.人民日报人民要论：网络强国战略助推发展转型[R/OL].(2016-02-17)[2021-02-01]. http://opinion.people.com.cn/n1/2016/0217/c1003-28128796.html.

第二节　新媒体环境

“媒体”一词来源于拉丁语“Medium”，又译为媒介，意为两者之间。广义的媒介是指事物之间发生关系的介质或工具；狭义则指传者和受者之间的某种信息交流的实体，如广播、电视、报纸等。也就是说，其是指信息在传递过程中，从信息源到受信者之间承载并传递信息的载体和工具。“媒介是一个社会的中介者和控制者，它承载的信息作用到人的身上，对人的行为产生影响，从语言方式、行为方式到思维方式”。①关于“新媒体”(new media)一词，目前普遍引用的说法认为其由美国哥伦比亚广播电视网(CBS)技术研究所所长、NTSC电视制式的发明者彼得·卡尔·戈德马克(Peter Carl Goldmark)率先提出。他在1967年撰写的一份关于开发电子录像(EVR)的商业计划书中，将电子录像称为新媒体。②1969年，美国传播政策总统特别委员会主席罗斯托(E. Rostow)在向当时的美国总统尼克松递交报告的过程中，多次使用“new media”一词，③该词由此开始广为传播。

中国传媒大学的廖祥忠认为这一颇为流行的说法其实并不准确，他认为“新媒体”这个概念至少可以追溯到20世纪50年代，始见于1959年3月3日马歇尔·麦克卢汉应邀赴芝加哥参加全美高

① 陈卫星.传播的观念[M].北京：人民出版社，2004.

② Harold L. Vogel. Entertainment Industry Economics: A Guide for Financial Analysis[M]. Cambridge: Cambridge University Press, 2007.

③ 蒋宏，徐剑.新媒体导论[M].上海：上海交通大学出版社，2006.

等教育学会举办的会议演讲中。在这次听众逾千人的大会上，他以“电子革命：新媒体的革命影响”为题，提出了著名的“媒介即信息”这一论断。①

一、新媒体概念

所谓“新”，必然是相对于“旧”“传统”。20世纪60年代被称为“新媒体”的电子录像，显然早已摘掉了“新”的帽子。随着数字技术在信息传播领域的广泛应用，新式传播媒介及传播形态催生出的新媒体也层出不穷。广播相对报纸是新媒体，电视相对广播是新媒体，网络相对电视是新媒体。学者潘忠党和刘于思认为，对“新媒体”的研究不能仅以特定的媒介或技术特质来区分和隔离“新”与“旧”，要真正界定新媒体，需要考虑媒介理论（medium theory）取向、人与技术之间的界面（interface）取向以及行动场所的界面取向，对于媒体的“新”“旧”的界定可以从信息生产的可供性（production affordances）、社交可供行（social affordances）和移动可供性（mobile affordances）三方面来衡量。②显而易见，“新媒体”是一个没有确切内涵和外延的动态概念。不同时期，不同领域机构、组织、专家学者从不同角度对“新媒体”做出了界定。

美国《连线》杂志对新媒体曾有一个定义：“所有人对所有人的传播。”③这一定义较为宽泛，缺乏学理性。联合国教科文组织

---

① 刘娅，丁和根.新媒体运营与管理理论[M].南京：南京大学出版社，2018.

② 潘忠党，刘于思.以何为“新”？“新媒体”话语中的权力陷阱与研究者的理论自省——潘忠党教授访谈录[J].新闻与传播评论，2017(1)：2-19.

③ 杨琳桦.“科技是第七种生命形态”[N].21世纪经济报道，2010-11-29(13).

(UNESCO)给出的是一个高度概括的定义："以数字技术为基础，以网络为载体进行信息传播的媒介。"

清华大学新闻与传播学院新媒体研究中心主任熊澄宇教授在2003年中国网络媒体论坛上指出："今天的新媒体主要是指在计算机信息处理技术基础上产生和影响的媒体形态，包括在线的网络媒体和离线的其他数字媒体形式。"[①]清华大学新闻与传播学院彭兰教授在《新媒体概念界定的三条线索》中提出："新媒体主要指基于数字技术、网络技术及其他现代信息技术或通信技术的，具有互动性、融合性的媒介形态和平台。"[②]复旦大学发展研究院传播与国家治理研究中心主任李良荣教授认为："新媒体，是伴随着互联网发展，以数字技术、计算机网络技术、移动通信技术为主要支撑，以数字化、交互性、超时空为主要特征的一系列新媒体形态。"[③]

综观"新媒体"相关研究，不难看出的是几乎所有的研究都承认和认可互联网在"新媒体"中的重要作用，"新媒体"与"互联网"相伴而生，前者以后者为依托，后者为前者的创新和发展提供了强大动力。

二、新媒体特点

(一) 数字化是新媒体的显著技术特征

尼葛洛庞帝在《数字化生存》(*Being Digital*)一书中，将 digital 译为"数字化"。数字化技术，主要是将文字、声音、图像等模拟信

---

① 蒋宏，徐剑.新媒体导论[M].上海：上海交通大学出版社，2006.

② 彭兰."新媒体"概念界定的三条线索[J].新闻与传播研究，2016，23(3)：120-125.

③ 李良荣.网络与新媒体概论[M].北京：高等教育出版社，2019.

息编织成计算机可以识别的二进制代码 0 和 1，再转化为脉冲信号，最后计算机就以一种人们可以识别的符号传递出信息。新媒体运用数字语言进行传播。数字化技术是新媒体技术的基础，它与其他相关技术结合，像处理数值一样处理所有形式的信息，彻底改变了数据和信息的生产、获取、处理、传输和储存方式，并在互联网传播平台上得到综合，大大提高了传输效率。数字化技术让人们可以在任何时间、任何地点以数据、文字、语言、声音、图画等方式与任何人进行对话和交流。数字化的语言实现了在不同计算机间进行语言符号的转化，使信息跨区域、全球化传播不再是幻想。①

（二）超时空性是新媒体的外部效果特征

与报纸等传统媒体相比，新媒体具有传播快捷、时间自由的特征，能够轻易做到即时传播。数字信号可以瞬间到达具备技术条件的任何地点，新闻信息的更新达到了按秒计算的程度。除了传播时效的大幅度提升，新媒体还凭借全球互联网和通信卫星技术突破了地理区域的局限，实现了传播的即时性和空间的无限性，世界各地的网民几乎可以同时看到传入互联网的信息，新媒体已然成为全球性的媒体。

（三）虚拟性是新媒体最重要的基本属性

随着新媒体的发展，虚拟人类、虚拟社区、虚拟商品等具有虚拟价值的新媒体产物也应运而生，例如用于全天候新闻播报的虚拟主持人，时下流行的微博、微信、抖音、快手、Twitter、Facebook、Instagram、Flickr 等新媒体建构的虚拟社区。可以毫不夸张地

---

① 李林容.新媒体概论[M].北京：法律出版社，2015.

说，新媒体时代颠覆了信息传播的途径，重构了人们的交往模式。通过新媒体平台，互不相识的人们可以轻而易举地建立起联系纽带，为实现同一个目标而努力。由于人们在虚拟社区里可以选择公布或隐藏自己的身份，一些不良信息的传播速度和负面影响也随之增加。

（四）交互性是新媒体的本质传播特征

数字技术的发展使新媒体的信息采集、制作和传播异常便捷和高效。新媒体时代，受众不再是简单的信息接受者，人人都可以检索、接收、发布、回复和评论各种信息，信息的传播者与受传者之间随时能够进行双向实时的交流，人人都是自媒体。新媒体的交互性特征，不仅体现在传播的方向上，还体现在整个信息形成过程的改变带来的信息控制力的变化上。在新媒体传播过程中，信息不再依赖某一方发出，而是在传者与受者的交流过程中形成，传者成为信息生产和传播过程中的积极参与者和建构者。另外，交互性还带来了信息传播的个性化。传统媒体的点对面传播模式决定了受众只能被动接收信息，很少有主动选择的余地，个性化需求受到压制。新媒体的点对点传播模式，使得多元传播主体间一对一的个性化信息服务得以实现。

（五）跨媒体性是新媒体传播的又一大特征

新媒体集合了文字、声音、图片、图像、动画、视频等，本身就是一个融合媒体，它极大地促进了媒介之间的融合。这种融合，不是简单的加减法，不是媒介之间的物理结合，而是两种或两种以上的媒介在多层次、多领域、多维度的相互渗透与交流。新媒体彻底打破了报纸、广播、电视等媒介之间的壁垒，使得同一内容具有了多介质传播的可能。新媒体中的大多数权威性、垄断性的新闻信息来源于传统媒体或电视媒体，而传统的纸质媒体或电视媒体在时效性或交互性强的信息方面则借鉴于新媒体。

新媒体除了以上特征外，还具有移动化、智能化、信息传播的即时性、信息传播渠道的多样性、信息传播的海量性和精准化等特征。这些特征也成为评判新媒体的主要标尺。

第三节 新媒体主要类型

随着信息技术的不断进步和人类信息传播需求的不断增加，各类新媒体不断涌现。新媒体的“新”，不仅表现在技术层面上，也表现在媒介形式和传播模式上。其中，既有一些媒体是崭新的，如网络新媒体、手机新媒体等，也有一些媒体是在传统媒体基础上嫁接新技术发展而成，如电子报纸、数字广播、IPTV 等。为了更好地理解种类繁多的新媒体，我们可以按照不同的标准进行分类。①

一、按硬件设备终端来分

（一）以计算机为终端

1998 年 5 月，联合国新闻委员会年会正式宣布，互联网成为继报刊、广播、电视传统媒体后新兴的“第四媒体”。网络媒体综合了传统媒体各自的优势，真正实现了文字、图片、声音、图像等传播符号的有机结合，具有信息量大、传播更新速度快、多媒体传播、互动

---

① 李良荣.网络与新媒体概论[M].北京：高等教育出版社，2019.

性强等特点，可谓是一种具有强大生命力的新型媒体。作为新媒体的早期形态，网络新媒体已经成为主流的新媒体群，包含门户网站、博客、微博、播客等众多类型。门户网站是最有代表性的网络媒体，即综合某类互联网信息资源并提供有关信息服务的系统。从现状来看，门户网站主要提供新闻、搜索引擎、网络接入、聊天室、电子公告板、免费邮箱、影音资讯、电子商务、网络社区、网络游戏、免费网页空间等服务，既是提供互联网信息资源和服务的大门，又是重要的连接枢纽。门户网站也因此拥有庞大的用户群。

以计算机为终端的新媒体是最早出现也是普及程度最广的类型，绝大部分的其他新媒体终端都来源于或借鉴了以计算机为终端的新媒体。随着笔记本电脑等计算机终端形态的“进化”，计算机终端变得越来越便携，功能越来越强大，是最主要的新媒体终端类型。

（二）以手机和便携式电子设备为终端

手机原本只是人们在移动中进行人际沟通的通信工具，其主要用途是进行语音通话，但是随着技术的发展，在拨打电话、收发短信功能的基础上，衍生出了手机游戏、手机上网、手机电视等诸多功能形态。围绕手机不断成长的产业链也越发庞大，特别是手机上网技术普及后，手机将服务功能、新闻功能、娱乐功能和金融功能集于一身，逐渐从一种通信工具向信息平台转型，形成了一种新的大众化媒体——手机媒体。人们不仅可以通过手机通话，还可以上网、看报、看电视、写博客、购物，进行游戏娱乐等，手机已经成功完成了由人际沟通工具向大众传播媒体的跨越。

除了手机之外，平板电脑、电子书等移动互联网与智能终端的开发也成为新的发展趋势。平板电脑也叫便携式电脑(Tablet Personal Computer, Tablet PC),是一种小型、方便携带的个人电脑,以触摸屏作为基本的输入设备。该触摸屏(也称为数位板)允许用户通过触控笔或数字笔来进行作业,而不是通过传统的键盘或鼠标。用户可以通过内建的手写识别、屏幕上的软键盘、语音识别或者一个真正的键盘(如果该机型配备的话)实现输入。电子书是指存储包含文字、图片、声音、影像等数字化内容的出版物以及植入的或下载的数字化文字、图片、声音、影像等信息内容的集存储介质和显示终端于一体的手持阅读器。目前市面上比较常见的电子书包括美国亚马逊公司推出的 Kindle,以及汉王、超星电子书等。

(三) 以数字电视机为终端

无线数字电视、车载公交移动电视、楼宇电视等是传统媒体通过与数字技术、网络技术、多媒体技术嫁接,发展出的丰富多彩的新形态。IPTV、移动电视、楼宇电视等电视新媒体,集数字化、互动性为一体,颠覆了传统电视媒体的单向信息传播模式,提供专业化、个性化的信息服务,大大拓展了广播电视的传播范围,为用户带来了全新的视听体验。

交互式网络电视(Internet Protocol Television, IPTV),是利用宽带的基础设施,以家用电视机(或计算机)作为主要终端设备,集互联网、多媒体、通信等多种技术于一体,通过互联网络协议(IP)向家庭用户提供包括数字电视在内的多种交互式数字媒体服务的一种崭新技术。目前,人们有两种方式来使用 IPTV,一种是通过上网的个人电脑,一种是通过网络机顶盒+普通电视机。

IPTV 使观众既可以看到传统的有着固定编排顺序的电视节目，也能够灵活地进行节目预约和视频点播，还可以非常方便地享用互联网上的各项内容服务，包括可视 IP 电话、网上冲浪、电子邮件服务、电子商务、网络游戏以及其他在线信息咨询和娱乐等服务。楼宇电视是指采用数字电视机为接收终端，以楼、场、堂、馆、所等公共场所为传播空间，播放各种信息的新型电视媒体传播形式。移动电视则是指以数字广播技术为支撑，通过无线数字信号发射、地面数字接收方式播出电视节目的新媒体。其在广义上指对数字电视信号在移动状态下的接收，一切可以以移动方式收看电视节目的技术或应用，都可称为移动电视，包括车载电视、手机电视等。狭义上，移动电视特指在公共汽车、出租车、地铁等可移动交通工具上，通过电视终端以接收无线信号的形式让人们收看电视节目的一种媒体形态。

二、按应用(软件)属性来分

新媒体按照应用（软件）属性来划分，分为静态应用和动态应用两大类。其更为通俗的说法就是 Web 1.0 时代的互联网应用与 Web 2.0 时代的互联网应用。

（一）Web 1.0 时代的互联网应用

Web 1.0 时代的互联网应用是“一对多”，门户网站是其经典形式，特点是互动较少，内容产生主要以编辑为主。Web 1.0 时代的互联网应用，提供的服务相对简单，包括电子邮件、电子公告板系统、信息检索、万维网、即时传呼和 IP 电话等。这一时期登录互联网主要使用的设备是台式电脑和笔记本电脑。

（二）Web 2.0 时代的互联网应用

Web 2.0 时期的网络应用是“一对多”与“多对多”并立，出现了以个人为中心的传播形式，互动性加强，内容生产包括信息交互和行为记录。Web 2.0 主要是一种利用 Web 平台由用户主导生成内容的互联网产品模式，其特点是鼓励信息最终利用者通过参与和分享，产生个人化的内容，从而使得整个网络上可供分享的资源变得更丰富。

在 Web 2.0 技术日趋完善的今天，有人提出了 Web 3.0 的概念，用来概括互联网发展过程中某一阶段可能出现的各种不同的方向和特征。在 2006 年 11 月的 Technet 峰会上，Netflix 的创始人里德·哈斯廷斯（Reed Hastings）阐述了 Web 术语的简单公式：“Web 1.0 是拨号上网，50K 平均宽带；Web 2.0 是 1M 平均宽带；Web 3.0 就该是 10M 宽带、全视频的网络，这才感觉像 Web 3.0”。

事实上，互联网从 Web 1.0 发展到 Web 3.0，变化的绝不仅仅是宽带。Web 1.0 时代沿袭了传统媒体大众传播的模式，以早期门户网站 Yahoo! 为代表，是一个用户完全被动接受信息的时代；Web 2.0 将互动传播提升到重要位置，以博客、微博、在线流媒体为代表，开启了以个人为中心的传播方式；Web 3.0 在大数据时代的背景下，创建出综合化的服务平台，提供基于用户偏好的个性化聚合信息服务，走向智能网络和智能应用的层次。

三、按经营性质来分

新媒体按照其经营性质来划分，主要可分为以营利为目的的商业网站和不以营利为目的的政府和公益类网站等。营利性新媒体可以分为以信息传播和提供娱乐为主的媒体网站和提供具体产品的商业网站。前者包括传统媒体创办的网站、虚拟社区以及娱乐服务类网站;后者则包括多种样式的电子商务网站。非营利性网站包括各级政府开设的网站、电子政务平台等。公益类网站则主要是依托各级慈善机构以及各种非政府组织而成立的新媒体平台。

四、按应用功能来分

以"功能"标准划分的新媒体不断完善、挑战自身能力,已经将传统"网络新闻"的概念抛在身后,呈现出跨终端、融合发展的新趋势。

第一,从信息传播功能来看,代表性的新媒体有早期出现的电子公告板(Bulletin Board System, BBS)、门户网站(Portal)和搜索引擎(Search Engine)。BBS的主要服务功能多为档案或共享软件下载。门户网站,也称为门户,是综合某类互联网信息资源并提供有关信息服务的信息系统,如美国的综合门户(www.yahoo.com),中国的"四大门户"——新浪网(www.sina.com)、网易(www.163.com)、搜狐网(www.sohu.com)和腾讯网(www.qq.com)。

第二,从知识生产功能来看,代表性的新媒体有信息聚合(Really Simple Syndication or Rich Site Summary, RSS)和网络百科(Wiki)。RSS是一种描述和同步网站内容的格式,目前广泛用于网上新闻频道、博客和Wiki上。RSS通过软件工具的方法从网络上搜集各种RSS Feed,并在一个界面中提供给读者进行阅读。

目前较有影响力的网络百科有维基百科（Wikipedia），其是一个基于 Wiki 技术、内容自由、任何人都能参与并有多种语言的百科全书协作计划，是一个动态的、可自由访问和编辑的全球知识体，此外还有维基解密网站（Wikeleaks）和中国的百度百科（baike.baidu.com）。

第三，从人际交往功能来看，代表性的新媒体有电子邮件、即时通信软件、社交网络等。电子邮件是互联网上最早出现也是最重要的应用之一，电子邮件的传输是通过电子邮件简单传输协议（Simple Mail Transfer Protocol，SMTP）来完成的，具有方便快捷、传输速度快、成本低廉、信息多样化等特点，并且由于是异步传输，可以使收信人避免过多的干扰。即时通信是一种基于互联网的即时交流信息的业务，允许两人或多人使用网络即时传递文字、图片、语音或视频，根据终端不同可分为 PC 即时通信和手机即时通信。使用较多的此类软件有腾讯 QQ、微信，微软公司的 MSN，中国移动飞信等。社交网络也就是“网络＋社交”的意思，即通过网络这一载体把人们连接起来，从而形成具有某一特点的团体。社交网络的组成包括硬件、软件、服务和应用四大方面。社交网络还可以细分为大众社交（Facebook、微博）、私密社交（Path、MEYO）和专业社交（LinkedIn）等。

第四，从娱乐功能来看，代表性的新媒体有交互式网络电视（Internet Protocol Television，IPTV）、视频分享网站和图片分享网站。IPTV 是一种利用宽带的有限电视网，集互联网、多媒体、通信等技术于一体，向家庭用户提供包括数字电视在内的多种交互式服务。视频分享网站是指在完善的技术平台支持下，让互联网用户在线流畅发布、浏览和分享视频作品。YouTube 是世界上最大的视频分享网站，截至 2018 年初，YouTube 全球用户已超 15 亿。中国排名靠前的视频网站有爱奇艺、腾讯视频、优酷、搜狐视频、快手、抖音、PPTV、乐视视频等。根据 CNNIC 报告，截至 2020 年 12 月，我国网络视频(含短视频)用户规模达 9.27 亿，较 2020 年 3 月增长 7 633 万，占网民整体的 93.7%。其中短视频用户为 8.73 亿，较 2020 年 3 月增长 1.00 亿，占网民整体的 88.3%。使用率较高的图片分享应用有 Flickr 和基于 iOS 平台的 Instagram。其为用户提供免费及付费的数位照片存储、分享服务，同时提供网络社群服务。

第五，意见自由市场是经典的自由主义报刊理论中的重要观点，意为真理的传播并不依靠权威，而是依靠在自由的言论空间中与谬误的较量而显示自身。互联网提供多重现实促进多元主体互动参与，无疑为意见的自由传播和交锋提供了更为便利的条件。作为意见自由市场的新媒体包括博客(Weblog、Blog)、播客(Podcast)、微博(Microblog)、微信(WeChat)等。博客最初的英文名称是 Weblog，由 web 和 log 两个单词组成，按字面意思就是网络日记。它是由一些短小并有规律地更新的帖子组成的网页，通常都包括一些超文本链接。播客译自(Podcast)，是源于苹果电脑的“iPod”与“广播”(broadcast)的合成词。博客与播客最主要的区别在于，前者以传播文字和图片为主，后者则主要传播音频和视频信息。微博是指一种基于用户关系信息分享、传播以及获取的通过关注机制分享简短实时信息的广播式的社交媒体、网络平台，它允许用户通过 Web、Wap、Mail、App、IM、SMS 等或者通过电脑、手机等多种移动终端接入，以文字、图片、视频等多媒体形式，实现信息的即时分享、传播互动。其中较早且较著名的微博，是美国的Twitter。2006 年 3 月，博客技术先驱 blogger 创始人埃文·威廉姆斯（Evan Williams）创建的新兴公司 Obvious 推出了大微博服务。在最初阶段，这项服务只是用于向好友的手机发送文本信息。2009 年 8 月中国门户网站新浪推出“新浪微博”内测版，成为门户网站中第一家提供微博服务的门户网站，微博正式进入中文上网主流人群视野。随着微博在网民中的日益火热，在微博中诞生的各种网络热词也迅速走红网络，微博效应正在逐渐形成。在微博上，信息获取具有很强的自主性、选择性，用户可以根据自己的兴趣偏好，依据对方发布内容的类别与质量，来选择是否“关注”某用户，并可以对所有“关注”的用户群进行分类。微博宣传的影响力具有很大弹性，与内容质量高度相关。其影响力基于用户现有的被“关注”的数量。用户发布信息的吸引力、新闻性越强，对该用户感兴趣、关注该用户的人数也越多，影响力就越大。根据《微博2020 用户发展报告》[①]，微博 2020 年 9 月日活跃用户 2.24 亿，2020 年 9 月月活跃用户达 5.11 亿。微信（WeChat）是继新浪微博之后中国又一款引发全民使用狂潮的免费社交应用程序。微信（WeChat）是腾讯公司于 2011 年 1 月推出的一个为智能终端提供即时通信服务的免费应用程序。微信支持跨通信运营商、跨操作系统平台通过网络快速发送免费（需消耗少量网络流量）语音短信、视

---

① 新浪科技.微博 2020 用户发展报告[R/OL]. (2021-03-12)[2021-03-23]. https://finance.sina.com.cn/tech/2021-03-12/doc-ikkntiak9143019.shtml.

频、图片和文字，同时，也可以使用通过流媒体共享内容的资料和基于位置运作的社交插件“摇一摇”“漂流瓶”“朋友圈”“公众平台”“语音记事本”等服务插件。这些新媒体的准入门槛较低，任何人都可以在自己的账号下发布信息或发表评论，从而成为中国受众表达意见和交锋观点的重要平台。

第六，户外新媒体。近年来发展较快的还有户外新媒体，其是有别于传统的户外媒体形式(广告牌、灯箱、车体等)的新型户外媒体。户外新媒体以液晶电视为载体，如楼宇电视、公交电视、地铁电视、列车电视、航空电视、大型 LED 屏等，主要是基于新材料、新技术、新媒体、新设备的应用，或是与传统的户外媒体形式相结合，使得传统的户外媒体形式有质的提升。数据显示，户外广告的增长主要是来自户外视频、户外 LED、户外 LCD、户外电子阅报栏、户外触摸查询机等。

第四节　新媒体发展阶段

根据新媒体使用主体及受众群体的变化，新媒体的演进历程可划分为精英媒体阶段、大众媒体阶段以及个人媒体阶段。①

一、精英媒体阶段

在新媒体诞生之初的相当一段时间内，仅有为数不多的群体有机会接触新媒体，并使用新媒体传播信息，这部分人多数是媒体

① 谭笑.跨媒体营销策划与设计[M].北京：中国传媒大学出版社，2016.

领域的专业人士，具有较高的文化素质及社会阶层身份，因此这一时期是精英媒体阶段。

“精英”一词最早出现于17世纪的法国，指精选出来的少数优秀人物，他们在智力、性格、能力、财产等诸多方面都超越了大多数人，对社会发展起到至关重要的作用。

早期使用新媒体的人群在媒介受众群体中属于少数派团体，他们具有前卫的媒介传播意识，也掌握着更先进、更丰富的媒介资源，是新媒体的第一批受益人群。

二、大众媒体阶段

当新媒体大规模发展并得到普及时，其发展历程就进入大众媒体阶段。直至今日，以手机等移动媒体为主的新媒体已为广大受众所享有，利用新媒体传播知识、信息也成为媒介传播的一种常态。

由精英媒体向大众媒体发展，离不开媒介技术进步所带来的传播成本的下降。新媒体以更低廉的传播成本、更便捷的传播方式以及更丰富的信息传播内容成为一种大众媒体，其传播的内容及形式从某种程度上说甚至改变了人们的生活方式以及对媒介本质的理解。

三、个人媒体阶段

伴随着新媒体技术的不断发展及普及，以往没有占据媒体资源和平台，并且具备媒介特长的个体，开始逐渐通过网络来发表自己的言论和观点，通过平台展示给受众，这是个人媒体阶段到来的一个标志。

个人媒体的实现方式主要包括博客、社区以及社交网站。这些类型及方式也伴随着网民的不断增加而增加，支撑这一现象产生的基础还包括视频等各种技术的成熟。个人媒体逐渐成为传统媒体之外日趋重要的信息发布及咨询的窗口。

新媒体发展到个人媒体阶段，标志着新媒体技术的最终成熟及普及，其较为广泛的使用范围，也使得新媒体成为人们生活中进行信息传播、休闲娱乐的平台之一。

第五节　新媒体之影响

新媒体对社会的影响体现在方方面面，有利有弊。一方面，新媒体改变了大众生活方式和生活习惯，加速了社会结构调整的步伐，新媒体产业本身及相关信息产业带来了巨大经济效益。另一方面，新媒体用户的匿名性、草根化与发布信息的“零成本”导致虚假信息和垃圾消息的泛滥和对大众伦理道德的挑战。新媒体传播亦引发了网络知识产权侵权、不当收集和处理个人隐私信息、对空间隐私的侵犯、政治意识形态渗透等问题。新媒体对图书馆亦产生了间接或直接影响，主要体现在以下几个方面。

一、新媒体助力教育信息化

“信息化”(informatization)一词最早于20世纪60年代出现在日本的一些学术文献中，当时对“信息化”这一概念，主要是从产业角度进行阐述和界定的。20 世纪 70 年代，德国、欧共体和联合国教科文组织等国家和国际组织先后出台了一系列推动信息技术在社会中应用和发展的规划，这些规划都把信息基础设施建设作为重要一环。

1993 年 9 月，美国克林顿政府正式提出建设“国家信息基础设施”(National Information Infrastructure, NII)，俗称“信息高速公路”(Information Superhighway)计划，其核心是发展以 Internet 为核心的综合化信息服务体系和推进信息技术(Information Technology, IT)在社会各领域的广泛应用。在其带动之下，许多发达国家和发展中国家相继出台了一系列国家信息基础设施建设规划，从而带动了全球信息化建设的浪潮。

教育信息化的概念是在 20 世纪 90 年代伴随着信息高速公路的兴建而提出的。在美国的“信息高速公路”计划中，特别把 IT 在教育中的应用作为实施面向 21 世纪教育改革的重要途径，美国的这一举动引起了世界各国的积极应对，许多国家的政府相继制定了推进本国 IT 在教育中应用的计划。

中国自 20 世纪 90 年代末开始，随着网络技术的迅速普及，整个社会的发展与信息技术的关系越来越密切，人们越来越关注信息技术对社会发展的影响，“社会信息化”的提法开始出现，联系到教育改革和发展，“教育信息化”的提法也开始出现了。政府的各种文件已经正式使用“教育信息化”这一概念，并高度重视教育信息化的工作。

回顾我国教育信息化的变迁路径，有学者将其划分为萌芽、初步发展、稳定发展、决胜四个阶段。[①]萌芽阶段为 20 世纪 80 年代，随着“四个现代化”与“三个面向”等政策理念的提出，教育的作用被定义为提高国家核心竞争力的有效动力。初步发展阶段为 20 世纪 90 年代，随着信息技术的发展，中国进入科技与劳动生产率高速发展的阶段，并将教育作为优先发展的事业。稳定发展阶段为 2000—2018 年，我国大力实施科教兴国战略。建构以人为本的现代化教育体系和学习型社会成为该阶段的教育现代化建设目标。决胜阶段为 2015—2035 年，信息化为教育与信息技术的融合创新提供了前提，同时推动教育形式的巨大变化。教育信息化助推教育现代化的思路由简单的环境观、工具观和资源观，向着内涵式发展的方向演进。

教育信息化是一项系统工程，需要党和国家及教育主管部门制定一系列推进教育信息化的政策，并同时制订教育信息化的中、长期发展规划。因此，国家相继出台了一系列推进教育信息化的政策和措施，或在相关的文件中对教育信息化提出了明确的要求。例如 2012 年 3 月，教育部印发《教育信息化十年发展规划（2011—2020 年）》，倡导建立政府引导、多方参与、共建共享的开放合作机制；2012 年 4 月，教育部等九部门印发《关于加快推进教育信息化当前几项重点工作的通知》，提出实现教学点数字教育资源全覆盖，推进农村中小学宽带接入与网络条件下的教学环境建设，推动优质数字教育资源的普遍应用，推进网络学习空间建设，建设教育

① 胡航，杨旸，飞云倩.教育信息化助推教育现代化：使命、路径与策略[J].教学研究，2021，44(1)：24-31.

资源公共服务平台，建设教育管理公共服务平台，加大教师应用信息技术能力的培训力度等目标；2013 年 7 月，教育部、财政部、人力资源社会保障部印发《关于进一步加强教育管理信息化工作的通知》，明确了建设覆盖全国教育界的学生、教师、经费、资产等管理信息系统，建成国家教育管理公共服务平台，加强两级建设，推动五级应用，加大推进力度，保证经费投入等目标；2017 年，党的十九大报告中明确提出“办好网络教育”；2018 年 4 月，教育部印发《教育信息化 2.0 行动计划》，明确提出“八大行动”（数字资源服务普及行动、网络学习空间覆盖行动、网络扶智工程攻坚行动、教育治理能力优化行动、百区千校万课引领行动、数字校园规范建设行动、智慧教育创新发展行动和信息素养全面提升行动）和“五大保障措施”（加强领导，统筹推进；创新机制，多元投入；试点引领，强化培训；开放合作，广泛宣介；担当责任，保障安全）。2019 年颁布的《中国教育现代化 2035》的第八项战略任务便是“加快信息化时代教育变革”。

2020 年，教育信息化进入融合创新阶段，重点关注更好地促进教育公平、支撑教育现代化。一是学校网络基础环境基本实现全覆盖。截至 2020 年 11 月底，全国中小学（含教学点）联网率为 99.7%，出口宽带达到 100M 的学校比例为 98.7%。其中，52 个贫困县已实现了学校网络全覆盖，99.7%的学校实现了百兆宽带。[①] 二是优质资源供给和教学应用水平大幅提升。教育部实施“农村

---

① 中华人民共和国教育部.教育部新闻发布会[EB/OL].(2020-12-01)[2020-12-23]. http://www.moe.gov.cn/fbh/live/2020/52692/.

教学点数字教育资源全覆盖”项目，深入推进“三个课堂”应用，连续六年开展“一师一优课、一课一名师”的活动，利用信息化手段扩大优质教育资源覆盖面的有效机制基本形成。

此外，用户通过线上教育还获得了公平、个性化的教学与服务。一是中小学教育下沉加速，促进四五线城市用户获得公平教育机会。2020 年上半年，在线教育平台通过推出免费课程，开放直播平台等形式打开下沉市场，并通过教研设计本地化、与地方学校合作等方式实现线上线下融合，使四五线城市及城镇用户得以接触优质教师及课程资源，真正受益于教育公平。技术赋能在线教育，助力用户获得个性化教学资源。各种远程教育的实施，打破了以往面对面授课的地域限制，使人们可以最大限度地共享教育资源。

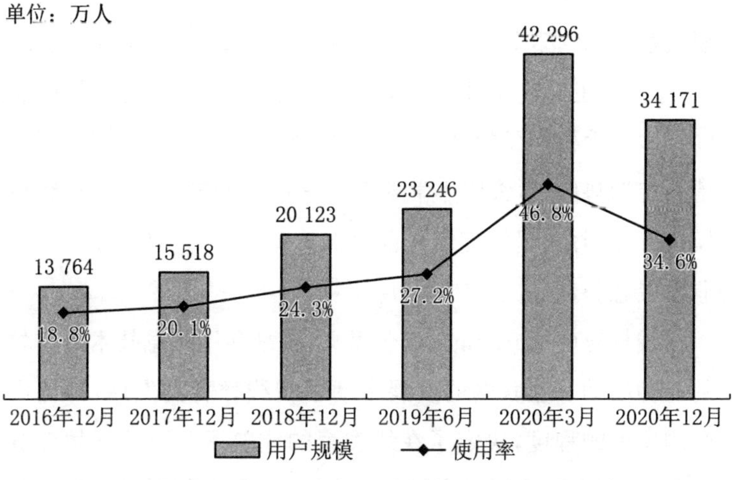

图 1-1　2016 年 12 月—2020 年 12 月在线教育用户规模及使用率

来源：CNNIC 中国互联网络发展状况统计调查。

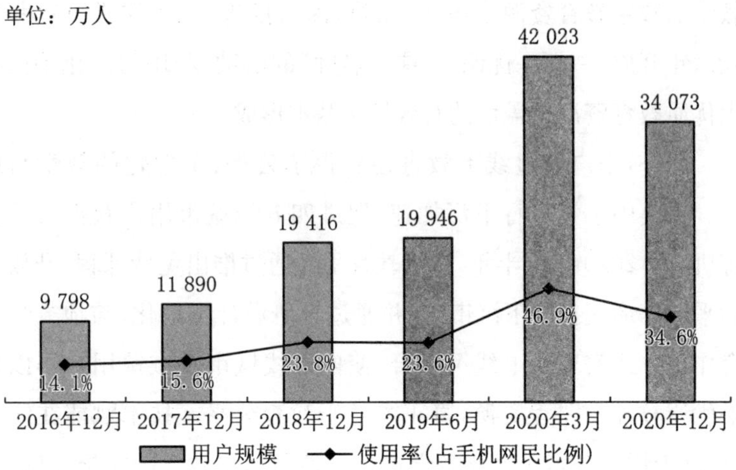

图 1-2　2016 年 12 月—2020 年 12 月手机在线教育用户规模及使用率

来源:CNNIC 中国互联网络发展状况统计调查。

根据 CNNIC 统计数据,截至 2020 年 12 月,我国在线教育用户规模达 3.42 亿,较 2020 年 3 月减少 8 125 万,占网民整体的 34.6%;手机在线教育用户规模达 3.41 亿,较 2020 年 3 月减少了 7 950 万,占手机网民的 34.6%。2020 年下半年,随着"新冠"肺炎疫情防控形势向好,大中小学基本恢复正常的教学秩序,在线教育规模进一步回落,但较疫情之前(2019 年 6 月)仍增长了 1.09 亿,行业发展态势良好。

在线教育(e-learning),顾名思义,就是利用信息技术进行教与学的一种活动。互联网的发展带动了在线教育的发展,计算机和互联网发展的程度,决定了在线教育的成熟度。与传统教育机构的教育方式相比,在线教育具有效率高、方便、低门槛、教学资源丰富的特点。在线学习使知识获取的方式发生了根本性的变化。教与学可以不受时间、空间的限制，知识获取渠道灵活与多样化。在线教育平台利用一切工具进行的教育活动皆以提高效率为前提，从而较好地满足了用户碎片化、多样化的学习需求。早期的在线教育多以录播形式开展，直到2016年“直播元年”的到来，使在线教育似乎找到了更为有效的发展模式：以直播作为知识传播手段，建立教育直播平台。通过直播平台，讲师和学员能够进行互动，例如讲师能够在线答疑，解决学生问题，而学生也能通过“连麦”的方式与讲师对话。不可否认，教育直播平台的出现是在线教育领域一个巨大的飞跃，它很大程度上降低了学习成本，同时也是卓有成效的学习工具。

作为互联网催生的产物，新媒体在教育信息化过程中也发挥了举足轻重的作用，加速了教育资源的传播速度，提高了信息共享能力。新媒体不仅彻底打破了传统教育模式，同时也改变了受众学习方式。学习者运用创造性思维与网络接轨，利用计算机辅助学习、幻灯片放映展示、各种音频视频学习方式，可达到良好的学习效果。在新媒体技术的推动下，教育资源呈现最优化的趋势，基于网络发展的新型教育形态正在风靡全球。4G网络的高速发展和智能手机的普及，使App成为了学习“神器”，该领域更是成为各大在线教育公司的必争之地。

绝大多数在线教育品牌开发自己独立的App，采用“智能＋互动”的方式完成教学和测评的全部流程。随着中小学培训市场的日渐饱和，在线教育进一步向学前教育市场拓展并建立品牌，比如豌豆思维、火花思维、斑马AI课、51Talk、画啦啦小灯塔教育、美术宝等。以豌豆思维为例，2020年10月其成功进入GSV全球

EdTech(“全球教育科技”)50 强榜单,2020 年 11 月获得由软银领投的 1.8 亿美元 C 轮融资,在资本市场的助推下强势发展。

再比如“互联网+教育”的产物“慕课”。所谓“慕课”(MOOC),顾名思义,“M”代表 Massive(大规模),与传统课程只有几十个或几百个学生不同,一门“慕课”课程参与者动辄上万人,最多达 16 万人;第二个字母“O”代表 Open(开放),表示其以兴趣导向,凡是想学习的,都可以进来学,不分国籍,只需一个邮箱,就可注册参与;第三个字母“O”代表 Online(在线),指学习在网上完成,无须旅行,不受时空限制;第四个字母“C”代表 Course,就是课程的意思。[①]MOOC 这个术语是 2008 年由加拿大爱德华王子岛大学网络传播与创新主任联合国家人文教育技术应用研究院高级研究员一同提出来的:在由阿萨巴斯卡大学技术增强知识研究所副主任与国家研究委员会高级研究员设计和主持的一门在线课程中,为了响应号召,Dave Cormier 与 Bryan Alexander 提出了 MOOC 这个概念。该课程名叫“连通主义与连通知识”,25 位来自曼尼托巴大学的付费学生,以及 2 300 多位来自世界各地的免费学生在线参与了这门课程的学习。所有课程内容都可以通过 RSS feed 订阅,学习者可以用他们自己选择的工具来参与学习,例如用 MOODLE 参加在线论坛讨论,发表博客文章,在“第二人生”中学习,以及参加同步在线会议。近年来该领域还涌现出一大批面向全球学生的优秀平台,包括 Coursera(目前发展最大的 MOOC 平台,拥有相近

---

① 新闻晚报.什么是慕课[N/OL].(2013-07-09)[2021-02-05]. http://news.sina.com.cn/o/2013-07-09/131927618337.shtml.

500门来自世界各地大学的课程)、edX(哈佛与MIT共同出资组建的非营利性组织,与全球顶级高校结盟)、Stanford Online、中国大学MOOC、学堂在线(xuetangx,清华大学于2013年10月推出的MOOC平台)、慕课网(imooc,由北京慕课科技中心成立,是国内慕课的先驱者之一)等。新媒体教育的普及提高了人们的网络应用能力,大大降低了学习门槛和专业限制,慕课让更多的人依托新媒体技术实现了随时随地学习。

二、新媒体改变阅读行为

中国新闻出版研究院于2020年4月20日公布的第十七次全国国民阅读调查结果①如下。

第一,2019年我国成年国民各媒介综合阅读率保持增长势头,各类数字化阅读方式的接触率均有所增长。2019年我国成年国民包括书报刊和数字出版物在内的各种媒介的综合阅读率为81.1%,较2018年的80.8%提升了0.3个百分点。数字化阅读方式(网络在线阅读、手机阅读、电子阅读器阅读、Pad阅读等)的接触率为79.3%,较2018年的76.2%上升了3.1个百分点。图书阅读率为59.3%,较2018年的59.0%上升了0.3个百分点;报纸阅读率为27.6%,较2018年的35.1%下降了7.5个百分点;期刊阅读率为19.3%,较2018年的23.4%下降了4.1个百分点。数字化阅读的发展,提升了国民综合阅读率和数字化阅读方式接触率,整体阅读

① 国家新闻出版署.第十七次全国国民阅读调查成果发布[EB/OL].(2020-04-20)[2021-02-05].http://www.nppa.gov.cn/nppa/contents/280/45906.shtml.

人群持续增加，但也带来了纸质阅读率增长放缓的新趋势。

第二，进一步对各类数字化阅读载体的接触情况进行分析发现，2019 年我国成年国民的网络在线阅读接触率、手机阅读接触率、电子阅读器阅读接触率、Pad（平板电脑）阅读接触率均有所上升。具体来看，2019 年有 71.6%的成年国民进行过网络在线阅读，较 2018 年的 69.3%上升了 2.3 个百分点；76.1%的成年国民进行过手机阅读，较 2018 年的 73.7%上升了 2.4 个百分点；24.8%的成年国民在电子阅读器上阅读，较 2018 年的 20.8%上升了 4.0 个百分点；21.3%的成年国民使用 Pad（平板电脑）进行数字化阅读，较 2018 年的 20.8%上升了 0.5 个百分点。

第三，手机和互联网成为我国成年国民每天接触媒介的主体，纸质书报刊的阅读时长均有所减少。从人们对不同媒介接触时长来看，成年国民人均每天手机接触时间最长。2019 年，我国成年国民人均每天手机接触时长为 100.41 分钟，比 2018 年的 84.87 分钟增加了 15.54 分钟；人均每天互联网接触时长为 66.05 分钟，比 2018 年的 65.12 分钟增加了 0.93 分钟；人均每天电子阅读器阅读时长为 10.70 分钟，与 2018 年的 10.70 分钟持平；人均每天接触平板电脑的时长为 9.63 分钟，较 2018 年的 11.10 分钟减少了 1.47 分钟。在传统纸质媒介中，2019 年，我国成年国民人均每天读书时间最长，为 19.69 分钟，比 2018 年的 19.81 分钟减少了 0.12 分钟，超一成（12.1%）国民平均每天阅读 1 小时以上图书，与 2018 年（12.3%）基本持平；人均每天读报时长为 6.08 分钟，比 2018 年的 9.58 分钟减少了 3.50 分钟；人均每天阅读期刊时长为 3.88 分钟，比 2018 年的 5.56 分钟减少了 1.68 分钟。

第四，我国成年国民和未成年人有声阅读率继续较快增长，成为国民阅读新的增长点，移动有声 App 平台已经成为听书的主流选择。对我国国民听书习惯的考察发现，2019 年，我国有三成以上(31.2%)的国民有听书习惯。其中，成年国民的听书率为 30.3%，较 2018 年的平均水平(26.0%)提高了 4.3 个百分点。0—17 周岁未成年人的听书率为 34.7%，较 2018 年的平均水平(26.2%)提高了 8.5 个百分点。具体看来，0—8 周岁儿童的听书率为 36.5%，9—13 周岁少年儿童的听书率为 30.5%，14—17 周岁青少年的听书率为 35.8%。对我国成年国民听书介质的考察发现，选择“移动有声 App 平台”听书的国民比例较高，为 16.2%；9.3%和 6.0%的人选择通过“微信语音推送”和“广播”听书。

第五，我国成年国民网上活动行为中，以阅读新闻、社交和观看视频为主，娱乐化和碎片化特征明显，深度图书阅读行为的占比偏低。2019 年，我国成年国民上网率为 81.1%，比 2018 年的 78.4%增加了 2.7 个百分点。具体来看，有近三成(28.1%)的国民通过电脑上网，有近八成(79.8%)的国民通过手机上网。

第六，超过半数成年国民倾向于数字化阅读方式，倾向纸质阅读的读者比例下降，而倾向手机阅读的读者比例上升明显。对我国国民倾向的阅读形式的研究发现，36.7%的成年国民更倾向于“拿一本纸质图书阅读”，比 2018 年的 38.4%下降了 1.7 个百分点；有 43.5%的国民倾向于“手机阅读”，比 2018 年的 40.2%上升了 3.3 个百分点；有 10.6%的国民更倾向于“网络在线阅读”；有 7.8%的人倾向于“在电子阅读器上阅读”；0.9%的国民“习惯从网上下载并打印下来阅读”。

正如中国新闻出版研究院院长魏玉山所说:“数字化阅读的发展,提升了国民综合阅读率和数字化阅读方式接触率,整体阅读人群持续增加,但同时也带来了纸质阅读率增长放缓的新趋势。”人类信息阅读载体的变化趋势大致是从岩画到纸书,从书籍到报刊,从报刊到计算机,从计算机到手机等移动端。从纸质阅读和数字化阅读的此消彼长中,我们可以看到新媒体改变了人们的阅读载体。

另外一个与阅读相关的趋势是阅读屏幕越来越小,阅读时间越来越短,主要原因是计算机阅读和移动阅读都是交互式阅读模式,阅读内容的选择的随意性和便捷性与图书这种静态沉静式阅读模式完全不同。只有需要深度阅读时,人们才会访问门户网站、行业网站和主流媒体网站。一方面,生活节奏的加快和学习要求的提高,导致人们没有时间阅读海量信息。因此整合信息,让信息更加精准、符合人们阅读习惯和目的,就显得格外重要。另一方面,智能手机的普及促使阅读进入了移动场景下的碎片化时间阅读模式,多元化、便捷化、碎片化的信息传播方式也让广大受众形成了快速浏览、随时阅读的阅读趋势,“低头族”“手机控”等新名词屡见报端。可以毫不夸张地说,新媒体重塑了大众的阅读习惯和阅读方式。面对以上改变,图书馆应及时调整资源配置,加大电子资源投入和建设,补充电子阅读设备,实现传统服务方式的转型。

三、新媒体进一步拓展传统“受众”的内涵

人类社会绵延至今,经历了四次意义重大的传播革命。第一次传播革命是文字的发明和使用;第二次传播革命是印刷术的发

明;第三次传播革命是电报的发明;第四次传播革命是互联网相关技术的推广使用以及由此带来的新媒体勃兴。相较前三次,第四次传播革命不仅在传播载体、传播介质上更加先进,实现了数字、语言、文字、声音、图画、音像等多种传播方式的统一数字化处理,更以其交互性传播模式,使得传者与受众之间的传统关系面临巨大转变。

受众即受传者,也称为信宿。其既可以是某个个体,也可以是某个群体或某个社会组织。受众得到信息后会根据自身的理解,产生相应的反应。①自大众传播学成为一门科学以来,谁是新闻传播活动的中心,一直是众多学者研究和讨论的焦点之一。早期的传播学者从宣传的角度出发,先后提出了"枪弹论""强效果论"等理论,其实质就是把受众看作是被动的信息的接受者。很明显,在这些理论中传者是居于中心地位的。随着研究的发展,传播学者们发现受众并不是单纯的、被动的接受者,也不是同质的。不同的受众对于同一传播信息会产生不同的反应,受众在传播过程中的作用开始受到重视。受众的特点真正实现从传者中心论到受众中心论的转变是在20世纪60年代。受众中心论的研究者认为,受众是传播的主动者,媒介是被动者。受众并不是消极地"接受"信息,而是积极地寻求信息为自己所用。这也就是所谓的受众本位意识论。

传统媒体显然也注意到了受众参与的重要性,所以尝试以读者来信、热线交流、收视率调查等方式来弥补自身短板。但由于其

---

① 刘军.公共关系学[M].北京:机械工业出版社,2006.

本身缺乏交互性的结构，与受众互动的效果都相当有限，不可避免地具有局限性和滞后性。而新媒体则很好地解决了这一问题。以新浪微博为例，点开首页“榜单”即可查看 1 小时、24 小时、周榜和月榜信息，排名前十的热门话题动辄就有数千万、数亿的转发、评论、点赞。网络影响力靠前的“大 V”的粉丝数量直逼千万甚至上亿。新媒体把传统的“受众”改造成“用户”。新媒体环境下，用户从被动接受信息到通过网络主动获取信息，从接受信息到主动传播信息。同理，图书馆的读者不再是被动的信息和知识接受者，而是信息的参与者、推动者与生产者，知识的传播者。这就要求图书馆应充分借助多媒体的优势收集读者反馈，回复读者评论，精准了解读者需求，鼓励读者分享，从而使图书馆的资源优势最大化。

第六节 新媒体与图书馆

一、新媒体促进图书馆服务方式多样化

在新媒体环境下，图书馆用户可以通过新媒体平台不受时间、空间的限制获取大量信息，使图书馆服务变得更加方便快捷。用户使用图书馆获取服务的方式和对图书馆的要求也随之发生了巨大的变化，简单的基于文献、期刊的图书馆服务早已不能满足他们的需求。调查显示，国内大多数图书馆建立了自己的官方网站、微博、微信公众号、App 客户端，图书馆正着力转变服务理念，重视用户需求，借助新媒体技术提升图书馆利用率，增强图书馆的社会认同感。

二、新媒体对图书馆资源建设提出新要求

数字技术、计算机网络技术、移动通信技术是新媒体发展的三大关键性支撑技术，其对软硬件资源环境有较高的依存度，这就要求利用新媒体的图书馆能够为广大读者提供数据支持。首先要做到通信设施完备，确保能够连续在线地为读者提供良好的数据信号。其次，图书馆在建设馆藏数据资源的过程中，务必要注意数据的长期保存性、格式兼容性、拓展性等。另外，图书馆还必须在数字化资源建设上加大投入，为广大读者提供包括自有视频资源建设、远程访问、书目检索、数据库建设等在内的数字化服务。

三、新媒体对图书馆人员安排和储备提出新的要求

新媒体的广泛应用，必然要求图书馆对馆员安排和储备做出调整。在运营方面，很多图书馆投入大量的资金培养和招聘一些专业的学科人员来管理新媒体平台，从而帮助图书馆以新媒体为利刃来扩大服务的影响力和传播力。新媒体对图书馆带来的主要影响将在后续章节中作进一步论述。

图书馆在传播知识与传承社会文明方面承担着重要的职责，在推动全民阅读，提高人民思想道德素质和科学文化素质中发挥着重要的作用。信息爆炸时代，新媒体为图书馆带来了新的挑战和机遇，对新媒体的利用具有一定的必然性，图书馆人要成为“新媒体”的积极实践者。“新媒体”本身是一个开放的概念，本书研究的出发点在于在这个被“新媒体”充斥的“信息爆炸”时代，图书馆应如何顺势而为，将新媒体为己所用，物尽其用。因此，本书以下

提到的“新媒体”主要是指图书馆结合自身优势，助力自身履行社会教育和信息传播职责所采用的以数字技术、网络技术和移动传播技术为基础，具有融合性、互动性的媒介形态和平台，例如微博、微信、QQ、豆瓣网、Facebook、Twitter、YouTube 等。

第二章　知识共享

世界经合组织(OECD)发表《以知识为基础的经济》以来，知识经济在我国已成为热门话题，很多组织已经将知识共享作为提高自身核心竞争力的最根本手段。新媒体技术的发展也为图书馆进行知识共享提供了良好的平台。微博、微信等新媒体平台纷纷开始成为图书馆主要的知识发布源和受众交流平台。图书馆可以利用微博、微信等新媒体搭建团队成员的知识交流平台，降低知识共享的硬件成本，并利用新媒体平台与用户进行互动交流和知识分享，为团队内部和外部的协同创新创造了更好的知识交流平台和渠道，实现新媒体环境下图书馆借助新媒体平台为用户提供更具有针对性、人性化的服务。新媒体环境下图书馆知识共享是一个多环节的过程，其不仅仅是简单地将知识由知识发送方向知识接受方进行简单传递，也比较注重知识的整合以及接收方对于知识的吸收、创新和应用。

第一节　知识共享相关概念

一、知识相关理论

(一) 知识的定义

希腊哲学家对认知论的深入讨论促使了知识概念的产生，不同学者对知识的概念和内涵进行了多层次的揭示。Reidenbach认为知识可以反映信息消费和运用能力，经过加工鉴别的信息就是知识。[①]Zack认为可以应用专业技能影响人们行为的能够存储或操控目标对象的潜在能力即为知识。[②]Schubert认为知识是集合经验、技术、观点等自身情景，为了解和改造客观世界，主动发现和学习而得到的信息。[③]安德森将一些可以教会的能力定义为知识，并从广义角度对陈述性知识和程序性知识进行了区分。[④]孙恒志认为国内外学者对知识概念的界定，偏重静态而忽略知识本质，因而，他从认识论视角将知识定义为人类对自然界、人类社会和人的正确认知及其合理应用与组合的总和。[⑤]钟义信则将知识定义为人类关于客观事物状态及其变化规律的描述。[⑥]王晰巍将知识界定为一种在学习、实践基础上获得的，在人类群体之间传递的，指导人类思想和行为的，同事实、概念、想法有关的个体信息。[⑦]

随着知识经济的发展和知识社会的形成，经济领域和管理学

---

① Reidenbach R.E, Grimes S. How Concept Knowledge Affects Concept Evaluation [J]. Journal of Product Innovation Management, 1984, 1(4):255-266.

② Zack M. H. Developing a knowledge strategy[J]. The strategic management of intellectual capital and organizational knowledge, 2002:255-276.

③ Schubert P, Lincke D. M, Schmid B. A global knowledge medium as a virtual community: the Net Academy concept[J]. AMCIS 1998 Proceedings, 1998:207.

④ Corbett A. T, Anderson J. R. Knowledge tracing: Modeling the acquisition of procedural knowledge[J]. User Modeling and User-Adapted Interaction, 1994, 4(4): 253-278.

⑤ 孙恒志.从已有知识定义的缺陷看知识定义的科学整合[J].山东科技大学学报(社会科学版)，2002, 4(3):14—17.

⑥ 钟义信.论"信息—知识—智能转换规律"[J].北京邮电大学学报，2007, 30(1):1-8.

⑦ 王晰巍，郭宇，魏骏巍，等.移动互联网环境下企业隐性知识共享影响因素研究——基于信息生态视角的分析[J].图书情报工作，2014, 58(24):113—120.

领域对知识的探讨也越来越多。早在新古典经济学诞生之初，Marshall 就提出了知识对经济的重要性，认为知识是最有效的生产手段。后期 Fritz Machlup 认为，生产知识不仅仅是向已知的知识存量中加入知识，同时也是在任何人的脑海中创造一种认知状态，知识生产者可以是传播者、加工处理者、改变者、翻译者或者信息分析者以及原作者。①1998 年 3 月，国家科技领导小组发布《关于知识经济与国家知识基础设施的研究报告》，将“知识”定义为：“经过人的思维整理过的信息、数据、形象、意向、价值标准以及社会的符号化产物，不仅包括科学技术知识这一知识核心层重要的部分，还包括人文社会科学的知识，商业活动、日常生活和工作中的经验和知识，人们获取、运用和创造知识的知识，以及面临问题做出判断和提出解决方法的知识”。管理学大师 Peter Drucker 认为：“知识是一种能够改变人或事物的信息——这既包括使信息成为行动基础的方式，也包括通过信息的运用使个体或团体有能力进行改变或进行更为有效的行为方式。”②Thomas H.Davenport 则提出一个被人们广为引用的知识定义：“知识是一种包含了机构化的经验、价值观、关联信息以及专家的见解等动态要素的组合。它起源于认识者的思想，并对认识者的思想起作用。在组织内，知识不仅存在于文档和数据库中，而且嵌入在组织的日常工作、过程、时间和规范中。”③

① 夏先良.知识论　知识产权、知识贸易与经济发展[M].北京：对外经济贸易大学出版社，2000：6.

② 李蕾.建设项目知识管理的理论研究与实证分析[D].武汉：武汉理工大学，2007.

③ 苏新宁，任皓，吴春玉，朱晓峰.组织的知识管理[M].北京：国防工业出版社，2004：2.

可见，知识是信息的意义类别之一，不同于一般的事实、消息、观点等，是人们通过复杂的智力活动而形成的对自然、人和社会的认知和见解。知识是智慧的来源，对人的认知和决策具有很大的价值。

（二）知识的分类

17 世纪现代科学革命时期，哲学上关于知识的来源有两种争论：一是认为人类知识都源于感觉经验，可能的感觉经验的范围就是可能的知识的范围；二是认为感官对世界的认知是不可靠的，其提供的经验材料也是不可靠的，因而，人类不能指望通过对经验材料的分析归纳得到知识，只能依靠理性所具有的推理能力。这种观点认为，获得知识的有效来源只能是通过严格的逻辑推理，推导出新的知识。在哲学史上，有关知识的分类问题也基本上是围绕着“经验”和“理性”两分法展开：一是外物作用与我们的感官所引起的感觉经验；二是理性先天固有的认知能力。罗素指出，一般所说的知识分为两类：第一类是关于事实的知识，也叫“反映”的知识；第二类是关于事实之间的一般关系的知识，即能够发挥控制能力的知识。这类知识在极端上的体现就是实用主义。从经济学知识观的发展演变看，最具特色的知识分类是专门知识和共有知识的二分法。德鲁克认为知识不是抽象的泛指，而是具体的专门知识，即学科知识体系，知识的本源存在于应用之中，实践和应用推动着知识的发展，知识工作者拥有的知识应该是高度专门化的，只有专门化的知识才是有效的知识，越是专门化，有效度越高。①

---

① 张志林.印刷传播知识管理[M].北京：中国书籍出版社，2004：55-56.

在知识管理领域中，通常将知识分为显性知识和隐性知识。① 迈克尔·波兰尼(Michael Polanyi)是最早从这一角度对知识进行分类的，他认为人类是通过主动创造和整理他们自身经验来获得知识的，隐性知识是个人的、局限于情景的，难以表达和交流，而那些可以用文字和数字来表达的显性知识，仅仅是人类全部知识整体的一小部分。日本学者对隐性知识和显性知识做了进一步对比，他们认为显性知识一旦成为社会公共知识，可以低成本在大范围内传播；而隐性知识一旦成为组织的显性知识，就会成为组织的财富。日本学者从知识管理角度分析了隐性知识和显性知识的转换模式，认为分为以下几种。第一，隐性知识转化为隐性知识是人类知识传播中最古老的模式，类似于师傅带徒弟的过程，无需使用语言，实现在操作过程中分享经验，形成共有的思维方式和技术能力，实现知识的转化。第二，隐性知识转化为显性知识是一种典型的知识创新过程。人们将自己的经验转化为语言可以表述的内容，将感性知识提升为理性知识，将想象转变为概念。第三，从显性知识转化为隐性知识是典型的知识应用过程。将理论运用于实践，实现理论的价值。第四，显性知识到显性知识的转化是一个建立重复利用知识体系的过程。在这一过程中，知识并不只是在机构中的简单累积或叠加，而是在不断聚合过程中产生新的知识和理念。

丹麦学者 Johannessen 和 Olaisen 在波兰尼知识分类基础上，按照可交流性和可获得性两个维度将知识分为四个类型：显性知

---

① 李华伟，董小英，等.知识管理的理论与实践[M].北京：华艺出版社，2002：89-91.

识、系统化知识、关系性知识、隐性知识与隐藏知识。

表 2-1　Johannessen 和 Olaisen 知识分类

知识交流	易理解且易获得	难理解并难获得
易交流知识	显性知识	系统化知识
难交流知识	关系性知识	隐性知识与隐藏知识

Johannessen 和 Olaisen 认为其具体如下。第一，显性知识是易获得、易理解和易交流的知识，一般以文字、图像、符号表述等方式记载，是有形的、结构化的知识，可供人们交流，存储在图书馆或数据库中。第二，系统化知识易交流，但难获得且难理解。系统化知识是例如理论框架、研究方法等指导我们如何获取知识的知识。既包括知识的生产过程，也包括已有的知识产品。第三，关系性知识易获得且易理解，却难交流。关系性知识主要是指人或组织在长期工作实践和社会交往中所建立的关系和人际网络。第四，隐性知识与隐藏知识既难获得又难理解和交流。这类知识往往是非结构化的、非正式的，存在于人类大脑中，具有相对的主观性和专有性。隐性知识尚未进入公共信息流通渠道，对解决现实问题和突发性问题具有重要价值。

（三）知识的特性

不同哲学对知识本质的理解差异，造成了其对知识的显示构成的不同看法。在古希腊的哲学传统里，知识不仅包括对外在客观世界的了解，还包括道德规范。在近代知识理论看来，知识就是观念之间的一种必然联系。所谓知识就是指科学知识，尤其是以数学和物理学为典范。在实证主义看来，只有那些经得起经验验证的命题或陈述才是知识，价值和道德判断由于不能被经验验证，因此不属于知识的范围。在当代西方哲学理论看来，自然科学、社会科学和人文科学都属于知识。从哲学角度而言，一般的知识特性有以下三点。①

1. 主观客观的统一性。因为获取知识就是把有关事物或现象的各种要素提取出来，并转化到认识成果中去，而这一过程正是通过认识主体的各项功能的发挥而完成的。所以，知识首先是主体与客体的统一。一般来说，认识主体的功能有选择功能、抽象功能、组织功能和建构功能等。选择功能的作用在于它能把具有客观有效性的东西区分出来，抽象功能的作用在于它能抽取事物的本质，组织功能的作用在于它能创造出一种客观有效的形式，而建构功能的作用在于它能建立起有效的结构。这些功能可以使认识过程中错误的因素被排除，正确的因素被保留并沉淀到认识的成果中，转化成知识的客观因子。正是在这一意义上，我们说知识首要的方面是主观客观的统一性。

2. 公共性。知识应该是可以积累和传达的，它的获取以主体间交往为中介。只有那些可以用来理解他物，指导实践并取得效果的人类共同的认识才能称为知识。这种具有必然性和普遍性的共同认识，不仅能够以文字符号的形式记载在文献中，还可以记忆在人们的思想意识中，并且作为主体的知识储备、文化素养和信仰传统构成主体的理解结构。从这一意义上说，公共性是知识的显著特点。

---

①　王维国.论知识的公共性维度[M].北京：中国社会科学出版社，2003：193-196.

3. 多样性。人类的认识是一个无限发展的过程，而作为一种有着必然性和普遍性的共同认识，人类的知识也不可能固定在某一点上或限制在某一方面，它必然会随着人类的实践活动而表现出无限的复杂性和多样性。而知识内容的多样性，又可能导致知识形式的多样性。

在知识经济时代，知识成为推动经济增长和社会发展的主要动力，具有与物质性生产要素明显不同的特性，具体如下。

1. 知识生产的非同一性。知识生产的非同一性包含了两个方面的含义。一是知识内容的非同一性；二是知识理解的非同一性。从个体知识发生的角度看，知识是人脑的产物，每一项新知识的产生，也都以原有知识架构为基础，并沿着特定的方向展开。即使人们在知识原理和逻辑思维上有可能达到完全的统一，但其具体的知识发生途径和方法也不可能完全一致。知识的个性化特征，不仅表现为不同知识主体在认识和解决问题时的特有方式，而且囿于特定的社会历史条件和文化背景，知识生产者和知识使用者之间还会存在理解上的诸多差异。波兰尼指出，尽管在每一项知识中，都有知识的人的“无所不在的”个人参与，但知识“并不是一种任意的行为，也不是一种被动经验”。人在从事知识活动时，行为遵从某些启发性前兆，并与某种隐藏的现实建立起联系。在波兰尼看来，这种前兆与现实的联系就是知识的客观性，而客观性与个人性相结合，就是“个人知识”。①

① 迈克尔·波兰尼.个人知识 迈向后批判哲学[M].许泽民，译.贵阳：贵州人民出版社，2000：5-7.

2. 知识使用的非排他性。从经济学角度看，知识的消费具有明显的“非竞争性”，即任何一个人掌握了任何一项知识，都不影响其他人知道和掌握这些知识，更不会损坏这一知识本身的知识性。作为脑力劳动的产物，知识的生产过程可以是个体的，但知识产品却一定是社会的。知识一经产生，便可以提供无限的供给，知识使用的“非排他性”特征，使知识具有了更多溢出效应。

3. 知识的无限增值性。美国经济学家罗默(Romer)认为，经济增长不是一般化的总量增长，而应该“微视化”为具体的作用。在他的“知识溢出”模型中，知识被分解为一般知识和专业化知识两种类型，在促进经济增长中发挥着不同的作用。一般知识可以增加规模经济效益，专业化知识可以增加生产要素递增收益，这两种作用的结合可以使知识、技术和人力资本本身产生递增效益，从而使资本、劳动力等其他投入要素的收益递增。

在知识管理领域，知识多被视为认知过程与认知结果的统一，具有以下特征。

1. 知识的意会性。是指知识的不可完全表达性，它来自意会认知。意会认知是一种通过实践来学习的认知活动，在这样的认知过程中，认知者是将整个过程作为一个整体集中把握的，但同时又必须通过把特定部分整合在一起才能达到这一整体性认知，而这些特定的部分是被认知者自愿把握的，也即意会地将这些特定的部分整合在一起。所有的知识都具有意会性，我们知道的要比能够说出来的多得多。除了个人水平上的意会认知，组织层面也存在意会认知。组织惯例可以被看成组织遗传物质，其中，属于组织层级规则的部分具有较高的可表达性，而属于组织文化的部分则难以表达，具体有较高的意会性。无论是个人知识还是组织知识，其意会性持续存在的原因主要有两方面：一是个人或组织没有得到足够的激励，使其将意会性高的知识表达出来；二是在大多数情况下，人们并没有意识到知识的意会性，或者不知道如何表达它。

2. 知识的情境性。知识的情境性是指任何知识都是在特定情境中创造的，而且还要在特定情境下获得其意义。从知识发生的角度看，知识是具体的，它总与某个具体情境下的具体认知实践活动联系在一起。知识所谓的抽象性或普遍性只具有相对意义，没有完全脱离情境的抽象性或普遍性。具有抽象性或普遍性的知识虽然对某个特定情境的依赖性较低，但同时又必须依赖于一个较大范围的跨情景的情境，来获得其意义和进一步被创造的可能性。知识的意会性和情境性是造成知识传播过程中黏滞性的原因，没有相似的意会认知经历，不进入情境，就无法理解和把握知识的意义，这就从根本上制约了知识的跨情景传输和转译。信息的意义同样是由意会认知过程和情境性赋予的，具有不同认知经历和情境背景信息的信息接受者，会对表面看似相同的信息做出不同评价。

3. 知识的综合性。在个人或组织的意会认知过程中，依赖于特定情境的知识很难进行清晰地分割。对于组织来说，能够清晰分割的知识如专门化规则固然重要，然而规则的合法性和真正价值却在于人们愿意遵守它。默认规则遵守者的不同理解，是消除规则理解歧义的最好方式。从这个意义上讲，个体或者组织用于专门化规则进行理解和执行的知识是综合性的。另外，知识创造的过程的本质在于不同性质知识的综合应用和新的不同性质知识的产生,而这个过程的最大特征就是综合。既然知识被看作是认知过程与认知结果的统一,而且它的创造又是一个不同性质知识的综合运用过程,那么,无论从结果还是过程来看,知识都具有综合性。

二、知识共享内涵

(一)知识共享定义

不同的学者对知识共享有不同的理解①,学者 Gilbert and Hayes 认为,知识共享是一个通过不断地动态学习进而达到目标的动态过程;Dixon 关于知识共享的定义是,把自己拥有的知识共享给他人,使得别人也知道这些知识,进而与他人共同拥有这些知识。他们都是从学习视角强调知识的拥有者与知识的接受者通过学习共同受益。而学者 Lee 认为知识共享是一个传递知识的过程,是在个人、团队或组织之间进行传递,这些知识包含显性知识和隐性知识。从知识的传递、转化、吸收方面考虑知识的主体知识共享过程。Jahng 认为知识共享是一个交互的过程,在这个过程中知识是能够被复制和传播以及有效利用的,强调知识共享是一个沟通和利用的组合体。我国学者孟鲁洋认为知识共享是知识拥有者通过知识交互,传递给知识接受者经过处理后的有用信息,知识共享效果同知识接受者的信息素养、个人经验背景、知识反馈以及创新洞察力密切相关。②国内学者也从价值观视角将知识共享定义

---

① 张才明.虚拟社区隐性知识共享研究[J].情报科学,2020,38(9):36-41.

② 孟鲁洋,张胜军,李国平.企业知识与知识共享对策研究[J].图书情报导刊,2005,15(3):212-213.

为，知识拥有者通过将特殊的、独占的知识资源传递，获得市场价值的过程。徐扬在虚拟组织知识共享研究中，指出知识共享就是以知识形式进行知识虚拟商品转移的过程。①李志宏从权力视角，将知识共享定义为知识权力转移的过程。②郭宇认为知识共享是个体或组织之间，利用新媒体以及传统媒体工具和媒介进行不影响个人利益的知识交互，以实现知识价值的过程。知识共享主体包括个体、群体或组织。③

周九常指出，在表达知识共享概念的时候，少数学者还用了“知识分享”一词。④就“知识分享”而言，严格说来，这种表达不同于图书情报界常说的“资源共享”或“资源共建共享”。首先，“资源”的范围要大于“知识”，知识（资源）仅仅是社会总体资源体系中的一种。其次，“资源共享”一词主要出现在图书情报领域，特别是针对国家、地区和系统的图书情报“事业”，实践上讲求协作与协调，多依靠政策、法规加以规范和调整，而“知识分享”的概念在企业管理领域更为流行，实践中它立足于组织和个人，主要依靠组织或个人的自觉以及问题和任务（项目）的需要加以推进。第三，“知识分享”更加“基本”，更强调主体性和能动性，首先考虑“自我知识”的“他人”享用。第四，从“一体化”过程来看，“资源共享”可以看作是一个重要的阶段性目标，但不是最终目标（最终目标是问题的解决

---

① 徐扬.虚拟科研组织中的知识共享管理[J].科技进步与对策，2010，27(5)：97-102.

② 李志宏，王海燕.组织员工隐性知识共享的博弈分析[J].科技进步与对策，2010，27(6)：135-138.

③ 郭宇，王晰巍，杨梦晴，等.移动新媒体的知识共享因素研究——基于信息生态视角[J].情报学报，2014(12)：1277-1287.

④ 周九常，等.图书馆知识转移与共享[M].北京：知识产权出版社，2010.

和任务项目的完成），而“知识分享”则成为达到这一阶段性目标的一个必要条件和手段，也就是说，离开了“知识分享”的参与，就无法到达“资源共享”的阶段性目标。如此看来，图书情报界传统思路上对资源共享的理解和研究虽然已经逻辑地预设了“知识分享”这一前提条件，但终究没有明确、直奔主题地抵达“知识共享”。需要说明的是，从学科分野上看，管理学领域的学者所撰写的论著多用“知识分享”，主要原因可能在于其知识活动中更强调“主体性”，更多地与隐性知识相关；而图书情报领域的学者所撰写的论著多表达为“知识共享”或“资源共享”，这与图书情报领域长期面对的“知识资源”这一对象紧密相连，更多地与显性知识有关。也就是说图书情报学对“知识共享”的理解常常与图书情报机构的知识资源建设和服务紧密结合在一起，显示了以客观知识资源为核心的特色。

从以上学者的观点总结中可以看到，知识共享是通过多种渠道传授、接受知识，得到共赢的动态过程。知识共享可以用公式来描述：知识共享＝知识贡献者＋知识传送＋知识转化＋知识吸收＋知识获得者。公式中最关键的是知识贡献者，即个体是否有意愿把知识贡献出去与其他人共享。根据霍曼斯的社会交换理论，其指为换取双方自己所需要的东西，将某事物自愿地从一方转移到另一方。该理论认为那些能给自己带来利益的交换才能使人采取交换行为。在知识共享过程中，贡献者与知识获得者可能共同收益。知识共享是由不同的主体对知识进行讨论沟通的过程。主要有知识的转化、知识的转移、知识的交易等方面。在知识共享中，每个个体及组织既是知识提供者又是知识需求者，大家由此达成知识之间的互动。知识共享,不仅对信息的格式等信息进行描述,还揭示其来源、社会教育环境、文化环境、用户使用模式、偏好、权威性等"语境"信息,并结合语义技术,建构信息关联和知识关联。共享的知识在经历了无数次的定义、探讨、研究和改正后,原有的知识扩大并实现创新,使知识在质量与数量上都在不断提高,最后变成公共知识财富。但需要说明的是,知识共享不是知识发展的最终结果,它只是运用一种手段快速有效地提高知识传播和创新的速度。

(二)知识共享特性

周九常对知识共享的特性做出如下总结。

1. 知识共享的主流形式是问题解决型的知识共享。问题解决型知识共享是主动式的知识共享:在解决问题的过程中,为了把问题按时、顺利、彻底地解决,达成目标,就需要每个人积极、主动地共享知识,即需要大家一起,群策群力,共同出谋划策。问题解决型知识共享是相互的知识共享:这种知识共享不是单向的,而是双向的或多向的,为了解决问题,完成任务,需要人们相互交流知识,相互学习,共同提高。问题解决型知识共享是紧密协作型的知识共享:知识共享容易且广泛地发生在紧密协作型的活动过程中,而上述解决问题的实际活动在很大程度上都是紧密协作型的活动过程。在这样的活动过程中,为了一个共同的目标,人们组成一个相互配合、紧密协作的工作团队,组成一个知识搭配合理的项目组,在问题解决的过程中进行着频繁、持续的知识交流。问题解决型知识共享主要是一种隐性知识共享:根据许多学者的论述,社会中所存在的知识主要不是显性知识,而是隐性知识,因此知识共享的主流是隐性知识共享而不是显性知识共享。在问题解决的过程中，人们所分享的主要是储存在大脑中的知识，它往往表现为一些无形的经验、技能、操作模式，等等，而不是临时把一堆知识材料拿来供大家阅读，并且这种隐性知识共享往往是通过共同探讨、相互交流以及言传身教等实现的。

2. 制度安排是知识共享的基础。图书馆发展到今天，能够提供给用户许多方便的服务，推进知识共享，是与过程中所出现的一系列重要的制度安排密不可分的，让我们记住这些重要的图书馆制度：公共图书馆和图书馆的开放制度，图书馆开架借阅制度，图书馆馆际互借和文献传递制度，图书馆业务流程和技术系统的标准化制度，图书馆内部管理制度，保障社会地位、资金投入和权益的图书馆立法制度，图书馆合作、协作与联盟制度，流动图书馆制度，社区图书馆制度，出版物的国际交换制度，在版编目制度，图书馆参考咨询制度，学科馆员制度等。

3. 信息技术是知识共享发展的动力。在知识共享发展的过程中，制度安排起着基础的作用，而要想在此基础上进一步提高知识共享的效率，改善知识共享的效果，扩大知识共享的范围，延长知识共享的时间，则很大程度上要靠信息技术的应用，特别是现代信息技术的应用。信息技术的广泛应用可以说使知识共享的开展长上了翅膀。在知识共享发展的历程中，下列信息技术发挥了重要作用：通信技术和信息传播技术，特别是现代通信技术和信息传播技术，成为知识共享的延展性技术；信息检索技术、数字化技术、数字图书馆技术等，其是知识共享必要的前提性技术；多媒体技术和超文本技术的应用给人们以强烈的感官印象，可以看作是知识共享的效应技术。

4. 知识共享是共时共享和历时共享的统一。知识的共时共享是知识主体把自己的知识通过社会传播系统，利用各种方式方法和途径扩散出去，让当时的人们共同享用。它是沿空间而展开的。在市场经济条件下，由于知识主体既是社会人，又是经济人，他们不可避免地要利用自己的知识来谋取社会声誉和经济上的好处，共时性知识共享在这两种好处的落实上有矛盾的一面，也有统一的一面。知识的历时共享是社会上的各种知识借助于知识所处的文化传统不断地积累、传承，供人们享用下去。它是沿时间而展开的。在知识的历时性共享过程中，知识的主体隐而不显，其对知识的"权利"早已不复存在，知识的产权保护早已过期，早已是人类的"共有知识"了。因此，在历时性知识共享中，所有的知识都可以近似地看作是"无主的知识"。知识的主人们隐没在时间的里程中，但享用知识的人们在知识的历时共享中获得好处，在享用前人知识的基础上发展新的知识，创造新的知识，因此知识的历时共享是由享用知识的人们决定的，从他们的角度来说，这就是知识的继承与发展。知识的共时共享和历时共享尽管有区别，但两者之间又是密切联系的，知识共享是由共时共享和历时共享构成的统一体。就像有学者指出的那样，历时共享寓于共时共享之中，而共时共享将随着时间的推移而转变为历时共享。就某一个时代的人们来说，他们既继承、享用前人遗留下来的丰富的知识遗产，又要及时学习、享用当代人创造的最新的知识成果，这两个方面的知识共享必须紧密结合起来，缺了空间维度和时间维度中的任何一个，都无法达成知识创新，推进社会向前发展。

第二节　知识共享体系

一、知识共享要素

（一）图书馆基础设施

图书馆基础设施主要包括两个方面。一是图书馆物理设施，如馆舍、阅览室、办公家具等维持图书馆正常运行的必备设施。物理设施是图书馆知识共享的原始基础。只有在这些物理设施存在并与文献知识资源相结合的情况下，图书馆才能被称为“图书馆”，进而开馆、办馆，开展读者服务和知识共享活动。二是信息基础设施，包括信息系统、网络系统、知识共享技术和知识共享平台。在图书馆不断发展的过程中，信息基础设施提高了知识共享的效率，改善了知识共享的效果，扩大了知识共享的范围，延长了知识共享的时间，带来了知识共享的便利性。知识共享技术是知识共享活动得以顺利进行的重要依托。知识共享技术包括知识编码技术、本体知识库技术、网络或移动通信技术。知识共享平台包括互联网共享平台、移动共享平台以及非网络平台。互联网共享平台主要是基于互联网技术而搭建的信息技术系统。移动共享平台则是应用移动通信技术搭建的实时知识交互系统。非网络共享平台主要是现场交流，例如学术会议、知识沙龙等。①

（二）组织机构

组织机构包括以知识共享为导向的图书馆内部组织和外部组

---

① 张向先，郭顺利，李昆.新媒体环境下图书馆学科服务团队知识共享影响因素及实证研究[J].图书馆学研究，2017(13)：50-58.

织。从内部组织来看，有必要赋予图书馆的一些部门知识共享的新功能，或者使各部门明确知识共享的宗旨或目标，特别是要突出和强调一线服务部门的知识共享功能。从知识共享的角度来说，有必要简化图书馆管理结构，引入“扁平化”组织管理观念，进行面向知识共享的组织变革，形成平等畅通的图书馆知识共享通道。图书馆外部组织建立的目的是实现更大范围的知识共享并有效地节约资源，比如图书馆协作、图书馆合作和图书馆联盟等。知识共享组织相关内容包括组织结构、组织文化、组织激励、组织领导以及知识产权保护。知识共享组织结构的合理性和组织层级会影响知识共享效果。而组织文化是否健康则对于知识共享的顺利进行起到重要作用。组织激励能够通过建立补偿机制，促进组织的知识共享。组织领导因素从决策层支持知识共享体系建设，从而促进知识共享的开展。知识产权保护一方面为知识共享创造条件，另一方面作为双刃剑形成知识共享障碍。①

（三）知识资源

知识具有多重特性，这些内在特性影响了知识共享的有效性。知识特性主要是指知识的经济性和隐含性。从知识经济性视角来看，知识被视为一种资源、权利或商品，这就意味着知识具有价值，知识的经济性会导致知识共享时效性、知识共享成本和知识共享效果追求之间的矛盾。而从知识隐含性来看，显性知识容易编码，因此更容易交互和学习，而隐性知识则难以用文字和语言表达，因

---

① 赵亮，冯蒙朝，王瑞花.企业虚拟社区用户知识共享动机的演变机制研究[J].情报理论与实践，2017，40(11)：96-100.

而带来隐性知识共享的困难[①]。图书馆显性知识资源包括传统文献资源和数字化资源，其中既有馆藏知识资源，又外延到网上的虚拟图书馆资源。图书馆拥有大量的显性知识资源。图书馆馆员群体的知识水平和文化水平在不断提高，图书馆内含的隐性知识十分丰富。图书馆的显性知识资源是长期积累的结果，在网络化环境下，显性知识资源正在经历一个以数字化重组为主要特征的史无前例的大变动。高校图书馆除了可以共享必备的像传统文献资源这些记录型的知识资源外，虚拟的网络资源现已被人们广泛应用。而网络上的沟通主要表现为人机之间的交互，即人们利用计算机进行检索，来满足自身的需求。因此，高校图书馆的虚拟资源设施是高校图书馆知识共享体系的核心要素。除了必须具备丰富的电子期刊、电子图书、专业数据库、检索系统等信息资源，同时集成高性能的工作站和打印机、多媒体等硬件设施以外，还需要通过对高校图书馆网站进行必要的建设，改善检索系统，优化网页设计等，才能更好地开展虚拟的咨询服务，方便读者与图书馆之间的信息交流，并最终实现知识共享。图书馆所内含的隐性知识主要包括图书情报专业知识、相关学科知识和其他知识等，在图书馆知识共享活动中，其绝大部分处于潜在、待开发的状态。由于隐性知识的隐藏性，人们一般认为它是图书馆知识共享的难点所在。这些年来开发利用图书馆隐性知识、实现其共享的措施主要有四种：一是信息系统和网络的建设与应用；二是学科馆员的设置；三是虚拟

---

① 张克永，李贺.网络健康社区知识共享的影响因素研究[J].图书情报工作，2017(5)：109-116.

咨询服务的开展；四是图书馆联盟活动的开展。

（四）用户

在图书馆知识共享体系中，用户是必不可少的一个要素，是图书馆知识共享的主要目标对象。从过程来看，其位于图书馆知识共享的末端。在图书馆知识共享效率和效果的评价中，用户是一个重要的指标。知识共享在相当程度上受制于用户的自愿自觉以及其吸收利用知识的能力、素质。图书馆内部虽然存在隐性知识共享，但范围有待扩展，真正大范围、主流的知识共享发生在用户与图书馆、用户与馆员之间。一句话，用户因素关系到图书馆知识共享的广度、深度和效度。知识共享涉及知识拥有者和知识接受者，而影响知识共享效果的个体因素包括共享意识、成本、能力、信任和风险等五个方面。知识共享意识主要是知识拥有者的知识转移意愿。知识共享成本则是知识共享拥有者和接受者需要考虑的成本收益问题。知识共享能力主要包括知识拥有者的编码能力以及知识接受者的理解和接受力。知识共享信任包括情感信任和认知信任。知识共享风险则是指知识转移过程中，知识交互不对称，并且没有其他价值补偿，则会面临知识共享风险。①

二、知识共享框架

上述的四个要素如果独立存在，各要素之间没有联系在一起，则无法构成一个统一的知识共享体系。因此，我们必须将以上四个要素紧密联系在一起，构成高校图书馆知识共享体系的模型，郑

① 徐芳.战略性新兴产业知识共享影响因素分析[J].现代情报，2017，37(7)：14-19.

荣等提出图书馆知识共享框架模型如图 2-1 所示。①

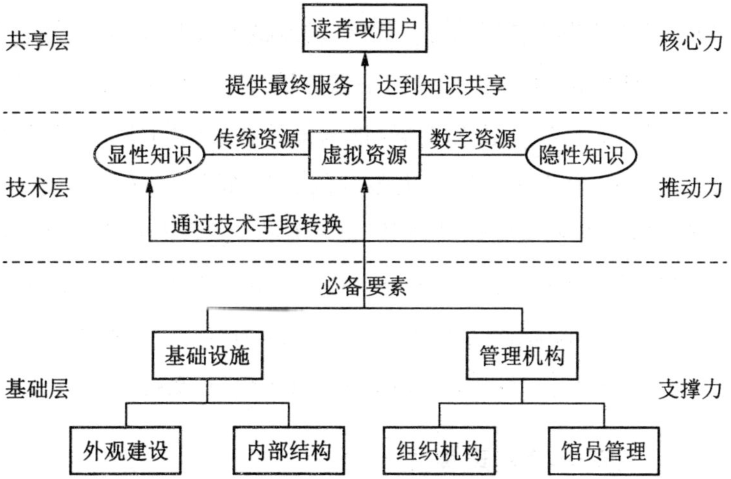

图 2-1 高校图书馆知识共享框架

从图 2-1 中可以看出，首先，高校图书馆知识共享的基础设施和管理机构从其功能和作用上看，对图书馆的知识共享服务起到支撑的作用，是每个图书馆所必备的要素，保障图书馆其他设施顺利运行。基础设施和管理机构共同构成图书馆的“基础层”，作为共享体系的支撑力，共同支撑并保障图书馆其他方面的建设。其次，图书馆的虚拟资源设施构成了图书馆知识共享体系的“技术层”，这是知识共享保障机制的核心层，也是它的推动力，起到承上启下的作用。通过基础层的支持，对虚拟资源进行建设，因为用户

① 郑荣，王戴尊，喻昕.高校图书馆知识共享体系的构建研究[J].情报科学.2011(3)：416-420.

所利用的知识无非就是显性知识和隐性知识，只有通过对虚拟网络的建设等技术手段，将隐性知识转化为显性的知识资源，才能使知识更方便地为读者所利用。同时，技术的开发与应用，以及它所提供的管理手段，也可以推动图书馆知识共享的建设，使知识共享在虚拟网络中得以丰富和发展，推动知识共享的创新。图书馆的最终目标，是为读者提供最大限度的服务，即达到最大程度的共享，这体现于图书馆知识共享的“共享层”。它是由基础层和技术层共同支撑的，在基础层和技术层的作用的基础上，由读者或用户参与共同构成，使隐性知识服务于读者或用户，最终实现图书馆知识的交流和知识共享，因此，该层也可以叫做“实现层”。

三、知识共享实现模式

图书馆知识共享包括两部分：一是用户共享图书馆的显性知识资源，表现为用户的借阅、检索、浏览、下载等行为；二是用户共享图书馆的隐性知识，表现为用户向图书馆提出咨询，得到解答。实际上这两部分关系密切，用户向图书馆进行咨询往往是为了更好更方便地利用其显性知识资源，用户共享图书馆的隐性知识在一定程度上是为其利用显性知识服务的。从外部表现形式来看，图书馆知识共享实现模式的本质是一个知识导入和知识溢出的过程，同时又是一个外界知识反馈和图书馆向外部进行知识回馈的过程。图书馆不断从外部导入新的显性知识资源，形成图书馆知识的主体显性知识资源，同时也不断引入专业人才，吸收外部的管理经验和模式，更新、积累和储备图书馆的隐性知识。然后，这两类知识又分别以外部溢出的形式达成知识共享。具体来说，图书馆外部知识共享还包括吸收、利用外部的管理经验和模式，共享用户的建设性意见和建议，以及共享来自社会各界的建设性意见和建议等。也就是说，知识共享是双向互动的。从馆员与用户的关系来看，馆员不仅利用自己的专业知识为用户提供知识服务，也会接受和学习来自用户的意见反馈，以改进其服务的质量。从图书馆与外部环境来看，图书馆不仅要借鉴、吸收和利用外部有益的各种知识，也会以其独特的存在为整个社会环境贡献出自身的知识，表现为对外部环境的知识回馈或添加，让其他部门或领域共享。这是发生在图书馆与外部、馆员与用户之间的两种不同类型的知识共享。

第三节　新媒体环境下的知识共享

一、新媒体对图书馆知识共享的影响

新媒体对图书馆知识共享的影响随着新媒体技术的发展，主要体现在以下几个方面。

（一）用户需求发生变化

新媒体环境下用户信息需求更加个性化，体现出小众需求。新媒体能够实现用户与图书馆之间即时快捷的交流沟通，每个用户的知识需求不同，新媒体环境下用户可以不受时间、地点等时空限制，随时将自身的知识需求发送给图书馆服务团队。另外，新媒体环境下要求图书馆能够快速地解决用户问题，实现实时在线互动交流，用户对于图书馆的服务方式和内容都提出了更高的要求。

（二）提高了共享知识量和丰富度

新媒体环境下，图书馆不仅可以传播和共享自己组织的知识，

也可以借助转发、分享功能，分享互联网、其他新媒体平台上的知识，扩展了其能够分享知识的量。另外，新媒体环境下图书馆可以借助超文本进行信息组织，能够将知识以文字、图片、视频、音频等多种形式表达和共享，提高了知识的丰富度和多样化。

（三）图书馆知识共享的效率提高，成本降低

图书馆借助新媒体平台开展学科服务知识共享，新媒体可以协助知识组织、发布。新媒体技术的支持，提高了图书馆知识共享的能力和效率。另外，当前新媒体平台大多数属于免费应用，图书馆能够将知识通过新媒体平台快速便捷地共享给用户，不受时间和空间的限制，降低了人力、时间等成本。

（四）图书馆团队与用户之间的互动交流增强，形成新的交流环境

新媒体具有互动性的特征，使得图书馆与用户之间能够更好地互动交流，增加了用户使用新媒体和图书馆服务的黏性，形成了新的知识交流环境。图书馆与用户之间的距离被消除，传授双方的界限被打破。知识共享的时间发生了变化，静态的知识接受方式向动态的实时接受知识转变，知识的即时互动或暂时延迟得以实现。在新媒体环境下，每个用户都可能承担着多种角色，知识共享主体更加多元化，能够在不同的角色之间转换。

二、新媒体环境下图书馆知识共享形式

（一）个体交互模式

个体交互模式是以图书馆个体成员为信息共享的主体，借助新媒体平台，实现非正式的、零散的、碎片化信息的交流和共享。个体交互模式典型的新媒体工具为即时通信工具（如 QQ、微信）、

博客、播客等，体现为两种信息共享方式："一对一"信息沟通和"一对多"信息发布。一方面，图书馆中任意两个成员间可以利用即时通信设备进行信息交流，实现信息的交换与分享。另一方面，图书馆中的成员将有价值的信息经过整理后，发布至新媒体平台，团队其他成员能够便捷地获取相关信息，并利用新媒体之间的链接网络，实现信息的传递与共享。

（二）群体交互模式

群体交互模式是以图书馆中两个或两个以上成员组成的群组为信息共享主体，借助新媒体平台，进行较为正式的、持续时间长、大容量的信息交流和共享。群体交互模式典型的新媒体工具有Wiki、BBS、SNS、QQ群、微信群等，体现为"多对多"信息共享方式。一方面，图书馆多个成员间可以通过社交媒体的群聊平台或者论坛，共同讨论科研难题并召开项目研讨会议等。另一方面，图书馆内部Wiki可供多个成员浏览、创建、更改文本，系统可以对不同版本的内容进行记录和管理。采用群体交互模式的目的在于满足群成员共同的信息资源需求，以提高图书馆整体的创新和科研能力。

（三）信息联合建库模式

信息联合建库模式是将图书馆信息共享生态链中相关节点拥有的信息资源集中起来，联合建立专门数据库，并将数据库与互联网或自建的新媒体共享平台连接，供链内全部节点或相关节点使用。图书馆成员将信息自行分享到新媒体平台中，或团队利用新媒体平台进行研讨形成诸多碎片化信息，由信息传递者传送至信息分解者或信息组织者，进而对信息进行加工，然后借助新媒体平台与数据库之间的链接将信息进行存储，并由专门人员进行维护和管理，需求者可以通过检索获取相关的信息。

（四）云平台共享模式

云服务平台信息共享模式是基于云计算技术的一种分布式信息整合共享模式。此种信息共享模式下的信息提供者数量众多，不仅有图书馆内部成员，也包括相关领域的接入互联网的外部研究者。图书馆成员根据自身信息需求向云计算中心提出请求，请求通过后，云中心便会释放信息资源，同样也会再分配给其他终端使用。云平台信息共享模式使得图书馆无需关心信息的存放位置及其安全性，而是由云中心管理人员充当信息分解者或组织者的角色，极大地提高了图书馆内部与不同图书馆之间的信息共享效率，拓展了信息来源。

三、新媒体环境下图书馆知识共享特性

（一）整体性

新媒体环境下图书馆知识共享是由特定功能的、相互间具有有机联系的许多要素所构成的一个整体，具有整体性的特点。在知识共享过程中各个要素之间相互协同工作，其状态都会影响整体知识共享的效果。图书馆在新媒体环境下的知识共享是一个极为复杂的多要素、多变量构成的整体性过程。

（二）泛在性

新媒体环境下，信息资源载体不再局限于传统的纸质文档及记录，电子文档、音频、视频等一系列多媒体资源成为记录信息的主流。借助移动智能终端设备和无线网络，用户可以不受时间、地

点地阅读和获取多媒体信息。微博、QQ和微信等应用软件以及多媒体技术、知识共享技术、信息系统技术等新兴技术突破了时间与空间的限制，为用户提供了信息交流和知识共享、传递的支持和平台。新媒体环境以“泛在”为核心特点，随时随地为用户服务、无所不在的沟通交流方式使其成为继 Web2.0 之后的新一代互联网环境。这种泛在的环境下使得新媒体环境下图书馆的知识共享也具有了泛在性，不再受到时空的约束，可随时随地实现知识共享。

（三）互动性

图书馆在借助新媒体平台进行知识共享的过程中，由于学科领域不同导致部分成员以及用户在吸收利用知识过程中存在一定的问题，需要借助新媒体工具的互动功能，通过不断互动和沟通才能保证知识共享过程充分、高效地进行。新媒体环境下，知识获取的渠道和方式由于信息技术的发展而变得更加多样化，知识共享突破了时间和地域的限制，频繁的互动交流是图书馆知识共享生命和活力的体现。通过新媒体技术和工具，可以足不出户地与不同成员进行交流，图书馆成员不再是知识共享过程的被动接受者，而越来越多地成为服务团队知识共享过程的主动参与者和重要承担者，成员与知识共享之间是相互促进、共同发展的关系。

（四）便捷性

新媒体技术打破了时间和空间的限制，使得图书馆知识共享不再局限于特定的时间地点，用户可以随时随地快捷即时地获取知识。图书馆应更加注重对于新媒体技术与工具的利用，团队内部成员通过使用即时通信工具、博客、论坛或者视频网站可以实现知识的传递与共享，这些新媒体技术和工具使得成员在工作时可以更加快捷地获得知识以及实现知识共享，并通过对知识利用，迅速将其转换成学科知识服务，从而提高了知识服务的质量与效率。

（五）动态性

图书馆与用户之间时刻都在进行着知识的共享，知识共享过程也会因知识环境变化而快速调整。由于知识环境的变化以及用户的知识需求不定，相应的图书馆知识共享过程也要随时调整。图书馆知识共享具有动态的生命特征，知识的生产、加工、共享、吸收、创新和应用贯穿整个知识共享的过程中，这种生命现象促使知识共享总是处于不断从平衡状态到打破平衡，再复归平衡的动态过程中。

第三章　知识共享障碍

周九常将图书馆知识共享实现模式的本质归纳为是一个知识导入和知识导出的过程，同时又是知识反馈的过程。①根据这一思路，从知识交流的角度，可以将知识共享障碍主要归纳为以下三方面：知识导入障碍、知识导出障碍、知识反馈障碍。本章在此基础上，将知识共享障碍归纳为显性知识共享障碍、隐性知识共享障碍、知识反馈障碍。

第一节　显性知识共享障碍

一、显性知识导入障碍

显性知识导入是基于职能的客观知识注入，是外部环境对图书馆的客观知识提供，其方式与显性知识的存在方式有关，即与一定的载体形式有关，表现为图书馆、期刊等传统文献的购入，以及电子文献和网络数据库的购入。图书馆通常拥有规模庞大的馆藏资源，这为新媒体静态阅读推广内容资源建设提供了良好的先决条件，但如何从大量馆藏资源中筛选出读者感兴趣的阅读资源，实

① 周九常，等.图书馆知识转移与共享[M].北京：知识产权出版社，2010.

现资源与读者需求的匹配,是图书馆面临的难题。图书馆阅读推广所面对的读者群体在专业领域、个人兴趣、年龄分布及知识水平上的差异性导致其阅读需求也存在差异。图书馆需从大量的馆藏资源中精准筛选适应不同读者群体的阅读资源,再以恰当的形式推送和展现给读者,才能使所建设的静态阅读推广内容资源价值得到体现。图书馆推送给新媒体平台用户静态阅读推广内容资源,存在侵犯版权的风险。虽然许多高校馆从数据库商购买了阅读资源平台,但这些资源仍然可能存在着数据库商未经得作者同意擅自数字化并出售的情况,使图书馆向读者提供阅读资源暗含了侵权风险。此外,许多图书馆利用本馆丰富的馆藏资源进行二次加工,形成了有声读物、电子书或视频等阅读内容,再将其传播到新媒体平台,该过程涉及著作权人与二次创作者之间的权利关系,因而图书馆在自建新媒体静态阅读推广内容资源时应确保资源的合法性,尽可能与正规出版机构合作,避免版权纠纷。

新媒体的发展和环境的形成,首先会对数字图书馆资源的发展起到推动作用。这主要是因为数字图书馆包括很多数字资源,涉及诸多前沿技术,包括大数据技术、网络通信技术、云技术和云储存技术等。这些技术都在很大程度上优化了图书资源和信息资源的存储面貌,很大程度上方便了人们对各种图书资源的阅读和使用。但是数字图书馆资源自身的传播渠道和传播能力稍显不足,仅凭其自身的技术手段和宣传渠道很难做到被大众熟知、被大众利用,所以就需要新媒体环境和技术的加持。通过新媒体环境和技术的支持,数字图书馆将会有更加广阔的宣传渠道,并且通过新媒体技术的支持,数字图书馆的用户也会有更好的使用体验,对于数字图书馆资源的应用和后续进步发展，有较好的优化作用，能够很好地起到推动发展的效果。新媒体环境下数字图书馆资源的建设也存在一定的挑战。一方面是新媒体环境下数字图书馆将面临更多的访客和用户，将会有更加庞大的数据需求量，对于数字图书馆的承载能力以及满足用户体验有了更高的要求。另一方面，随着数字图书馆资源在新媒体环境中的发展和进步，及其影响力的持续扩大，数字图书馆资源也会面临更多的数据威胁和风险，包括图书馆资源的传输、调用、保存等，都有可能面临网络攻击、木马病毒感染、数据丢失的风险，对数字图书馆的发展和运营产生不良影响，使数字图书馆资源建设面临更加严峻的安全挑战。

二、显性知识导出障碍

显性知识导出是用户参与的图书馆职能活动，是用户对图书馆客观知识的借阅和利用，其方式表现为传统图书、期刊的借阅利用，以及电子文献和网络型数据库的检索利用。新媒体静态阅读推广内容资源建设需要充足的经费作为保障。无论是商业阅读资源的购买与改造，还是自建资源的制作，都需要有资金支持。近年来，各大数据库的价格逐年上升，图书馆要从有限的经费中挤出一部分经费用于购买专业的电子书平台是比较困难的，因此许多图书馆在购买电子书平台时不得不缩减电子书数量，其结果是读者可阅读的电子书数量与种类相对减少。选择自建资源的图书馆也需要支出一大笔经费，面临较高的制作成本。图书馆不仅要购买版权，也要支付购置专业设备、购买技术服务等费用，还要支付相关专业人员的费用。在这种背景下，争取政府与高校的资金支持、与企业开展资源建设合作，成为图书馆在建设新媒体静态阅读推广内容资源中解决自身经费短缺问题的必经之路。静态阅读推广内容资源在制作、传播与维护的过程中都需要专业人员的参与。有声读物、阅读推广视频资源都需要根据读者的兴趣、需求与习惯来制作，并非只是单纯地将馆藏书刊文字通过朗读、拍照等方式粗暴地转化为声音与视频等资源。声音、视频等资源的制作涉及设计规划、录音拍摄、特效制作以及后期剪辑与合成等诸多环节，这都对人员、设备的专业性提出了较高的要求。即便是将从数据库商直接购买的阅读资源转化为本馆的静态阅读推广内容资源，也需要馆员对这些资源的类型、内容价值、资源平台功能及新媒体平台接口等有一定了解，才能够制作资源目录、读书心得及资源链接等衍生内容资源，使这些资源为读者所用。

第二节　隐性知识共享障碍

在图书馆知识共享中，隐性知识的共享是实现图书馆增值服务的需要，是图书馆创新的源泉，直接影响图书馆工作质量、服务水平以及图书馆的判断和决策。图书馆隐性知识的共享是一个动态连续递进的过程，在该过程中存在诸多动力及障碍因素，发现并利用其动力，找出障碍并将其消除，是提高图书馆隐性知识转移效率的重要举措。

一、图书馆隐性知识界定

(一) 图书馆馆员的隐性知识

在有关隐性知识的研究中,涉及组织和个人两个层面的隐性知识。学者们认为企业内存在隐含性的组织知识,包括存在于员工个体和企业内各级组织(团队、部门和企业层次等)中难以规范化、难以言明和模仿、不易交流与共享、不易被复制或窃取、尚未编码和显性化的各种内隐性知识,同时还包括通过流动与共享等方式从企业外部有效获取的隐性知识。研究后者的学者从个体的角度来认识隐性知识。有学者认为隐性知识是不可用语言来解释的,只能被演示证明它是存在的,主要来源于经验和技能,学习的唯一方法是领悟和练习;也有学者认为隐性知识是高度个人化的知识,很难规范化也不易传递给他人,主要隐含在个人经验中,同时涉及个人信念、世界观和价值体系等因素。隐性知识是主观的经验或体会,不容易运用结构性概念加以描述或表现。

图书馆馆员的隐性知识内容包括工作中形成的认知、情感、信仰、经验、技能等五个要素。①对图书馆而言,具体可分为:馆员的科研能力以及馆员在知识挖掘、知识重组的过程中表现出的分析问题和解决问题的能力;馆员接受新事物的能力以及馆员在工作中发现问题、解决问题的能力;馆员的工作经验和判断力;馆员的职业道德以及馆员对人生事业的价值观念和立场;馆员个人所拥有

① 余丹.图书馆知识管理中隐性知识共享及对策研究[J].图书情报工作,2014(A1):179-182.

的知识和技术;馆员的信息检索能力以及馆员决策时所具有的洞察力和前瞻性等。

根据馆员的隐性知识特点,馆员的隐性知识具有技能性、认知性、关系能力性。所谓技能性是指馆员那些非正式的、难以明确表达的技能、技巧经验和诀窍等。这类隐性知识的形成与馆员经验、行为和工作内容紧密相关,是长期积累和创造的结果。技能类隐性知识是一种基于馆员身体的隐性知识,其多植根于人类身体机能的运用或对于工具的使用。在人类活动过程中,表现出来的某种操作技能及艺术技能中存在大量不可言传的、隐性的成分,如馆员使用现代设备和设施的能力、整理加工文献的能力、文献管理的能力等都属于这类知识。

所谓认知性是指馆员个人的直觉、灵感、洞察力、信念、价值观和心智模式等。这类隐性知识存在于馆员的潜在素质中,与人的性格、经历、修养等因素有关,影响馆员的行为方式和其对图书馆、对读者的认同感。这是一种基于馆员个体"元认知"的隐性知识,因为馆员个体的思维、情感、心智模式和直觉等方面因素都会影响到馆员获取信息、实施智能行为及信息传递等各个方面,从而形成馆员个体独特的"信息认知与再生"的方式。认知性隐性知识深层次上包括馆员的世界观、人生观、职业道德观等;低层次上包括馆员的学习能力、信息反应能力、创新能力、科研能力、综合反应能力等。

所谓关系能力性是指有关沟通的一种人际关系动力学,比如对人际交流技巧的理解等。这是一种基于言语(包括肢体语言)的隐性知识。图书馆馆员的关系能力,主要是指馆员与用户,也包括馆员与同事和领导建立良好关系的能力。馆员与用户和其他人接触时,他们之间的交流必然需要通过广义的言语来进行。有关研究表明,人类的语义包含着隐性知识成分,语境(即语言沟通的上下文背景)中存在大量的隐性知识,人们通过肢体语言交流也在产生和运用着大量难以言述的隐性知识成分。

馆员关系能力还包括:表达思想或情感的能力,主要是指语言表达能力;热诚的态度,即一种积极的心理状态,使人具有较强的亲和力与号召力;高水平的肢体语言如手势、表情、眼神等动态无声语言,还有音调、音量、节奏等辅助语言和类语言;良好的组织协调和应变能力。具有良好关系能力的馆员,能很好地洞察用户心理,揣测用户需求并引导他们较好地进行表达,从而保证整个交流过程能在和谐愉快的环境中进行。

(二)图书馆组织的隐性知识

图书馆作为一种组织,也有其隐性知识,同样包括个体层面和组织层面的隐性知识,即馆员隐性知识和图书馆集体隐性知识。馆员隐性知识主要指馆员在工作过程中体现出来的提供服务的工作技能、经验,以及解决问题的能力、创新能力、职业道德、知识传授能力等个人特质。其附着在馆员个人身上,和馆员个人的生活经历、学历、知识水平和人生态度等因素密切相关,具有高度个人化和垄断化特性。图书馆集体隐性知识包括部门或图书馆整体组织的隐性知识,是图书馆全体员工长期以来在共同工作和生活中所形成的默契、共识,如各部门或整个图书馆的凝聚力、精神面貌、文化氛围、学习氛围、价值观等。图书馆集体隐性知识一方面以馆员个人隐性知识为基础,同时也受图书馆组织的自身结构、管理制度、文化背景等因素的影响。这些隐性知识都具有内隐性、附着性等特点，只有其附着载体具有较强动力时，隐性知识转移活动才会产生并有效完成。

图书馆集体隐性知识是群体成员在长期的公共交往中逐步发展和形成起来的，或多或少地存在于这个群体或者组织的个人的头脑中，因此，图书馆作为组织层面的隐性知识不能脱离图书馆集体中的各个成员——馆员和读者的隐性知识而存在，但又不是成员隐性知识的简单叠加，而是在对成员和群体从内、外部获得的各种知识进行有效转化、整合的基础上形成的。图书馆集体隐性知识主要包括：图书馆长期以来约定俗成的工作方式方法；馆员在工作中处理问题的共同的经验教训；馆员之间、馆员与读者之间知识沟通和交流的机制；图书馆对内外环境和事件的应对能力和协调能力；图书馆对外服务的整体水平和信誉；图书馆内部的亲和力与凝聚力，以及体现在全体馆员思想和行动中的共同的工作理念、道德信仰和精神风貌。总之，在图书馆特有的组织结构、业务流程、运行机制和组织文化中都蕴含着丰富的无形的隐性知识。个人隐性知识是构成集体隐性知识的基础，图书馆全体馆员长期以来通过相互交流和相互协作所形成的共识和默契，往往以一种无形的内在的力量，影响着组织的各个方面，成为集体隐性知识增长的基础。

二、隐性知识导入障碍

隐性知识导入是基于业务开展的专业性知识和管理经验性知识的导入。其导入的方式是引进图书馆专业知识和专业人才、请专家作学术报告、派人参加学术会议、派人出去学习或参加业务培训，以及图书馆在与外部交流中借鉴、吸取外部的管理经验和模式等。首先，知识本身的流动性不佳所引起的导入障碍，是指外部隐性知识不容易通过口头、文字等形式方便地表达出来而为图书馆所吸收利用。这类隐性知识往往只能意会，无法言传，被人们称为“经验型知识”或“粘滞知识”。[①]其次，要想顺利实现知识共享，不仅需要外部知识提供方有转移知识的意愿，同时也需要图书馆乐于接受知识，缺少其中任何一方的转移意愿，都会对知识转移造成障碍。经常出现的情况是，安于现状的惰性常常阻碍了外部新知识的导入。另一方面，接受新知识总是要付出代价的，包括时间、精力，甚至金钱等。这也常常使图书馆馆员对导入外部隐性知识持观望态度，在开始的时候采取拖延战术。总之，在图书馆外部隐性知识导入中，图书馆的内在激励不足，会造成知识导入的障碍。再次，如果图书馆吸收消化外部隐性知识的能力弱，也会造成隐性知识导入障碍。吸收能力弱会使图书馆无法获得全面的知识营养，无法从导入的知识那里得到更多的回报，则不仅当前的知识导入无法彻底完成，而且削弱了后续知识导入的内在动力，可见吸收能力直接关乎图书馆知识导入的最终效果。当然，图书馆当前的吸收能力是由过去的活动所积累的知识和经验决定的。按照布鲁克斯的知识增值定律，新知识结构的优化状况取决于接受者原有知识的状况。将其应用于图书馆隐性知识导入上，就意味着图书馆

---

① 常宝，储雪林，李红艳.试论粘滞知识及其管理对策[J].科学学研究，2005，23(2)：249-252.

原来的知识基础和知识结构在一定程度上决定了其吸收能力。如果这一知识基础薄弱、结构不佳，就会影响知识吸收能力，从而对隐性知识导入造成障碍。

三、隐性知识导出障碍

隐性知识溢出包括溢出专业隐性知识和自有特色的管理经验型知识，其方式主要为：向图书馆用户提供咨询服务；开展有关利用图书馆的知识讲座；开展电子文献和网络型数据库查询利用的用户培训等。英国哲学家波兰尼（Michael Polanyi）区分了显性知识与隐性知识两种知识：显性知识是可以表达的，容易用数据、科学公式、编码过程和普遍规则来传播和共享；隐性知识则是高度个人化的、难以形式化的，主观的观点、直觉、预感就是隐性知识的直接表现。一方知识主体要分享另一方知识主体的知识，需要经过如下过程：首先，在至少两方知识主体（提供知识的第一方知识主体和接受知识的第二方知识主体）之间有关系；其次，第一方知识主体应该有意识、自觉或不自觉地、自愿地以某种形式或其他形式（通过行动、讲话、书写，等等）传达其知识，即将其主观知识表达（隐性知识）“外化”为客观知识表达（显性知识）；最后，第二方知识主体应该能察觉这些客观知识表达（显性知识）并且（通过模仿行动、倾听、读书，等等）加以理解，即第二方知识主体能够将获得的客观知识表达“内化”为自身的主观知识表达（隐性知识）。有学者认为，人的知识只有10%可以被表达出来，成为显性知识，可见隐性知识的共享具有相当的难度。以下将从图书馆隐性知识本身的特征、图书馆隐性知识拥有者以及图书馆隐性知识接受者这三个角度来分析图书馆隐性知识导出障碍。①

（一）图书馆隐性知识特征

1. 知识的可表达性

知识的可表达性即知识可以通过口头、文字等形式表现出来的程度。隐性知识扎根于特定情境下的行动、参与和使命，是非口语化的、非直觉的和难以表达的，难以编码。因此，一般来说，隐性知识是难以共享的，只能通过观察理解其含义并通过实践获得，而知识的表达性越差，知识共享越难。知识的因果模糊性及其难以理解的程度、预知的困难贯穿了共享的全过程。

2. 知识的嵌入性

知识的嵌入性是指知识的认知特征。知识通常嵌入在个体、工具和惯例中。知识嵌入的程度越大，其隐含性越强，对其认知的难度也越大。学者们认为，被共享的知识嵌入性影响知识共享的难度。知识的嵌入度越深，知识共享难度越大；反之，知识的嵌入度越浅，知识共享难度越小。

3. 知识作用的可观察性

知识作用的可观察性即知识一旦得到应用时可见到效果的能力。有研究表明可观察的知识比不可观察的知识共享更有效率。需要共享的技术工具的特征同样影响到知识共享的成功与否。有学者把技术共享时的接受者和知识源的生产效率做了比较，发现当技术不复杂时，接受者的生产效率恢复得很快。

---

① 常宝，储雪林，李红艳.试论粘滞知识及其管理对策[J].科学学研究，2005，23(2)：249-252.

4. 知识源的可靠性

当知识源的可靠性没有得到确证，即当知识源并不被认为是可信赖的、讲信用的或有见识的时候，知识源的知识共享将十分困难，其所做的建议和示范将被质疑并受到抵制，这也叫作知识的“未实证性”。在知识共享的初始阶段，知识源的可靠性、共享的预期困难是影响知识共享效率的重要因素。

5. 知识源的沟通、编码能力

沟通能力是在一定的组织情境中，通过适合的交流行为展示知识的能力。沟通编码能力是指知识源的表现技巧，如清晰表述本人思想，拥有较好的语言表述，并易于被人理解。较强的沟通能力增加个体从事活动的能力。通过活动，个体间关系得到发展。因此，沟通能力能够便于个体间发生交互作用并使关系得到发展。

可见，隐性知识深深扎根于个体的行动和经验中，以及个体所拥有的思想、价值观和感情之中，是不容易看见和表述的，是高度个人化的，并且难以规范化，这使其很难传播或与他人共享。但研究表明，隐性知识也是组织竞争力的重要源泉。因为创造新知识不是简单地通过学习书面知识或是从外界获取编码知识，而是常常需要组织成员之间深入持久的相互影响。没有充分的内外相互影响，新的专门知识是不可能产生的。虽然显性知识代表了组织中智力资产的一部分，但知识共享的重要方面是适度的对隐性知识进行编码。知识的本性是隐性的、难以表达的。表达特定的知识可能具有文化的限制或者需要越过某种组织制度或者行为方式。一旦隐性知识变得可编码、公开化或者可存取，可能导致权利的重新分配。所以，什么知识应该编码，什么知识不可以编码，应当认真考虑。与显性知识的可确知、容易被获取以及理解与交流不同，隐性知识存在于人的脑海中，包含了人的价值观、信仰、思维方式、经验经历、视野、技能、能力等方面，含有文化、情感和认知因素，是无形的知识财富，不易被认识，不易衡量其价值，不易被他人所理解和掌握。隐性知识的这种特点限制了其大规模的积累和传播。

（二）图书馆隐性知识拥有者

首先，人的本性决定了知识共享的难度是较大的。一般情况下，人们倾向于做有利于自己的事，而不愿意做牺牲自己利益而让他人得益的事。在知识共享行为中，人们不太愿意把自己通过努力获得的知识无偿地送给他人，更不希望在自己的知识被他人获取之后对自己的地位形成一种竞争意义上的威胁，因此，人们往往为了维护自己的利益而不得不谨慎对待知识共享问题：倾向于垄断知识，尽量使知识为个人所有从而塑造自己的竞争优势，而不愿意让自己的知识被共享。更何况，研究与创新知识成果的获得需要大量的投入，包括资金技术的、时间精力的，甚至需要付出艰辛的努力才能得到，这些成本与付出往往不是仅用金钱就能衡量的，而复制和利用知识的人则可以不花钱或少花钱就能利用他人的知识。所以当有关人员无法在知识共享中获得补偿时，最好的办法就是限制知识的传播与共享，通过知识垄断获得利益，以弥补损失并获得一定利润。笔者认为，这是知识共享难以得到实现或者充分实现的最根本因素。如员工们为了自身的利益考虑，并不愿意主动分享自己的知识，更不用说花费时间和精力刻意为之了。隐性知识的独占性和排他性妨碍了隐性知识的共享，导致隐性知识的转移和传播十分不易。当知识提供方传播隐性知识时,知识接受方不能充分地利用和接受,也使隐性知识不能很好地被分享。如员工吸收知识的能力与本身的知识含量有一定的关系。如果他们不能很好地利用外部知识,也会影响和阻碍组织内各部门交流和吸收知识。其本质并不是知识的传播受阻,而是因为员工们缺乏吸收知识的能力,使得组织的知识水平还处在原来的阶段,没有进步。信任是人与人之间交往的前提,也是能够传播知识的必要条件。之所以不能高效率地进行隐性知识的共享,最主要的原因就是信用体系不完善。每个人的信息都具有一定的客观性,而知识的交流和融会贯通则强调主观上的联系。每个员工都是独立的个体,在认识事物和学习研究经验方面都是不相同的,由于世界观、价值观、性格都存在一定的差异,所以对于知识的理解、运用和掌握也是不尽相同的。

此外,知识共享是有条件的,从知识共享的主体来看,即使员工愿意共享知识,也不一定能够达到知识共享的最佳状态。这是因为:一方面,知识的交流、共享与学习过程本身受限于共享双方的表达与理解能力以及双方的基础知识经验背景;另一方面,共享的过程本身就是需要代价的,需要时间、脑力等的付出。如果在知识交流共享中,知识接受方获得知识所付出的努力大于收获,就会倾向于不去浪费自己的时间与精力,对于知识的提供者而言,付出努力后得不到相应的效果,也就不会乐意去提供自己的知识。在知识共享主体方面还存在许多其他不利因素,例如人们习惯于固守自己已有的知识而对来自他人的新知识持怀疑态度,人们可能因为惧怕被认为无知而不愿共享知识,人们也可能为保持权威或自视甚高而不屑于共享知识，或者可能存在“门户之见”而难以共享知识。总之，主观方面诸多因素使得知识共享难以达到令人满意的效果，要解决这些障碍是不易的。各图书馆的工作制度设计会限制馆员在工作过程中的交流与互动，这也直接减少了隐性知识传播的机会。目前，各图书馆对知识管理中隐性知识分享的重要性和迫切性还认识不够，缺少行之有效地激励馆员分享自身所有知识的奖励机制。另外，为了馆里各项机能的正常运转，图书馆给员工提供的业务培训和专业学习机会不多，也阻碍了图书馆知识共享与知识创新的步伐。

（三）图书馆隐性知识接受者

在图书馆实施知识共享的过程中，用户可以被视为知识的接受者，但是这个接受者不是一直处于被动状态的。用户在知识共享过程中呈现如下特征。

1. 激励特征

用户的动机可以维持知识共享，并且能对知识共享发生影响。因为接受知识需要付出时间、精力和财富，再加上受天生的惰性影响，接受者不情愿接纳来自外部打破陈规的知识是人所共知的。在用户使用新知识的过程中，缺乏激励将导致故意拖延、被动应付、虚假接受、暗地破坏或公然的反抗等行为。

2. 沟通、解码能力

沟通、解码能力是指用户的聆听、快速反应、专心致志的技巧能力。同样，较强的沟通能力可增强个体从事活动的能力。通过活动，个体间关系得到发展。因此，沟通能力可以便于个体间发生交互作用并使关系得到发展。

3. 吸收能力

吸收能力是指用户认识和评估外部信息、消化吸收、应用它的能力。吸收能力的强弱取决于用户的知识存量和知识结构。这两个因素决定用户是否能够成功地评估、消化吸收、应用知识。用户不能利用外部知识与其缺乏吸收能力有直接关系。在知识共享的执行阶段,接受者的吸收能力影响知识转移的效率。

4. 保持能力

保持能力是指所共享的知识能够被用户保持下来,只有这样的知识共享才是有效的。缺乏这种能力,知识共享初始的困难将会成为终止知识共享的借口,并使组织返回到原先的状态中去。

四、新媒体环境下隐性知识共享新困境

新媒体环境下,网络虚拟社区平台,如微信、微博、QQ 等,逐步成为知识共享新途径,也带来隐性知识共享的如下新困境。[①]

虚拟社区中成员遍布全国各地,来自不同的行业,即使是在同一专业领域也存在知识结构和个体差异,从而使得成员对知识的领悟能力参差不齐,同时还存在学历水平、能力水平的影响。人们对于显性知识,即以书面的文字、图标和数学公式等表述的知识,随时可以组合、储存的规范化、系统化的知识,也许能够及时或逐渐理解、转化、吸收,但对于隐性知识,即深藏于脑、植于个体的心智模式,难于编码及沟通的知识,因其具有高度的个性化、情境化特点,其共享只能靠模仿、探询、交流等方式进行,虽然知识含量

① 张才明.虚拟社区隐性知识共享研究[J].情报科学,2020,38(9):36-41.

高，但却不容易消化吸收。

虚拟社区虽然为广大用户提供文化交流的平台，虚拟社区成员的参与完全建立在自愿、兴趣和非营利的基础上，但只要以娱乐、发表意见、交流情感为目的，每个社区就都有一定的规范和准则，从而形成虚拟社区独特的风格和文化沉淀，可以说虚拟社区是人际关系培育的摇篮。在社区中的言论自由，有积极的也有消极的影响，可能会对虚拟社区的持续发展带来负面影响，弱化知识的产生和共享，所以要加强社区的人性化管理，形成一种和谐、共赢的文化气氛。和谐的社区文化可以加强成员的沟通和情感交流，增进他们彼此的信任，促进成员分享知识。

知识和智慧深藏在虚拟社区成员的大脑中，知识的分享与释放是不受外界控制的，贡献和转移是自愿的，在虚拟社区中的知识受众是不确定的，所释放的知识是有意或无意的，贡献者并不期待别人用自己提供的知识得到回报，也不会为其带来实物上的激励。由于虚拟社区成员都是匿名的，就不必为贡献的知识是否正确而担忧。有时成员为取得盟主地位而不愿意舍弃自己的利益做出妥协和牺牲。基于此种机制的鼓励措施不完善、不到位，对社区贡献大者只能获得点赞、金牌排名等荣誉称号，不足以调动知识贡献者释放、转移知识的积极性。

在虚拟社区中，知识贡献者承担的任务就是把自身拥有的知识传播出去，让知识的获得者消化吸收，在整个过程中缺乏法律的约束。首先，知识的提供者传授的知识都是显性的，有的是自身的，也有的是从知识库提取的，其在版权以及知识产权上的合法性都值得关注。同时，知识的获得者在吸收过程中，由于理解上的偏差，也可能不经意地触犯法律。而成员之间交流隐性知识时也难以得到监督和法律的保护，造成隐性知识的拥有者的利益得不到保障，只有依靠知识获得者在行为上自律。

第三节 知识反馈障碍

知识反馈是图书馆对外部环境知识导入的回馈赠予，是向外部环境进行知识添加的活动，是发生在图书馆与外部环境之间的知识反馈行为。外界知识反馈，包括图书馆用户的反馈和其他来自社会各界的反馈，具体包括两个方面：一是图书馆用户的意见和建议，这种意见和建议往往基于各个用户自身的体验、需要而反馈给图书馆；二是社会各界，特别是知识界和新闻界对图书馆的报道，主要是善意的批评以及建设性的意见和建议，这些意见和建议往往是人们基于对图书馆的感观和服务质量的总体印象提出的，是对图书馆的评价性反馈。由于没有建立畅通的反馈渠道和反馈机制，图书馆虽然主观上愿意听取外部的声音，但是实际上环境上的阻隔可能屏蔽了外部的意见和建议。从用户或社会习惯的角度来说，造成外部知识反馈障碍的原因也可能起于用户态度，比如有的用户即使在利用图书馆的过程中遇到不便也觉得事情不大，不愿找麻烦。用户和社会公众对图书馆长期以来所持的立场，也使图书馆不容易听取他们的意见和建议等，造成外部知识反馈上的障碍。另外，外部对图书馆可能存在的偏见，如认为图书馆里“有知识，没学问”，因而不愿意向图书馆反馈自己的知识等，也都造成了知识反馈障碍。

归结起来,图书馆知识共享所产生的各种障碍有两种,一种是显性障碍,另一种是隐性障碍。障碍产生的原因也有两种,一是客观条件不具备(如经费不足),二是主观因素的影响(如沟通能力不足、吸收能力不足等)。客观条件不具备所造成的知识共享障碍可通过以技术利用和制度安排为主导的方法解决,而主观因素所造成的知识共享障碍则可通过以文化建设为主导的方法加以克服。图书馆知识共享障碍消除的方法总体上有三种:制度安排、技术利用和文化建设。其中,文化建设是消除图书馆知识共享障碍的最柔性、最无形的力量,具有极强的渗透性和塑造力,对于馆员思想意识有潜移默化的影响,绝不能小视其对消除知识共享障碍的巨大作用。技术利用是解决图书馆知识共享障碍的最具体而刚性的力量,其作用效果可以立时呈现。制度安排则是介于两者(刚性和柔性)之间的一种消除知识共享障碍的重要力量,也是一种重要的保障性措施。三者之间是一种相互补充、密切协同的关系,可合力消除图书馆知识共享的各种障碍。但是有一个问题需要说明,那就是有的图书馆的知识共享障碍部分是由外部原因造成的。实际上,除了内部隐性知识共享障碍以外,其他六种知识共享障碍都是部分由外部原因造成的。因此,消除这样的障碍不是只靠图书馆自身完全可以实现的。尽管如此,站在图书馆的立场上,仍可以在自己可控的范围内,通过制度、技术和文化的协同来解决属于自身原因的那部分知识共享障碍。具体到实际操作层面即为图书馆的知识资源保障、技术保障以及图书馆文化组织保障。

第四节 知识产权问题

一、资源建设涉及的知识产权问题

图书馆作为信息搜集、组织、发布、服务的重要机构，资源建设是其开展一切业务的基础和前提。图书馆购买图书、期刊、软件、数据库等资源，需要承担终端用户的法律责任。上述购买行为赋予了图书馆“财产权人”的权力，但作品中的著作权与作品载体的所有权可以分离存在，图书馆无权行使知识产权。在享有图书、期刊财产权的同时，图书馆有保护作者著作权和出版社专有出版权的义务。例如，不得出租计算机软件，对第三人的侵权行为要尽到注意的义务。为了避免这些风险，发布适当的“使用声明”或版权声明是必要的。否则，信息开发者在诉讼中无法证明自己尽到了注意义务。根据过错责任原则，在不知情的情况下使用盗版产品，包括使用未经权利人许可复制的图书、期刊、音像制品、数据库等，法律并不要求其承担赔偿责任，但提供盗版服务，则要承担相应的责任。

二、信息咨询服务涉及的知识产权问题

信息咨询服务是图书馆的主要工作之一。信息咨询服务提供图书馆有关规章制度、数字资源及读者服务等问题的咨询与解答。主要包括图书馆总体布局、开馆时间、规章制度、馆藏分布、馆藏特色、借阅服务规定等的咨询介绍；知识性问题的咨询，包括学科知识、常识性知识的问答；期刊、学位论文、电子图书、多媒体学习类

数据库资源的介绍与检索的使用指导。对读者提出的一般性问题以“常见问题”形式放在图书馆网页上，供读者参考。信息咨询主要以电话咨询、实时问答（QQ、微博、微信）咨询、当面咨询、电子邮件咨询等方式为读者提供服务。

信息咨询服务分为一般咨询服务和课题咨询服务。一般咨询服务由于提供的资料比较简单，容易获得，基本上是无偿的，所以不涉及知识产权问题。但在提供课题咨询服务时，因为要向用户提供可行性论证专题调查、分析评价报告、科技查新等咨询服务，所以会收取一定的费用，在这个环节中比较容易对专利技术和知识产权的享有者造成侵权。

此外，由于每次实时参考咨询的结果都可以被系统转换为音频、视频或者文本格式进行保存，被保存的资料又变成图书馆的新资源。对于被保存下来的文献是否具有知识产权、拥有何种知识产权，也需要图书馆咨询服务人员注意。

三、馆际互借和文献传递涉及的知识产权问题

馆际互借（Interlibrary Loan），是基于馆际之间资源共享而提供的一种服务方式。对于本馆没有的文献，在本馆读者需要时，根据馆际互借制度、协议、办法和收费标准，可向外馆借入；反之，在外馆向本馆提出馆际互借请求时，可借出本馆所拥有的文献，满足外馆的文献需求。第一，出借原件。按照美国图书馆协会（ALA）的描述，出借的原件是“可退还”的资料，主要包括图书、期刊论文、会议文献、部分学位论文等。这些资料由于是原件，一般不会发生版权问题。但是这里的学位论文还涉及一些问题。由于学位论文

是未发表的作品，版权归作者所有，图书馆在馆际互借工作中出借学位论文原件时负有提醒的义务，即提醒使用者未经许可不得引用、摘录，更不允许发表。第二，出借复制件。这一部分资料除了涉及上述部分学位论文的权利外，更主要涉及的是复制权及其权利限制问题。不论以何种形式复制，复制权都受版权法的保护。

文献传递是将用户所需的文献复制品以有效的方式和合理的费用，直接或间接传递给用户的一种非返还式的文献提供服务，具有快速、高效、简便的特点。现代意义的文献传递是在信息技术的支撑下从馆际互借发展而来，但又是优于馆际互借的一种服务。广义的文献传递是指以任何形式、从任何信息源中为用户提供信息副本。①文献传递已成为解决信息资源特别是数字化资源公共获取、满足用户个性化信息需要的重要措施。文献传递过程一般会发生复制行为，如作品的数字化、计算机录入、扫描、模拟复印、传真复制，等等。文献传递实质上是一种复制行为，是对信息资源的使用行为，不能违反著作权法的规定。

四、数字图书馆涉及的知识产权问题

所谓数字图书馆，即图书馆以数字作品依托网络为读者提供信息服务，从而在相应用户群范围内实现资源共享。数字作品包含两层内容，既指将文字、图片、音像等作品转化成可以依靠数字储存传输技术在网络上传播，可供读者自由阅读、下载、储存的数字资源，也包括从其产生之初就是用二进制数字编码形式表达的

---

① 徐引篪，霍国庆.现代图书馆学理论[M].北京：北京图书馆出版社，1999：362.

计算机软件、数据库和多媒体作品等新型数字式作品。有人认为“数字图书馆并非一种实体结构，而是一种新的基础设施和知识环境，是网络信息资源的新型管理模式”。

数字图书馆的功能主要有：将传统馆藏资源数字化；连接外部信息源以获取、更新信息；对数字化数据进行组织、存储和管理等。图书馆信息数字化提高了馆藏的信息量和覆盖面，图书馆的服务形式也由原来的柜台式服务转为自助式。但这一变化使知识产权保护问题日益突出。

馆藏资源的数字化是网络信息资源和数字图书馆建设的基础。目前，文献数字化的方式主要有对文本的扫描、电子出版，以及对汉字文本的键盘录入、手写识别技术、语音识别技术等。其中，扫描应用最为广泛。将图书、期刊、报纸等纸质文献转换成 PDF、JPG 或其他任何格式存储在计算机中，均是著作权法意义上对原作品的复制。直接利用数字信息库出版技术，将文字、图片、图像、动画、声音等各种信息以数字化的形式存储于信息库中，也是复制行为。数字化改变的只是作品和信息的载体，使其得到比传统方式更好的保存，数字化后形成的作品的著作权仍然属于数字化前的作品的著作权人，权利的主体没有改变。因此，在馆藏资源数字化过程中以及后续使用中，尤其要注意知识产权保护问题。

数据库开发是数字图书馆的另一项重要内容。国际上普遍将具有独创性的数据库作为版权法中的汇编作品给予保护，而对于内容不具有原创性的数据库，各国规定差别较大。对于数字图书馆来说，开发数据库必须持谨慎的态度，为防止陷入版权纠纷，开发数据库的资料、数据必须经过自己的“选择或者编排”。如果仅仅是将馆藏文献数字化，供读者在馆内查阅，因为是非商业性的公益行为，故不会涉及著作权问题。但如果将馆藏文献数字化并建成数据库上载，就可能会产生侵权风险。

学位论文是学位申请者在导师指导下进行的科学研究的总结，一般都是选择本学科重要的、具有前沿性的理论或应用方面的课题，代表了本专业的发展方向。而且，其经过权威学者、专家评审答辩后通过，具有较高的学术价值。因而对大量的学位论文资源进行开发和利用已成为高校图书馆数字化工作的重要内容。目前，我国学位论文的服务存在着社会公益性服务和产业经营性服务两种形式。社会公益性服务是以满足大众化的学位论文资源需求，保障国家信息战略储备为目标；而产业经营性服务是以满足人们个性化的学位论文资源需求，保证产权人利益为导向。学位论文的知识产权归属问题在我国争议很大。据调查，世界上还没有一所大学宣称学校拥有所有学位论文的版权。相反，在美国，许多大学的版权政策明白地承认硕士和博士论文属于未发表的享有版权的作品。我国教育部并未对学位论文归属问题做出明确的规定，但可以肯定的是，学位论文受版权法保护，学位论文的传递必须取得许可，学位论文的使用必须遵守知识产权法。针对未经授权以营利为目的的复制传播或者剽窃行为，论文撰写人有权对个人或学位论文服务提供者提起诉讼。

新媒体环境下，图书馆借助转发、分享功能，分享互联网、其他新媒体平台上的知识已屡见不鲜。新媒体环境下图书馆借助超文本进行信息组织，将知识以文字、图片、视频、音频等多种形式表达和共享，极大地提高了知识的丰富度和多样化，但此种信息组织加工过程同样存在知识产权风险。一些微信、微博推送有可能直接引用网页资料或链接。单纯以网页的名称、网页的组织者等文字信息或网址作为链接标记的链接，通常无须征得被链接资料的著作权人的同意，一般也不会侵犯著作权。但如果以某种享有著作权保护的信息（如美术作品、照片等）作为链接标记，则可能构成侵权，这些都是图书馆新媒体团队在工作中需要注意的问题。

第四章　知识资源保障

图书馆知识资源按照知识的特性可以分为显性知识资源与隐性知识资源。显性知识资源包括传统文献资源和数字资源。隐性知识资源指图书馆在长期的工作实践中积累、摸索出的大量工作理念方法、规律经验，以及图书馆特有的组织文化及特色服务等。图书馆两类知识资源的状况直接关系到其知识共享。图书馆两类知识资源建设的基础和未来走向，也影响其知识共享。《普通高等学校图书馆规程》的颁发为图书馆知识资源建设指明了方向，深入了解图书馆知识资源的内涵和特点，坚持不断进行知识创新，把握新媒体环境对图书馆知识资源建设的影响趋势，是做好图书馆知识共享工作资源保障的关键所在。

第一节　《普通高等学校图书馆规程》对图书馆资源建设的指导

《普通高等学校图书馆规程》的前身为 1956 年高等教育部颁布的《中华人民共和国高等学校图书馆试行条例草案》。1956 年底，高等教育部在北京召开全国高等学校图书馆工作会议，会议确定了高等学校图书馆工作的性质、方针与任务，制订了《中华人民共和国高等学校图书馆试行条例(草案)》《高等学校图书馆馆际互借办法(草案)》《高等学校图书馆书刊调拨暂行办法(草案)》《高等学校图书馆书刊补充的几项规定(草案)》四个部颁行政规范性文件。1981年,教育部在北京召开第二次全国高等学校图书馆工作会议,会议讨论通过了《中华人民共和国高等学校图书馆工作条例》,并于同年向各省教育厅和各高等学校颁发。1987年国家教育委员会在北京召开第三次全国高等学校图书馆工作会议,修订了《中华人民共和国高等学校图书馆工作条例》,改名为《普通高等学校图书馆规程》。1999年教育部高等学校图书情报工作指导委员会(以下简称"图工委")成立,图工委把修订《普通高等学校图书馆规程》作为首要的工作目标列入日程。经过两年多的时间,多次征求意见,数易其稿,终于形成教育部的正式文件《普通高等学校图书馆规程(修订)》。修订后的规程于2002年由教育部以"教高〔2002〕13号"文件下发(以下简称"2002年版《规程》"),文件内容表述为:"为适应高等学校图书馆事业的发展,更好地为高等学校教学科研服务,我部对原国家教委1987年颁发的《普通高等学校图书馆规程》进行了修订。现将《普通高等学校图书馆规程(修订)》印发给你们,请遵照执行"。①

该规程为高校图书馆的建设和管理提供了指导和规范,促进了高校图书馆和高等教育文献保障体系的建设,大大提高了我国高校图书馆的管理和服务水平。随着改革的推进以及信息化、网

① 郑章飞,陈有志.从立法角度看《普通高等学校图书馆规程》的修订[J].大学图书馆学报,2015, 33(4):50-54.

络化技术环境的发展，图书馆的信息服务环境发生了巨大变化，高校图书馆所面临的形势和任务已经大大超出了 2002 年版《规程》所界定的范围，对其作进一步修订势在必行。2013 年 8 月，第四届教育部高等学校图书情报工作指导委员会成立大会暨第一次工作会议，决定将修订 2002 年版《规程》作为本届图工委的一项重要工作。历时两年多，新的《普通高等学校图书馆规程》（以下简称“新《规程》”）于 2015 年 12 月 31 日正式颁布，预示着高校图书馆的发展又将进入一个新时期。①

燕今伟和朱强两位馆长在《〈普通高等学校图书馆规程〉修订述要》中指出，“《高等教育法》第三十一条规定：‘高等学校应当以培养人才为中心，开展教学、科学研究和社会服务’，已经明确教学、科研和社会服务是高校的三大职能。文化立国是国家的发展战略，文化传承创新是高校和图书馆界已经非常重视的工作。新《规程》第三条在保留高校‘图书馆的主要职能是教育职能和信息服务职能’这一表述的同时，进一步提出‘图书馆应充分发挥在学校人才培养、科学研究、社会服务和文化传承创新中的作用’，既遵循了《高等教育法》的规定，又适应了当前高校图书馆实际承担的社会职能的现状。与此相呼应，在第四条图书馆的主要任务中，修改了原来主要着眼于图书馆内部业务工作的思路，把工作任务从图书馆层面提高到学校层面，要求‘建设全校的文献信息资源体系，建立健全全校的文献信息服务体系’，‘参与学校人才培养、信

① 燕今伟，朱强.《普通高等学校图书馆规程》修订述要[J].大学图书馆学报，2016，34(2)：9-13.

息化建设和校园文化建设'，'发挥信息资源优势和专业服务优势，为社会服务'，对图书馆主要工作任务的性质进行了再定位"。①

新《规程》更加明晰了文献信息资源发展规划、资源配置特色、资源体系、资源加工、共建共享、资源管理和服务系统等内容，理顺其关系，去除重复叙述。重在把握方向，统筹配置，形成特色，引导共享。增加了在文献信息资源建设中"寻访和接受社会捐赠"的内容。收藏范围包括"与本校有关的各类型载体的教学、科研资料与成果"，"形成具有本校特色的文献信息资源体系"，均为新的提法。新《规程》在关于图书馆文献信息资源的建设方面有着明显的时代特色。实践告诉我们，随着计算机技术、网络技术及多媒体技术等先进技术的飞速发展和应用，图书馆建设的内、外部环境和用户需求已经发生巨大改变，图书馆信息资源收藏范围更为广泛，这些都与图书馆满足需求的能力形成反差，图书馆单枪匹马进行资源建设变得不切实际。②因此，图书馆要适应时代的发展与要求，打破传统的相对封闭保守的建设模式，走向更加开放、充分交流与合作的模式，通过馆际协调合作，提高文献信息的保障率，降低资源建设成本，减少重复建设，实现资源效益最大化。与此同时，高校图书馆馆藏也应立足学校办学实际，为学校人才培养服务。基于此，新《规程》的文献资源建设指导思想也强调"图书馆发挥人才培养的作用及根据资源共建共享的要求来制订文献信息资源建设方案"。这也为许多新建院

---

① 燕今伟，朱强.《普通高等学校图书馆规程》修订述要[J].大学图书馆学报，2016，34(2)：9-13.

② 何林.2015年版《普通高等学校图书馆规程（修订）》评述[J].情报探索，2016(12)：111-115.

校或地方本科院校的图书馆建设提供了思路。

燕今伟和朱强两位馆长在《〈普通高等学校图书馆规程〉修订述要》中也回忆道："文献信息资源的建设和服务，是大家讨论最热烈，但是统一认识最快的两章。这两章涵盖了高校图书馆的主要业务工作，大家都希望尽可能地反映图书馆工作的最新发展，列出新领域、新技术、新方法，以加强《规程》的引导作用。经过讨论，大家都认识到，伴随着信息技术的快速发展，新的应用、产品和服务方式不断出现，不胜枚举，《规程》还是只能原则性地进行理念导向，不宜列举目前热门的事项，以保持《规程》的稳定性。修改稿中曾出现过的移动服务、机构知识库等词语，最后都删除了。最终定稿中，关于文献信息资源建设的一章，列出发展规划、资源配置、协作共享、资源加工、纸质文献的组织和保护、参与校园信息化建设等条款。关于服务的一章，列出服务宗旨、开放时间、服务内容、服务与人才培养、服务与文化建设、用户教育、学生参与、特殊用户服务、服务共享、服务社会等条款，逻辑清晰，内容明确，将是我们今后一个时期业务工作的指南。"①

第二节 图书馆知识资源

一、图书馆知识资源内涵

知识，是社会实践中人的主观世界对客观世界的反映与认识的综合，是对客观事物运动规律的认识，是对普遍必然性的本质的

① 燕今伟，朱强.《普通高等学校图书馆规程》修订述要[J].大学图书馆学报，2016，34(2):9-13.

把握。知识资源是指与知识有关的所有资源，包括知识、知识拥有者、知识使用者、知识工具、知识生产活动等要素。图书馆是集保存人类文化遗产、提供社会信息（知识）服务、辅助国民终身教育等多种功能于一体的文化性、公益性为主体的服务机构。图书馆与知识密切相关，图书馆拥有大量的文献资源，这些文献是丰富的知识资源。图书馆知识资源是经过整序、整理或组合的有效知识，也可以看作是将大量的信息转化为知识的形式在图书馆储存，读者则从图书馆中获取知识。在知识创新的背景下，图书馆是知识资源的管理中心，甚至可以说，图书馆本身就意味着知识资源。南京大学柯平教授认为当代图书馆学围绕知识资源的研究有四个方向①。

1. 图书馆的知识资源研究。其重点是虚拟馆藏的研究和数字化知识资源的研究。“虚拟馆藏”这一概念区别于图书馆的物理馆藏，指文献情报机构的超链接型目录中所描述的、可通过目录链接的那些网络资源，是一种通过网络传递的超时空的知识资源。这类资源包括联机或网络数据库、电子期刊、电子图书，以及用虚拟图书馆方法组织的网络资源等，在此基础上建立的“数字图书馆”是图书馆的发展方向，也是图书馆学的重要内容。

2. 文献的知识资源化和读者获取知识资源的智能化研究。其主要研究文献的数字化和数据库化，将文献转化为可组合的知识单元，解决电子文献与印刷文献及其他多种形式文献的自动转换

---

① 柯平.知识资源论——关于知识资源管理与图书馆学的研究对象[J].图书馆论坛，2004(6):58-63，113.

问题。各种数字化知识资源工具的跨平台检索和知识资源的智能获取，将图书馆文献的可存取性和可获得性上升到知识资源的可存取性和可获得性，提高文献的知识含量和知识资源在社会上的利用率。对图书馆馆员来说，要通过形式上的转换和载体的传递，使读者不用自己做文献存取或转换工作，让读者直接接触知识资源，吸收和转化知识资源中的营养，而不必去关注知识表达的形式和知识存贮的形式。要研究读者乃至整个民族、整个社会的知识需求，要研究图书馆在新环境下的知识交流形式和知识利用的规律。

3. 知识资源系统与服务的研究。知识资源系统是整个知识系统或知识创新系统的一个组成部分。文献信息管理系统是知识资源系统的主体，而图书馆是文献信息管理系统的重要支撑。文献信息管理是关于各种知识记录的管理，研究其产生与发展过程、载体和表现形态、揭示和报道的方法、收藏和管理规律等，涉及知识记录的形式与内容、分析与综合、组织与管理、鉴别与评价等各个方面。通过建立知识资源库和知识资源体系，开展知识资源服务，达到全球知识资源共享和知识自由获取的目标，以支持科技、经济和社会的发展。要研究知识组织和知识传播，知识资源的价值、效用及其评价，知识资源系统的社会环境，以及知识资源与知识产业、知识经济的相互作用等。

4. 网络知识资源管理的研究。其是在信息资源管理基础上，随着互联网络发展产生的领域。有关网络数据库、域名管理、搜索引擎、元数据、网络资源集的评价，以及网络知识资源的安全等方面的问题，直接关系到网络环境下的知识资源活动的发展。要研究网络社会或虚拟社会的知识特点，研究网络知识生产与传播机制，研究网络文献的可阅读性和网络资源的可加工性，研究网络知识产权与网络知识资源的开发利用，研究网络环境下知识资源的可持续发展，研究从网络信息资源转化为知识资源的途径与方法。这些研究对内容产业、对网络的发展具有重要的现实意义和长远的战略意义。

表 4-1 当代图书馆馆藏体系构成①

印刷型文献	缩微型文献	视听型文献	电子格式文献	
			按来源区分	按形式区分
图书	缩微胶卷	录音带	实体入馆的电子资源	书目数据库
连续出版物	缩微胶片	录像带	授权使用的远程资源	事实数据库
政府出版物	—	光盘	本地数字化的资源	电子期刊
专利文献	—	—	馆员组织和评价的网上文献	电子图书
科技报告	—	—	—	电子报纸
会议录	—	—	—	其他
参考工具书	—	—	—	—
非公开出版物	—	—	—	—
其他	—	—	—	—

① 于良芝.图书馆情报学概论[M].北京：国家图书馆出版社，2016：261.

二、图书馆知识资源特点

图书馆知识资源是图书馆知识资源建设的基础，具有知识资源的所有共同特性，其主要特点有以下几个方面。

（一）依附性

知识资源的依附性，是指知识资源必须依附于载体，与载体密不可分，知识资源没有具体的表现形态，只能以一定的符号系统或编码固化在一定的物质载体上，并借助于物质载体来存储与传递。它可以表现为传统的文献载体形式，也可以表现为数字化的形式，如果离开了文献、通信网络、数据库等各种载体，离开了语言、文字、数据、图像等形式，知识资源将无法存在。①

（二）转化性

图书馆知识资源可以转化。在外在形式方面，知识资源通过加工可以变换和转移载体，从一种形态转换到另一种形态；从内容角度看，显性知识资源可转化为隐性知识资源，隐性知识资源也可转化为显性知识资源。知识资源通过加工可以变换和转移载体，可以从一种形态转换到另一种形态，内容不发生变化。如物质信息可以转化为语文、文字、数据、图像等形式，也可转换为计算机语言、电信号等。同一知识资源可以用多种不同的载体来承载，不同的知识也可以用同一类形式来表现。因为对于事物运动状态及其变化方式，可以有多种不同的描述方法，只要这些不同的描述方法之间保持某种对立关系，知识内容不发生变化，就都可以被认为是

① 刘利.图书馆信息资源的特征及其有效利用[J].中国科技信息，2007(5)：164，166.

知识的真实复本。这些对知识不同的描述方法之间的对应关系，就是信息转化关系，体现了知识资源的转化性。

（三）传递性

知识资源还具有空间、时间上的传递性，在时间上的传递就是存储，在空间上的传递就是扩散。知识资源可以通过互联网络高速、便捷地传递到全球用户所在的地方。知识信息广泛存在于人们的各种活动领域中，人们随时随地、有意无意地制造、存储、传递着各种各样的知识信息。在现代化技术普及以前，人们用的是手工操作的传递方式，信息资源开发利用程度还很低，尽管如此，信息资源仍得到了广泛的传播和利用。随着现代化技术的飞速发展和电子计算机的问世，人类获取、识别、存储和处理信息完全依靠大脑的时代结束了，脑力劳动有了可靠的辅助工具。信息传输网络变得更加高速和便捷，使得知识资源在瞬间就能传递到遥远的消费者手中，全球的信息资源也可以四通八达地传递到全球消费者的手中。

（四）共享性

知识资源的共享性是其核心价值所在。图书馆知识资源建设的目的就是通过知识转移达到知识共享的目的。知识资源共享可以发生在不同主体之间，比如发生在图书馆之间、图书馆与用户之间、用户与用户之间等，并且可以通过现代信息技术手段进行。在知识社会中，知识资源可以为一切人所享用。知识在交换过程中，买卖双方的交换具有不对等的特点。如果交换双方没有设定限制，卖方卖出知识后并不失去知识，仍然可以使用这一知识，仍然可以与其他买方进行交换。这种交换的不对等性，使知识资源不能像其他物质商品那样可以独占拥有，而可以通过知识的广泛传递使人们共享知识资源。知识资源在消费和使用中不具有排他性。知识资源的建立就是为了持续不断地反复加以使用，禁止或不允许他人使用知识资源不仅是很困难的，而且也违反了知识的本质属性。知识用户的继续增加不断降低知识资源的价值。①

（五）时效性

图书馆知识资源具有时效性，图书馆既拥有时效性较弱的文献资源，也拥有时效性很强的数字资源。时效性越强，其使用价值持续的时间就相对越短，因此要求更快的知识共享速度；时效性越弱，其使用价值持续的时间就越长，对其知识共享的及时性和紧迫性要求则不那么强烈。图书馆对知识资源进行收集、加工和传递越及时、迅速，就越容易产生知识共享利用的最佳价值。反之，有些知识资源会随着时间的进展而失去作用，变得毫无价值和意义。

三、建设原则

无论是实体图书馆还是数字图书馆的馆藏体系，都需要达到“足够规模”并与目标用户的需求足够匹配，才具有使用价值。因为，只有达到一定规模且与用户需求足够相关，该文献体系才能使用户需求的满足率达到一定比例，即保障有效获取。当特定文献体系的用户需求满足率过低，用户在信息获取中得到的收益将不抵其付出的努力，就有可能放弃使用该体系。因此，图书馆的馆藏体系需要科学建设，即根据图书馆的主要目标、用户需求和图书馆

---

① 潘德利.试论图书馆信息资源的特征[J].辽宁教育学院学报，2000(1)：100-102.

的能力，依据事先制定的采购方针，从出版发行的文献中选择文献，加以收集，形成体系，并采用科学的方法保管和维护这一体系。图书馆知识资源建设应遵循以下原则。

（一）多样化

图书馆知识资源既有传统的文献资源，又有现代的数字资源，载体多种多样。因此，在进行知识资源建设过程中，要充分考虑资源载体的多样化，根据资源载体类型和图书馆实际情况，确定纸质文献资源和数字资源的合理比例，对馆藏资源的结构和发展进行调控。另外，在图书馆知识资源采购中，采购方式、渠道也要相应地多样化。

（二）协作化

在知识资源建设过程中，图书馆要有资源共建共享和相互协作的整体化建设意识，特别是在数字资源建设方面，要根据实际情况，把自身纳入某个合适的图书馆联盟中，要从协作的角度考虑图书馆知识资源建设，不局限于本馆，要充分考虑与其他单位或其他系统的协作问题，尽可能避免资源建设工作的低效率。

（三）特色化

在图书馆知识资源建设中，特色化是其生命线。为避免资源建设决策的盲目性，在满足图书馆正常发展基础上，应该重点考虑图书馆的专业定位，要满足哪些读者的需要，有针对性地建设特色化知识资源，如积极开发研制专业指引库、网络导航系统，建设特色数字资源库，为读者提供特色化的知识服务。

（四）知识产权保护化

图书馆知识资源建设决策应注意对知识产权的保护，对于有知识产权争议的资源要限制采购，建立对资源来源及知识产权合法性的鉴别机制，尽量避免纷争，形成知识资源建设的规范化，保证知识资源建设合乎法律、法规。

四、知识资源创新的途径

（一）知识整合

知识整合是图书馆进行知识创新的重要方式。整合是指知识、信息依据一定的条件重新组合，是一种信息、知识的再加工过程，是对知识、信息、事物各部分的结构、功能进行整理，并按系统方法优化组织，在取舍与改造的基础上进行功能升华、重新组合的过程。一般认为，知识整合包括知识因子的整合和知识关联的整合两种类型。知识因子的整合是将原有知识中的知识因子抽出，并对这些知识因子进行结构形式上的归纳、选择、罗列或整理的过程。其结果一般表现为对原有知识进行整序与浓缩。知识关联的整合是指在相关知识领域中提取大量知识因子，改变各因子之间的原有关系，对知识内容进行分析与加工，使各知识因子之间取得新的联系，形成更高层次上的概括和综合的知识产品。由于这些知识产品改变了原有的知识因子之间的联系，因此其整合的结果更多地表现为新的知识产品。图书馆正是利用其丰富的馆藏知识资源，通过对知识因子或知识关联进行分析、整序、精炼和整合实现其知识创新的。在纸质媒介时代，这种创新的结果往往表现为二次文献和三次文献形式。在数字化手段日益丰富的今天，图书馆依托数据仓库、知识挖掘、知识发现、推送技术、智能搜索等多种智能技术和软件技术的帮助，在更为广阔的数字空间中开展知识创新活动。

（二）知识增值

知识增值是指知识在演进、派生、分化和相互耦合的过程中所呈现的知识价值增加的过程。知识增值的重点在于使研究者获取的知识得到增长，这种增长包括两个层次，即量的增值与质的增值。量的增值是指知识数量上的增加，这方面的成效将使主体拥有更多的知识。质的增值是指增加的知识的质量比以前有所提高，表现为新增的知识使主体创造价值的效率比原先更高。从知识管理过程来看，知识量的增值主要通过显性知识共享来实现，而知识质的增值则通过隐性知识共享来获得。图书馆为知识创新活动提供信息保障，推动知识创新活动成果转化为现实生产力。图书馆可以针对用户知识信息需求，运用先进的信息技术，对各类知识进行获取、甄别、加工和组织，开发用户需要的知识信息产品并提供给用户。

（三）知识发酵

通过对知识创新中知识生态特征的研究，将生物发酵与知识增长进行对比，可以发现其共同特点是都存在一个“发酵”过程。与生物发酵过程需要具备一定的条件，通过生化反应，产生一种新的物质相类似，知识发酵是指知识活动核心环节所包括的创意、知识母体、组织协同、环境和规则、设施与工具等要素，通过学习或创新过程，最终导致组织的知识创新和增加。知识发酵是为了实现知识的有效应用而进行的知识的传播或演变，分为以下五种类型。

1. 消化型发酵。消化型发酵在实践中增值的实例首先是可用经验的推广，即在同样应用对象的条件下简单复制应用别人的知识，知识新主体需要把外来的经验与自己的原有知识和经验相结合，对知识加以咀嚼、理解，变成某种“熟”的知识，从而达到对知识的正确运用。

2. 适应性发酵。知识在用于实践的时候，经常需要进行适应性演化才能生效，适应性发酵是当知识应用对象发生变化时的知识发酵过程。适应性发酵包含了消化型发酵，只有在消化吸收的基础上才能去适应环境的变化。

3. 会战型发酵。会战型发酵是产生新方案和新方法的过程，是综合利用广泛的知识资源，针对新的知识使用者和知识使用对象创造解决问题的新知识的过程。

4. 演进型发酵。演进型发酵体现了知识的顺序延伸和线性发展。演进型发酵把会战型发酵当成自己的方法论，其不仅解决知识应用中所存在的问题，而且把知识本身和其应用的水平提高到一个更高的阶段。

5. 再造型发酵。知识发酵出现质的飞跃，是一种向全新知识的进化，是最高层次的知识发酵。这种发酵往往意味着高级知识专家的参与、复杂的研究课题、高深的知识演绎过程、高层次全局的概括、高智力的思维活动。

（四）知识再生

知识重组和知识再生是知识开发的两个重要环节。知识重组是在特定目标指引下，寻求发现知识间的内在联系及未来动向，形成动态知识系统的过程，是对相关客体中的知识因子和知识关联进行结构上的重新组合，形成另一种形式的知识产品的过程。目的是通过对知识客体的重新组合，帮助用户克服因知识分散而造成的检索困难并提供索引指南；为人们提供经过加工整序后的精炼性知识情报；使用户便于理解和吸收知识并提供评价性或解释性知识。知识再生是在知识重组的基础上，通过图书馆馆员的智力劳动，在现有知识水平、知识未来水平预测的基础上形成新知识的过程。这种新知识表现为决策所需求的知识方案、设计方案及知识产品。

（五）知识个性化提供

图书馆为用户提供个性化知识服务，主要通过建立用户知识库来进行。用户都具有个人的、组织的、社会的多方面特征需求，而每一个特征需求都能够激发相应的知识需求。如果条件允许，人们会将每一个特征所激发的知识需求都转化为实际的知识行为。社会和个体发展的需要，使用户的知识需求呈现出多元化、多样化、多层次的特点，对以知识单元为基础进行知识组织和控制的需求日趋迫切。通过对用户知识库的分析，可以获得用户的需求爱好、使用习惯等非常细节化、具体的用户信息，从而准确把握用户的个性和需求，及时调整服务的角度，最大限度地满足用户的个性化知识需求。知识图书馆强调针对用户的需要和过程提供连续的服务。这种模式一方面体现在参考咨询等以解决用户的具体问题为基础的灵活服务中，另一方面也融入系统和组织体制中。例如为个体用户建立“个人主页”，为其提供动态的量身定做的新书通报等推送服务。开发信息服务系统的个人化处理功能，根据用户知识和使用的情况分析知识检索需求，优化检索过程，选择检索结果，并将个人化界面和用户利用的其他服务结合起来，形成“用户个人的图书馆”；协助用户开发个人化的信息资源系统，并利用图书馆的系统能力支持或联结这类信息资源系统。

（六）知识生态建设

知识生态学理论由沃杰霍夫基教授于1975年创立，该理论认为：知识客体与人类主体的相互作用，使得“知识”在人类生活中发挥了重要的作用。知识生态学理论需要考虑的两个方面是：“长远规划，面向未来”；“整体观念，全球意识”。图书馆系统的知识传递是通过文字、语言、音像等知识的物质形态，以自觉或不自觉的方式来传播的。图书馆系统是重要的知识生产者和供应者。根据图书馆系统和知识消费者在知识传递过程中的相互关系，知识传递可以分为单向传递、多向传递、主动传递、被动传递四种形态。其相互交融在一起，构成图书馆系统知识传递的主要类型：多向主动传递，如二次文献开发、新书展示、检索教育等；单向主动传递，如个人开题服务、跟踪服务等；多向被动服务，如外借、阅览等；单向被动服务，如参考咨询服务等。传统的图书馆系统是以多向被动服务为主，以单向主动服务为辅。如今计算机网络和通信技术的发展，使图书馆有条件、有能力试行以多向主动服务为主、单向被动服务为辅的新型服务模式。无论主动或被动，多向或单向，知识传递和交流的实质是对知识用户的知识需求愿望的满足，即通过不同技术界面的组合、不同服务手段的协调、不同管理方式的调控，最终实现知识传播和利用的用户导向化。通过知识用户的市场化调节、规范和运作知识传播，克服知识传播瓶颈制约，保障知识利用效益的最大化。

（七）知识链建构

按照价值链学说，图书馆的整个业务过程可以看作是一个价值链，其将信息收集、分类编目、用户服务和咨询研究等各个环节有机地整合起来，并按照"链"的特征实施流程管理，并追求在每一个环节上的最优化。价值链不仅存在于一个机构内，图书馆也可以目光向外，到社会上寻找更有效率、成本更低的价值环节。同时，图书馆可集中精力发展核心业务和核心能力，充分运用外界具有专业优势和较低成本的社会资源来提高自己的核心竞争力。图书馆的竞争优势来源于在这一生态系统中所取得的主导地位。没有一个图书馆能独立于社会而存在，它与其他知识服务机构同发展，与整个图书馆生态系统共命运。价值链理论，对于图书馆竞争力定性分析是一个很好的启示。其认为把一个企业作为一个整体来看待是体现不出竞争优势的，竞争优势来自一个企业在设计、生产、销售和辅助支持中所进行的许多互相联系的活动，这些活动的每一项都能有助于提升企业的相对成本地位，并为企业差异化发展奠定基础。对图书馆来说，资源保障主要指各种载体的文献和数据库，其先根据分类和用户需求特点，进行深层次揭示；再根据消费需求，将仓库中的文献内容进行提取；然后将加工完成后的各种载体的文献和数据库进行有效传递；最后再对知识消费之后的种种反馈进行诊断。

第三节　新媒体环境下的图书馆知识资源

一、新媒体对知识资源建设的影响

（一）拓宽知识资源获取渠道

新媒体拓宽了图书馆资源获取的渠道。电子文献的出版是新媒体时代的亮点。图书馆可以抓住新媒体出版普及至出版界的机遇，与出版社直接洽谈采购业务，或者同专业性中小图书馆结成联盟，打破出版社和电子数据商垄断市场的局面。①此外，还可以与版权方直接联系，在维护版权的前提下，获取其电子版作品；与用户进行沟通，建立资源共享平台。这样既可以有效控制图书馆资源建设费用，也可以丰富资源内容。一般来讲，传统介质书刊的出版发行周期太长，再加上招标程序和图书馆管理员的分编整理、入库上架程序，使书籍与用户见面需要经历漫长的等待。在新媒体环境下，图书馆可以采购出版社成型的电子版文献，并直接传送到图书馆数据库供用户阅读，这样大大减少了中间环节，缩短了出版周期，提高了资源建设效率，也能够更好地满足用户的需求。

（二）对数字图书馆资源的发展起到推动作用

新媒体的发展和环境的形成，首先会对数字图书馆资源的发展起到推动作用。这主要是因为数字图书馆包括很多的数字资源，涉及诸多前沿技术，包括大数据技术、网络通信技术、云技术和云储存技术等。这些技术都在很大程度上优化了图书资源和信息资源的存储面貌，方便了人们对各种图书资源的阅读和使用，但是数字图书馆资源自身的传播渠道和传播能力稍显不足，仅凭其自身的技术手段和宣传渠道很难做到被大众熟知和利用，这就需要新媒体环境和技术的加持。通过新媒体环境和技术的支持，数字图书馆将会有更加广阔的宣传渠道，并且通过新媒体技术的支持，数字图书馆的用户也会有更好的使用体验，这对于数字图书馆资

① 李海玉.全媒体时代的图书馆资源建设[J].参花(下)，2021(8)：147-148.

源的应用和后续进步发展，有较好的优化作用，能够很好地起到推动发展的效果。[①]与传统数字图书馆相比，新时代数字图书馆在运行方式、资源收集和使用上都具有一定优势。数字图书馆资源建设需要多种技术提供支持和保障，如信息处理、智能检索等。这些技术的进步和发展在很大程度上可促进资源建设工作的开展和进行。数字图书馆在新媒体环境下能够提供更为丰富可靠的服务，还可以通过技术的应用来实行多种方案以在终端上高效合理地完成相关信息服务。新时代下对信息资源的认知程度和相关需求都在不断提高，人们已经逐渐习惯通过电脑客户端的方式进入数字图书馆，同时希望可以更便捷地通过数字图书馆来查找所需信息。网络信息技术的进步以及用户需求和习惯的转变，为数字图书馆资源建设提供了良好动力。新媒体环境下，数字图书馆取得较大的进步，其服务手段和途径都发生了一定的变动，为用户使用提供了更多便利。相关技术的进步为数字图书馆的发展提供了技术支持，移动通信、新媒体应用、网络构架等技术的发展很大程度上使数字图书馆服务手段和途径得到完善，减少因时间和空间所造成的限制，使用户可以更为便捷地查阅信息，增强用户体验，也为日后发展提供了重要指导。因此，新媒体环境可以更好地推动数字图书馆的建设和发展。

（三）丰富用户选择

新媒体丰富了用户的选择。目前，传统图书、互联网、移动智

---

① 陈敦亮.基于新媒体环境下数字图书馆资源建设的研究[J].信息记录材料，2021，22(4)：199-200.

能终端等已经成为用户阅读的主要途径。同一种内容的文献出版已不再局限于传统的单一介质模式，而需要从多方面进行呈现。用户可以通过纸质书籍、音频、视频等多种渠道实现阅读，不仅丰富了对阅读方式的选择，同时也在一定程度上改变了用户的阅读方式。移动阅读用户知识资源呈现产品化、多元化、碎片化、微时空等特征。移动环境下的知识资源体系包括信息资源库、知识元库、知识产品库和服务信息库。信息资源库是移动阅读平台提供知识服务的主要形式，包括期刊、论文、电子图书、新闻等。知识元库虽然以资源单位进行知识组织，但提高了知识获取的效率，降低难度。移动阅读平台需要对知识资源进行深度加工，分解出基于语义关联的最小知识元，以支撑碎片化阅读、资源聚合、语义关联、语义推荐、知识订阅和推动等。知识产品库则基于用户个性化知识需求，将知识单元和隐性知识进行加工，形成可以被用户利用的基于某载体的智力成果。服务信息库则存储所有的课程信息、专家信息、知识需求信息、知识交互信息等服务信息，并和知识库建立连接。

二、新媒体环境下知识资源建设策略

在新媒体环境下，文献、电子书籍、网络信息资源等不断融合，打破了传统的知识资源建设格局，对图书馆的知识资源结构建设提出了挑战。为优化图书馆知识资源结构，提升图书馆知识资源质量，图书馆应从以下几点进行建设。

（一）明确建设原则，优化资源结构

在新媒体时代，图书馆应坚持协调原则，优化各个学科、各类

载体、各种形式文献的经费比例与藏书结构；坚持绿色原则，注重纸质资源与数字资源的有效互补；坚持创新原则，探索新的采购方式，拓宽资源获取渠道；坚持共享原则，建设数字化图书馆，搭建资源共享平台，做好文献资源的采选工作。图书馆应坚持以需求为驱动，以读者为本，以利用率为指标，做好数字资源与纸质资源的采选，应不断更新图书馆馆藏资源。

（二）整合数字图书馆资源

为了更好地建设数字图书馆资源，确保数字图书馆资源与新媒体的发展环境相协调，首先，要对数字图书馆的资源进行整合。数字图书馆资源的整合一方面有利于各项资源的掌握和互补，另一方面有利于对数字图书馆资源的管理。而具体来说，数字图书馆资源的整合，主要是从以下几方面做起。第一，要建立起统一的整合规范，包括数据收集的规范、信息整理的规范、信息收纳存储的规范等，以此确保数字图书馆资源的整合合乎一致。第二，要制定严格的数字图书馆运营技术标准，包括数字图书馆的检索技术、存储技术、安全技术、加密技术等都要符合数字图书馆的需要并落实到位。第三，数字图书馆的资源整合，要确保自身的特色。这就是说数字图书馆在资源整合过程中，不能对所有资源照单全收，要注意对特色学科和学术资源的整理，减少对通俗资源和现实中广泛存在资源的收纳。为了更好地实现上述资源整合的内容，数字图书馆的资源整合要做好与社会各方的合作，包括与图书馆的合作、与高校的合作、与研究单位的合作等，以确保数字图书馆资源整合的完整，并保持在部分领域的资源专业性，以此确保数字图书馆的学术特色和专业性。要注重对数字资源的有机协调。在新媒体时代，图书馆中的数字资源十分丰富，如检索类数据库、大众和专题类数字期刊、电子图书数据库、视频动漫资源库，等等。图书馆应重视对资源的开发，提高数字资源利用效率。

（三）促进纸质资源与数字资源的融合对接

图书馆应注重纸质资源与数字资源的相互补充，根据实际需要引入专业的数据库，与纸质图书形成互补。这样可以迎合一些核心期刊的出版特点，确保馆藏资源更新速度，保证资源内容的全面性，使得读者能够在第一时间获得相关内容，最大限度地满足不同读者的需求。图书馆应将一些价值较高或者出现破损的资源进行二次扫描和整理，通过扫描、识别形成二维码，把纸质资料转化成现代资源，建立数字资源专题库。数字资源不受空间限制，数字化能够实现优秀特色文献的资源共享，促进数字资源和传统纸质资源无缝衔接。在当前时代，图书馆的用户群体，总是希望用最小的耗时来获取最大的信息资源量，最大程度提高工作效率。因此，图书馆在资源建设中，应考虑到诸多方便用户的措施，整合资源，提供服务。例如提高图书馆资源的易获取性。在线讲座、线上培训等活动，都可以提高用户对图书馆信息资源的获取能力；用户可以通过线上线下渠道，进入实体图书馆或者图书馆 App 进行借阅、参考咨询、资料下载、馆际互借、文献传递、定题跟踪服务等。这样可以扩大图书馆的服务范围，深化服务内涵，创新服务方式，从根本上满足用户对文献信息资源的多样化、深入化需求。

第五章　知识技术建构

知识共享与人际协作密不可分，因而其也依赖于支持协作的技术和工具。技术提供良好的计算环境，对有效的协作十分重要。知识共享的技术支持一共涉及三个方面：物理的、逻辑的和语义的。物理方面主要指的是支持知识共享的物理网络连接；逻辑方面主要指的是知识共享在建立人际合作与互动方面对技术的依赖，支持人际网络建构；语义方面主要是与知识的内容建构相关，从而支持知识网络的建设。

第一节　知识共享中的技术建构

一、信息技术为知识共享打开大门

信息技术的发展，为知识共享开辟了快捷通道，扩大了知识共享的范围，并极大地降低了共享的成本。信息技术使得信息存取更加容易，并促进了有效的人际知识交流与互动，甚至介入知识发展的领域，使用特殊的解决方案，支持个人和集体的知识创新。这样的技术包括以下几方面。基础工具，如群件(groupware)、内部网、文件管理、智能代理软件等；思考、交流工具，如概念映射、知识表达工具等；知识的获取和发现工具，如搜索引擎、数据挖掘、数据库联机分析处理工具(OLAP)等;知识组织、存储工具,如知识库、知识映射图、元数据、XML等;决策支持工具,如预测工具、决策支持系统、流程模拟等。

尤其值得一提的是美国的KSE。由美国国防高级研究计划署(DARPA)发起、斯坦福大学等机构参与的"知识共享行动"(Knowledge Sharing Effort, KSE),属于人工智能领域的知识共享研究课题。以前关于人工智能和专家系统的研究,一直试图用机器来模拟人的记忆、推理行为,而DARPA的KSE试图解决的是知识共享技术的瓶颈问题,即知识表达和知识系统代理程序的互操作性问题。KSE强调,对于知识的外化(显性化)和共享,知识表达和查询语言是关键,因此要发展一种能够用于描述对编码知识的自动化操作的语言。

KSE认为,现存的知识共享工具的主要障碍是:知识表达含义难以一致;知识表达发生意义的环境特性和背景知识难以统一;以及其他一些问题。KSE要设计一套语言系统,使知识表达的意义清晰化,对知识对象特性和相互之间关系的描述更加明确。

KSE为有效地促进知识共享,减少共享中的歧义发生,设计了知识共享的通用语言ACL(A Common Language,也称为Agent Communication Language),ACL将程序执行和语言界面区别开来,使语言表达成为程序通信的中间要素。ACL包括知识交换格式(Knowledge Interchange Format, KIF),这是知识交换的语言,它的特点是通过词汇和表达式说明语义、综合逻辑。ACL还包括对本体(ontology)的设计,这是关于概念的说明,也就是语言的词汇和具体应用环境,描述存在于代理程序或者代理程序群中的概念和关系。KSE认为两个代理程序系统共享知识的前提是其认同同样的本体。

在知识表达语言和本体设计的基础上，KSE又设计了知识查询和控制语言（Knowledge Query and Manipulation Language，KQML），这是交换知识的语言协议，允许一个代理程序用KQML与另外一个代理程序进行通信和定义允许的操作。KQML适应多代理程序系统（multiple-gents systems）的互操作。KSE的这一套语言和协议，基本代表了当前人工智能领域关于知识共享的最新技术进展。事实上，关于本体的定义不再只针对计算机共享，也涉及人际共享。因为有意义的人际知识共享，前提也是发生交互的成员之间认同一套共同的对知识表达和知识应用语境的定义。这从技术的方面反过来说明了人际知识共享的复杂性和必要性，因为没有一套技术系统能够替代人与人之间知识共享的丰富性，而显性知识的共享也不可能替代隐性知识的共享。

二、知识共享机制中的技术建构

（一）建立支持协作的技术系统

技术对知识共享的逻辑支持，主要体现在促进协作关系的建立，支持协作活动，最大限度地实现知识资源的共享。不同于专用系统或者软件对用户提供个性化应用和服务，协作系统应该是一种开放式的系统，提供一种以知识为中心的、具有丰富交互性的用户协作平台，最大化人际互动，最小化技术的干预，为具有共同兴趣和知识需求的人们有效地交换、共享和创造新的知识提供广泛的支持。

组织中的大部分任务是通过群体而不是个人来完成的。早期支持群体工作的技术以决策支持系统(DSS)为代表。近年来,群体的概念在文献中屡见不鲜,从共享数据库存取到视频会议系统,强调打破地域的限制和充分的交流,允许用户多途径互动。Lotus Notes 等产品有利于共享隐性知识;Intranet 的应用,有利于减少通信费用,提供更加便宜的技术成本;CSCW 系统的发展,提供丰富的多媒体应用和实时的通信能力,支持广泛的知识共享和协同工作。笔者认为协作系统应该是一种开放式的平台,人们可以不必使用专用的软件和数据格式,Web 和 XML 技术即提供了这种可能性。现在,越来越多的软件和技术系统支持基于 Web 的工作方式,体现了更大的开放性和协作支持。

其实,建立支持协作的技术系统,并不意味着知识共享只在技术平台上进行,许多知识共享行为是在技术外发生的。一些组织机构非常重视建设鼓励人际接触和知识互动的物理环境,如在微软中国研究院,就有很多这样的设施和支撑条件,可见创办者对员工互动和知识共享的高度重视和关注。在一篇题为《古老的知识共享方式》的案例分析中,有一家名为 SL Luke 的企业,为了激发员工的创意,在工作区不设桌子,没有墙壁,建立开放式的环境以促进知识共享,可见知识共享中非正式交流的重要价值。

(二) 协作系统用户价值与系统设计特征的关系

我们还需要一种基于开放式的协作系统的理论,将协作系统中用户所获得的价值和系统设计特征结合起来,并尝试导入一个支持知识共享的协作系统的效益最大化模型,为理解协作系统的有效性提供理性解释。协作系统的用户价值决定于三个方面:知识的获取水平、交互的丰富性和互动的成本。前两个方面表示了用户的收益,第三个要素是关于用户在协作系统中获得知识和参与交互的成本。

1. 知识的获取水平。使用协作系统的主要目标之一是共享知识。知识的获取水平,指的是用户获取分布在整个系统上面的相关知识的能力,而这种知识有的是外化的显性知识,存储在知识库中,因而与用户的信息存取直接相关;但更大多数是隐性知识,没有进行相应的编码。由于知识与人具有很大的相关性,在一个组织和系统中,即使存在中央的知识库和统一的查询门户,知识仍然主要是分布式存在的。因此,协作系统中知识的存取水平与下列因素相关:知识的编码和组织水平、显性知识的查询工具、隐性知识的指示系统、隐性知识的可得性。在这里,知识的编码和组织水平越高,查询工具越强大,对显性知识的存取水平就越高;而对于隐性知识,需要相应的工具建立知识与人、机构的映射关系,并且通过文化、经济、行政等手段激励人们提高隐性知识的可得性。隐性知识的可得性还与它的分布水平有关。隐性知识分布性越强,可得性就越强,这与显性知识的可得性是不一样的,原因在于隐性知识是与人相关的,而显性知识大量存储在技术系统中。

2. 交互的丰富性。一个协作系统的价值更多地体现在它的交互性大小方面。所谓交互的丰富性,就是克服空间、时间和技术的障碍,共享主体进行充分的交流和碰撞的机会与能力。尽管可能为一个特定的组织具体设计一个协作系统,使它的员工可以参与头脑风暴和集体互动等,最佳情况下还可设想协作系统为一个全球的平台,具有共同兴趣的人们可以互动,以增进该领域的知识和思想交流。不管人们以何种方式参与,效果的好坏依赖于互动的具体环境。

怎样提供互动的丰富性？这包括以下方面：多媒体的丰富性，多媒体的应用比纯文本应用更具有交互吸引力；实时的通信能力，包括通信渠道的畅通（如带宽）因素；交叉链接能力，也就是在不同的显性、隐性知识之间随机实现交叉的指引；互动管理能力，也就是协作系统必须提供一种机制，以一种有秩序的方式管理互动，如适当的知识分类、审阅和评价等。

3. 获得知识和参与交互的成本。在许多情况下，我们使用技术系统需要很大的成本，例如技术的投资耗费很大，所需的技术培训本身也会消耗一些成本。从逻辑上讲，最好的技术解决方案是不需要培训就可使用的。例如著名的 Chrysler 公司就对新软件和新技术采取“零培训”的标准。如果要求用户学习一种新的技术，还要改变他们的工作方法以适应技术后才能参与协作和共享活动，那么培训的支出就会很大，而用户参与知识共享的动力就会变得很小。这将会给他们的知识共享带来阻力。

关于协作技术本身的成本，也有很多的内在因素。例如，技术应该是整合的，而不是相互割裂的，人机界面接口的多少、与相关技术的无缝衔接程度、用户的使用时间和收益，等等，都影响技术的性能。又如，一个知识系统如果设计得不好，可能会造成很大的信息冗余，使用户淹没在大量信息之中，而不可能得到真正需要的知识。只是这种成本难以用金钱计算。成本增加的原因可能是低效率的知识组织和查询工具，缺乏多媒体支持，不能同步或者异步进行充分互动，还有管理互动过程的拙劣方式，等等，而最后会表现在用户投入大量的时间和精力，最后收益甚微。反过来，针对同一个系统利用整合的特性和能力，又可以在增进用户的知识获取能力和丰富互动性的同时，降低用户成本。协作系统用户价值与系统设计特征的关系如图 5-1 所示。

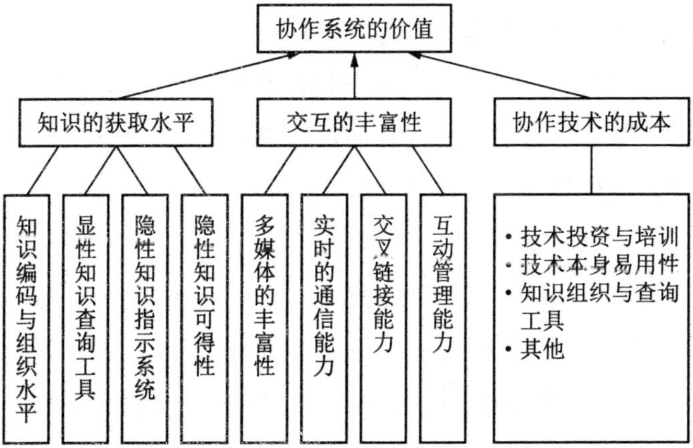

图 5-1　协作系统用户价值与系统设计特征的关系

第二节　知识组织技术

一、知识组织内涵

知识组织起源于文献组织和信息组织。20 世纪末知识时代的来临，使得知识作为战略资源和企业竞争力要素，地位不断上升。经过组织的知识可以便于用户使用，并帮助发现和产生新的知识，计算机技术、网络技术和数字化技术使知识载体多元化。如何快速地利用各种知识找到解决问题的方案，成为世人关注的焦点。

1929 年美国图书馆学家布里斯最早提出知识组织概念。关于知识组织的概念有几种典型的阐述。贾同兴认为，所谓知识组织是指对事物的本质及事物间的关系进行揭示的有序结构，即知识的序化。[1]蒋永福认为，知识组织是指为促进或实现主观知识客观化和客观知识主观化而对知识客体所进行的诸如整理、加工、引导、揭示、控制等一系列组织化过程及其方法。[2]

关于“知识组织”的概念，从与信息组织区分的角度来分析，信息组织是基于文献层次的内容揭示与序化，而知识组织则是由于信息环境的变化而将内容组织单元深入到文献的更细粒度——知识单元，其目标是对知识单元的揭示与关联。王知津教授在《知识组织理论与方法》中界定了知识组织的研究范围，划分了基于文献单元的知识组织、基于数据单元的知识组织、基于人工智能的知识组织、基于个性化的知识组织等四大类型；论及了知识组织的方法与技术，包括知识发现、知识表示、知识挖掘、数据融合、智能搜索的方法、工具、步骤、规则等。[3]这实际上是一个广义的知识组织概念，相当于广义的信息组织概念，其所划分的后两种知识组织类型与狭义知识组织概念比较接近。国外学者将知识组织分为“知识组织方法”和“知识组织系统”两个方面。其中，知识组织方法按照揭示知识单元之间关联程度的强弱，划分为由弱到强的词单组织模式、元数据组织模式、分类组织模式、关系组织模式，具体有分类法、主题法、分类主题一体化集成法、实用分类法（本体法）、大众分类法等。无论哪一种方法，其共同的组织原理都是以概念逻辑为基础。知识组织系统（Knowledge Organization System，KOS）的

---

① 贾同兴.知识组织的进步[J].国外情报科学，1996(2)：36.
② 蒋永福.知识组织论：图书情报学的理论基础[J].图书馆学情报学，2000(11).
③ 王知津，李培，李颖，等.知识组织理论与方法[M].北京：知识产权出版社，2009.

诞生可以追溯到 1997 年美国 ACM 第二届数字图书馆国际会议上的"网络化的知识组织系统(NKOS)"第一次工作会议,从此 KOS 成为各类检索语言或知识组织结构的统称且被广泛采用。根据学者曾蕾的观点,知识组织系统可以说等同于我国情报语言学里所指的各种宏观结构,但不刻意指定与情报检索的关系,而是强调 KOS 对知识的组织和呈现作用。KOS 除了应用于检索和浏览之外,还被应用于各种信息传递环境和语义技术服务中。

二、知识组织技术

(一) 元数据

国际图联将元数据定义为:关于数据的数据。美国图书馆协会对元数据的定义是:元数据是结构、编码数据,描述信息款目的特征,附注描述数据的标识,以发现、评估和管理。哈佛大学数字图书馆项目定义元数据为:帮助查找、存取、使用和管理信息资源的信息。元数据根据组织信息资源的功能分为四种类型如下。①管理型:用来管理和支配信息资源的元数据,包含其信息收集等。描述型:用来描述与识别信息资源的元数据,其支持资源的发现和鉴别,如记录编目、寻找帮助、专题索引、资源链接等。保存型:信息资源保存有关的元数据,如资源的物质条件、数字资源的保存行为。技术型:与系统运行有关的元数据,如硬件与软件、数字化信息的格式等。

元数据是使知识管理得以具体实现的主要工具,是知识管理技术中的关键内容。元数据作为知识管理的一种新工具,其作用

① 李桂贞.论元数据及其在知识管理中的应用[J].现代情报,2006(11):28-31.

主要表现在以下几个方面。

1. 图书馆管理。图书馆从很早起就有了书目、卡片目录等采用一定的元数据格式描述每本书的信息、按顺序排列以方便人们查找信息的工具。描述纸本书的元数据格式发展到 MARC 已经非常精细。到了数字时代,过于精细、专业性强、要求严格的 MARC 格式不仅面对急剧膨胀的信息量已无能为力,而且也不适应日趋多样的媒体形式的描述。在这种情况下,以 DC 为代表的新式元数据格式应运而生。都柏林核心元数据(Dublin Core, DC)旨在推广电子资源发现的最小元数据元素集,是目前世界上使用最广泛的元数据格式,具有最强的适应性和最大的弹性。DC 的 15 个元素依据其所描述内容的类型和范围分为三组:一是对资源内容的描述,如标题、主题、描述、来源、语言、关系和层次;二是对知识产权的描述,如创建者、出版者、投稿者和权限;三是对外部属性的描述,如日期、类型、格式和标识。

2. 文件和档案管理。随着电子商务、办公自动化、网络化的普及和多媒体的运用,人们需要新的文件管理标准。现在已有专门的用于文件、档案管理的元数据格式,档案描述编码格式(RAD)就是其中代表。

3. 网络知识管理。在网络知识管理与使用过程中,一般使用搜索引擎、网站分类目录、导航器。搜索引擎一般都是按关键词建立索引,作为用户检索的入口,再辅以分类目录。搜索引擎在查全率和查准率方面和图书馆用严格 MARC 格式组织起来的目录是无法比拟的。但 MARC 并不适于网络资源搜索的组织。以 DC 为代表的元数据格式弥补了这一缺憾。

用于知识组织的主要元数据标准有：都柏林核心元数据（Dublin Core，DC）、机读目录元数据（Machine-Readable Catalogue，MARC）、学习对象元数据（Learning Object Metadata，LOM）、在线信息交换元数据（Online Information Exchange，ONIX）。

（二）数据挖掘

数据挖掘是从大量数据中提取出隐含的、特别的、未知的、有潜在价值的信息，可自动在大型数据库里寻找潜在的预测信息，探测新的模式。数据挖掘工具扫描整个数据库并辨认隐藏模式。数据挖掘的常见任务包括：解释性数据的分析、描述、预测，建模模式和规则的识别，文字图像处理的搜寻。数据挖掘工具可以分成三类：通用的工具、综合OLAP/数据挖掘工具和特定应用领域的工具。在数据挖掘中，知识组织系统主要用于概念的需求和模型的建立，关键词挖掘等技术还有助于发现热点和趋势。

数据挖掘亦称数据库中的知识发现，是人工智能和数据库领域中非常具有活力的研究领域，其目标是从大量数据中发掘有趣的模式。数据挖掘技术日臻成熟，但由于数据类型、挖掘任务和挖掘方法的多样性，关于数据挖掘的研究仍面临一些挑战，其中一个课题就是如何利用用户的领域知识引导数据挖掘。用户的领域知识可以引导搜索方向，优化挖掘过程，领域知识引导数据挖掘的高级方式是将用户的领域知识存入知识库，利用知识库支持数据挖掘。①

支持数据挖掘的图书馆用户知识库存在以下特点。首先，用

① 杭小树.基于数据库与知识库的知识发现方法及工具实现研究[D].安徽：中国科学技术大学，2002.

于数据挖掘的领域知识是通过限制搜索空间、引导搜索方向等方式来指导数据挖掘，而不是用领域知识直接推出新的知识，因此知识库不强调推理和解释功能；其次，用于数据挖掘的领域知识类型多样，表示形式多样，因此知识库要求能够合理组织各种类型的领域知识，以便挖掘系统高效存取；第三，部分用于数据挖掘的领域知识描述的是数据库中表示的属性间的关系，知识的不一致表现为多种形式，因此知识的一致性校验较为复杂，并且由于知识类型多样，知识的语法校验内容也多样。

（三）信息可视化

信息可视化技术将抽象的符号表示为具体的几何关系，使用户可以亲眼看见所模拟和计算的结构，看见原本不能看见的东西。信息可视化是数据计算机和用户之间的一种交叉活动。这是一种以人为中心的活动，强调人类感知、认知、行为和社会活动等作为一个整体的重要性。信息可视化不仅为信息赋予形象，为我们提供直观的结果，方便观察，而且能够揭示信息之间的关联，挖掘隐含的模式和结构，让我们有效地利用和发现知识。[①]当前，信息可视化系统主要采用树（Trees）、图（Graphs）、地图（Maps）及虚拟现实（Virtual Reality）等隐喻方式完成信息及其结构的可视化呈现。信息可视化使用一维或者多维的方式呈现信息在主题和分类方面的分布和层次等级关系。例如，本体属于数量相当大的知识组织，为了有效表达和利用本体，可视化技术也应用在这个领域。Auillans

---

① Chaomei Chen. Information visualization: beyond the horizon[M]. London: Springer, 2004.

提出了一个基于图论的主题地图处理及可视化的形式化模型，该模型应用了图论中的图、子图、树、路径、环、距离、超图、二部图等术语来描述主题地图中的相关概念。

知识可视化概念是埃普勒等人提出的，认为知识可视化是在科学计算可视化、数据可视化、信息可视化基础上发展起来的新兴研究领域，其应用视觉表征手段，促进群体知识的传播和创新。知识可视化领域研究的是视觉表征在提高两个和两个以上人之间的知识传播效率和创新中的作用。目标在于传播见解、精神、态度、价值观、期望、观点、意见和预测等，并以这种方式帮助他人正确地重构、记忆和应用这些知识。知识可视化和信息可视化有本质的区别，信息可视化的目标在于从大量的抽象数据中发现一些新的见解，或者简单地使存储的数据更容易被访问，而知识可视化是通过提供更加丰富的表达人们所知道内容的方式，提高人们之间的知识传播和创新效率。派福奥的双重编码理论为知识可视化提供了理论基础，同时以视觉形式和语言形式呈现信息，使其能够增强记忆和识别。知识可视化将知识以图解的方式表达出来，为基于语言的理解提供了友好的辅助和补充，降低了语言通道的认识负荷，加速了思维的发生。知识可视化的发展趋势：一方面是与虚拟技术结合，从二维到多维转变；另一方面是要建立一种更迭的、协作的过程，使得可视过程从静态变为动态、交互。

（四）知识地图

布鲁克斯的情报学理论主要研究如何对知识进行组织、控制和传播，其核心思想是对客观知识进行分析和组织。他认为知识组织是对文献中的逻辑内容进行分析，找到互相关联、互相影响、能够引起人们创造和思考的知识点，使这些知识结点联系在一起，于是提出了“认识地图”的概念，通过“认识地图”来揭示知识的有机结构。这种结构应该是多维立体结构，通过每个连接点都能找到所需知识和相关知识。知识地图对知识资源进行合理配置。知识地图内容包括两个方面：知识资源目录和目录内各款目之间的关系。知识资源包括内部资源和外部资源，内部知识资源包括企业战略、领导、评测、组织、技术、文化等以及员工们用语言描述的隐性知识；外部知识资源是与企业竞争相关的其他企业的信息等。这些知识资源经过集成形成知识库，为企业提高竞争力、工作效率、制定决策提供必要的知识支持。一份完整的知识地图包括的内容十分丰富，能提供知识资源的存储地点、所有权人、有效性、及时性、主题范围、检索权利、存储媒介及使用渠道等，并能揭示所有的知识资源。

知识地图在图书馆的应用主要有以下两方面。

1. 用户层面。知识地图作为知识管理的核心内容，改变了原有检索系统的固有模式，使用户不再遵循传统的检索策略。在网络环境下，按照检索者本人的认知思维去检索，充分体现检索者的主动性、灵活性是至关重要的。利用知识地图给用户提供良好的使用界面，将获得和掌握的信息内容组织好，并优化信息结构设计，使用户用自己的检索语言检索出自己所需信息。同时分析用户的行为模式，建立一种用户易用的智能化导航系统，使用户不仅仅是信息的接受者和获取者，还应该是知识的发布者和分享者，允许用户在浏览的同时发表评论。

2. 知识共享层面。知识地图这一知识管理技术为知识服务提供了良好的服务平台,其把信息内容恰当地表达出来,快而准确地传递给用户,使用户清晰明了信息内容是知识地图绘制过程中需要解决的问题。知识地图并不是将所有信息都收集过来,而是对知识进行识别,将有用的知识收集、组织、分类、存储形成知识库,利用超链接技术将孤立的知识库连接起来。利用知识地图进行知识重组,为知识创新提供条件。这也正是图书馆知识共享服务的关键所在。

第三节　建构知识库系统

一、建立知识共享系统的原则

(一) 以用户为中心设计知识库

以用户为中心的知识形成周期有四个阶段。第一,学习。学习是知识管理有效保证行为的关键。为了学习知识,用户必须学习知识库的规划,即知识库在存储媒介中如何被组织与编码。然后必须理解为特定活动检索到的信息片断的精确含义,以及知识库协同行为的有效性。第二,使用。用户通过在知识库搜索,将自己的方案与知识库的规划相匹配。第三,实施行为。知识管理的最终目标是支持用户的实施行为,即与决策相关的行为或操作顺序。决策行为强调应该做什么,操作顺序强调如何做。第四,强化与遗忘。在形成知识时,用户必须观测在利用信息库这个行为发生后的结果,观测重新加强了对信息库的理解与学习,从而进一步发展了知识管理。同样,用户也需要遗忘过程,即消除库中不适当的陈旧信息。在此周期中,知识库包含了产生、组织、编码、发布、应用和知识形成,以及基于用户新知识的进化。有效的知识形成依赖于恰当地利用知识库。反过来说，其也依赖于对知识库设计的了解，即对知识库结构以及各个知识库关系的解释。①

所以，在知识共享系统设计时，要考虑本组织员工的特点，共享的知识确实是员工所需的，而非信息膨胀、知识匮乏的状况。要用明确的需求驱动知识库。知识库的成功建立会对培育一种知识共享文化产生重大影响。

（二）具有辅助决策能力的动态系统

知识中心的内容要用简洁易懂的方式组织，便于阅读与使用。如果疏忽了这点，就算知识库中有所需的知识，但由于表现的形式不符合消费者的需求，也会导致其被弃而不用。同时，知识共享系统绝非仓库，而是具有加工分析能力的动态系统（图 5-2）。从图 5-2 中我们可以看到，建立智能化的知识共享系统，能够在适当的时间将知识传递给适当的人，从而提高组织的快速响应能力。

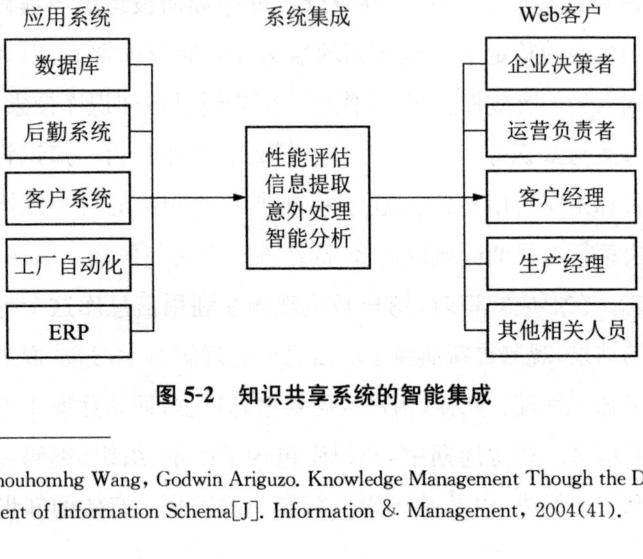

图 5-2 知识共享系统的智能集成

① Shouhomhg Wang, Godwin Ariguzo. Knowledge Management Though the Development of Information Schema[J]. Information & Management, 2004(41).

（三）利用模块化思维划分知识共享系统的子系统

建成能满足所有用户需求的知识共享系统，绝非一蹴而就，而是耗时、费力而没有终点的。所以，应注重模块化设计，然后逐步实施，重点放在建设高度重要的商业事件所需要的知识中心。在组织中衍生出商业价值，为推动知识共享起到示范作用。

二、基于 Web 的组织知识共享系统的设计方案

（一）做好整体规划

设计知识共享系统框架 WWW 的创始人 Tim Berbers 在 2001 年提出语义网（Semantic Web）是新一代的 WWW。在语义网中，信息被赋予了明确的、良好的定义，能够更好地促进人—机的交互作用，目前正在成为全球范围内的有效信息交换、共享和获取的媒介平台。资源描述框架（Resource Description Framework，RDF）和本体论（Ontology）是语义网的两大关键技术。在知识共享中，Ontology 就是一个具有共同兴趣的团体在术语上的共识，可以是对一个组织或一组协同商务组织所使用的概念和关系的描述。为了满足基于 Web 的组织知识共享的需要，建立了如图 5-3 所示的基于语义网技术的知识共享框架。[①]其包含了内部知识和组织术语集合，组织术语集合用 Ontology 表示，内部知识用 RDF 表示，而且 RDF 中会引用 Ontology 术语，需要与其他区域的员工共享的知识也用 RDF 文件表示和传输。

---

① 张成洪，严正，宋亮.协同商务环境下的知识共享框架[J].复旦学报（自然科学版），2003(5).

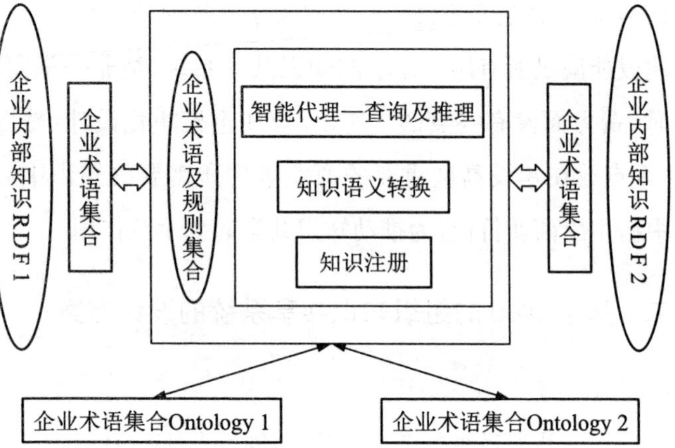

图 5-3　知识共享系统框架图

（二）知识库的设计

1. 面向对象的可视化的设计方法。传统中，对于设计方案的研究主要集中于数据库的设计、高级信息处理以及自然语言处理。有很多关于数据库设计示意性的模型与人工智能的语义网络结构模型，但很少有关于知识管理的设计模型。实体—关系模型（ER模型）是设计数据库的一种简单语义网络模型。然而，它有下列局限：首先，ER 模型对基本的信息集不能提供多维视角，不能清楚外显集合收敛性；其次，基于属性的 ER 模型方法强调结构数据实体的结构化和标准化，但是知识库中信息存在差异，经常呈现非结构化，如各种数据格式，包括准则、文档、Web 地址、图片等。在知识库中，数据标准化不是核心问题，在很多情况下，信息实体之间的基数性难以术语化。在大型数据库中，不同的应用情景，基数性的静态定义通常引起语义矛盾。

为了弥补上述局限性，应基于面向对象方法的用户—计算机的相互作用，设计可视化知识库设计模型。该知识库设计模型有下述两个特征：第一，重组的语义用以描述知识库的复杂结构；第二，可视化的知识库结构及知识库导航器便于用户操作。该设计使用户获取知识相当于使用知识地图，用户可以通过搜索设计的各部分深入到底层设计。该模型提供了多种进入路径，包括文件地址、超链接、菜单以及关键词搜索。

2. 知识库中的类与对象。在知识库中，对象有继承的数据与方法类。面向对象方法的主要优势在于类中的继承结构。在类的继承结构中，对象共享属性与方法。利用继承层级，知识库用户通过搜索类，发现库中的子类对象。在这里，类的符号与对象相似，可利用特有的释义搜索继承结构来发现它的子类或目标。

3. 知识库中对象的范畴。有学者曾指出，用于知识管理的知识库包含数据（事实）、信息（总计数据与事件）、知识表现（用于指导行动与决策的程序、规则与理念），但缺乏知识库的面向对象设计描述，而且由于信息实体（对象）通过语义链接为网络，整个信息库的语义网络相当大。为了给用户提供一个大型的可视可控的语义网络，总体语义网络必须通过对象类以及构造继承关系，划分为多个单元。由此形成的类/对象（或元类）能够帮助组织进行多方面设计，尤其是当信息库与信息系统合为一体时。知识库设计的类/对象范畴源于组织学习研究的文献资料。知识对象的基本框架如表 5-1 所示。

表 5-1 知识对象的基本框架

属性	属性的含义
知识领域	标识知识所属的领域。领域属性是驱动元搜索技术进程的主要属性。例如:内科医学、机械制造、企业管理等
知识所有权	反映作为资源的知识所属性质。根据知识“所有权”不同,可将知识划分为个人知识和组织知识。通过建立知识共享的企业文化,促进个人知识向组织知识转化。D(所有权)={个人,组织}
知识载体	知识所依赖的实际载体和存在的地方。D(知识载体)={纸张型的,计算机文档,隐性的}。计算机文档表的数据模式属性有{标题,创建者,创建时间,版本,存储位置,文档类型};提供隐性知识的人的数据模式属性有{名字,单位,岗位,联系方式}
知识展示	反映知识的表现形式。D(知识展示)={文字,图形,图片,声音,视频}
知识内容	通过各种知识展示形式表达的知识内涵
知识质量	知识的正确性和效用性状况。D(知识质量)={启发性的,基于经验的,规范的,完整的,正在开发的,...}
知识价值	知识对企业发展的影响程度。D(知识价值)={核心,非核心}
稳定性	指出知识内容的变化率。D(稳定性)={fast, slow, etc}
时间	指在计算机中创立知识对象的时间
知识状态	D(知识状态)={可分享,独占}

知识库的设计是下述七个对象范畴的综合,即目标对象、物理对象、程序对象、偶然事件对象、认知对象、工具对象与注释对象。设计的第一步是识别上述七个独立的面向对象的描述范畴。第二步是综合这些对象的范畴并实现编程。尽管对象间的关系多变,但相互之间有通用的语义。从语义上来讲,目标是通过程序获得

的,一个程序就是获得一个目标。对于知识管理,在这些对象间通用的语义关系的总结见表 5-2。

表 5-2　信息库中各对象间的语义关系

	目标	物理	程序	情节	认知	工具	注释
目标	属性	处理对象	实现手段	—	—	—	说明
物理	处理	事件类型	处理	描述	—	—	说明
程序	实现	处理	属性	解释	应用	应用	联系
情节	—	描述	说明	相关事件	—	—	相关事件
认知	—	—	应用	—	事件类型	应用	说明
工具	—	—	应用	—	应用	事件类型	说明
注释	说明	描述	相关事件	链接	解释	解释	链接

利用这样的设计,隐性知识可被模拟为对象。用户行为需要的隐性知识依赖于他的经历与认知,并填充固有的属性与方法。设计模型不能告诉我们隐性知识如何转变为对象,但能够帮助搜索隐性知识对象的分级,以节约大脑思考时间。

从信息检索超链接的视觉效果来看,该设计方法类似于广泛讨论的主题地图。但是,该设计模型清楚地描述了行动协调的目标。与主题地图相比较,设计方案描绘的语义网络用于解决特定领域的问题。从面向对象的知识管理模型角度看,该设计模型与知识管理系统的类设计模式相关。要特别说明的是,本书提出的模型被认为是一种途径,即通过识别元类与知识管理系统的关系,实施类设计模式框架。

4. 建立知识库的质量监控体系(Process Quality Knowledge

Bases)。在实施知识共享方案时，若只重视投入而忽略了知识库的质量，知识共享必然走向失败。如果用户三次进入知识门户检索到的是同样的知识，而难以发现自己渴望的知识，那么他就不会再进入该共享系统，自然也不会分享自己的知识。

组织建立知识库的质量监控体系，可以丰富知识库存量，提升员工的学习能力，对同一问题开展多角度思考，从而为知识共享系统的良性循环奠定基础。如员工在线学，可将显性知识内化为自身的默示知识；经过“学中干，干中学”，也可以将个人的体会外化为显性知识，从而促进组织知识积累与应用的螺旋式上升。

知识库的质量监控体系包括三个方面。第一，质量计划。考虑组织的既定目标，确定基于目标的知识库应包括的内容，以及采用何种传递机制可以保证知识属性能够满足用户的需求。第二，质量控制。开发应用程序以识别加工的普通质量与定制产品质量的差别，并对知识的加工方法的稳定性进行评估，从而诊断路径，采取正确的知识加工方法，满足客户的需求。第三，质量改进。通过加工能力的分析、加工地图的绘制，进行变量分析和模型变化控制，以改进知识库的质量。

第六章　组织文化建设

图书馆组织要实现知识共享，不仅需要对组织员工个人进行各种激励，更需要表现为一种组织形式。组织协调是指在组织活动中，通过外力使系统中分散的各要素组合起来，协同一致，实现共同的预定目标。在组织活动中，如何协调是一个很普遍的问题，对其要素的有效协调是组织高效运作、运行绩效提高的关键。图书馆要实现预期理想的知识共享，也必须通过组织协调的手段来加以保证和推进。

图书馆组织是提供知识公共产品的社会单位，是人与人协作协调和共同发展的场所。在知识型组织中，知识和竞争性技能是组织得以存续和发展的基础。图书馆组织中为实现知识共享的组织建构，不是倡导进行剧烈的组织变革和重构，而是主张采用渐进的共享解决方案。首先，最实际的行动是广泛建立动态的知识共享团队，通过团队合作促进成员之间的知识互补和分享，向学习型组织转变。其次，要有专门的人员负责知识共享计划，建立支持知识共享的职能部门。再次，要创建以知识共享为导向的组织文化。最后，要开展面向知识共享的人力资源管理。现代图书馆组织应当发展为动态的、开放的知识共享组织。

第一节 建立学习型组织

一、建立学习型组织的必要性

学习型组织(Learning Organization)是通过获取新的知识、技能和改变自身行为,能够快速反应、适应变化的组织。1990 年,美国麻省理工学院的彼得·圣吉(Peter Senge)教授出版了《第五律:学习型组织的艺术与实践》一书①,提出了学习型组织的概念。他认为,"学习型组织是这样一个组织,它连续地扩展其能力来创造未来,对于这样一个组织来说,仅仅生存是不够的,针对生存的学习(适应性学习)是必要的,适应性学习中重要的是创造性的学习,提高创新的能力"。他概括了组织发展的五个领域:系统化思考(system thinking)、自我超越(personal mastery)、改善心智(mental models)、建立共同构想(shared vision)、团队学习(team learning)。前三个领域强调动态学习型组织中个人发展应该采取的策略;而后两者是学习型组织的典型特征。这就是说,建立学习型组织,组织应力求精简、扁平化、弹性因应、终身学习、不断自我调适,以维持竞争力;应以系统思考为基本架构,促成组织成员进行自我超越,改善心智模式,并透过共同构想的建立、结合团队学习的方法来实现组织目标。知识是为了应用而存在的,知识的价值链如图 6-1 所示。

---

① Peter M. Senge. The Fifth Discipline: The Art & Practice of The Learning Organization[M]. New York: Currency Doubleday, 1990:371.

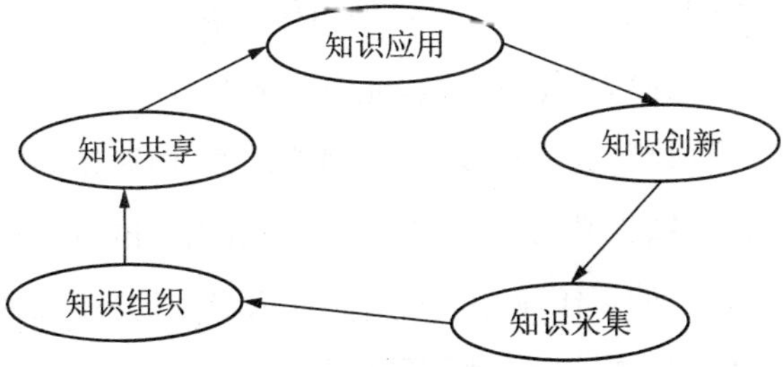

图 6-1 组织中的知识价值链

组织是知识成为生产力的放大器。知识经济社会的特点是知识成为经济增长的主要决定性因素，而个人则是知识的主体、知识创造的根源，由此提出了组织是知识成为生产力的放大器概念，具体见图 6-2。个人的隐性知识转化为图书馆组织中的显性知识，是知识创造的开始，将成为个人或组织成功的关键。

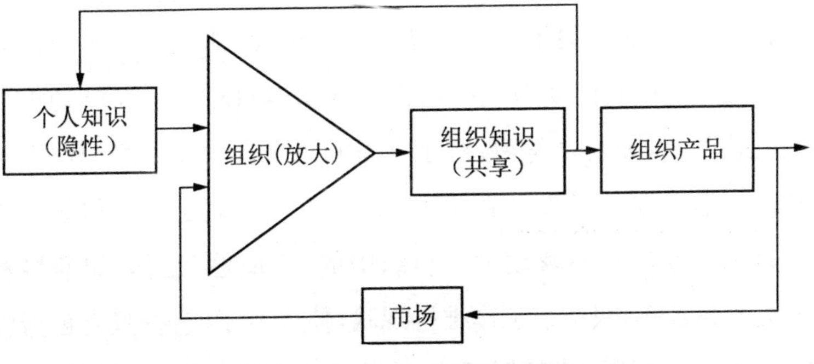

图 6-2 个人知识与组织知识相互转化原理

学习型组织，是能通过不断学习来改善自身并对相互依赖和不断变化的外部环境做出有效反应的组织，是通过学习不断创新自我、扩大未来能量的组织。促进图书馆组织向学习型组织转化，就要认识学习型组织特点。学习型组织是精简和高效能的组织。"学习"理论可精简为"先乘后减,先事后人"。一方面要通过培训,使员工学会完成相关的两种以上不同的任务,而后精简人员;另一方面要把"做多做少都与组织发展无关的工作"和"做得越多对组织发展阻碍越大的工作"减掉,然后精简人员。这种精简既可提高效能,又可节约成本。学习型组织是结构扁平的组织。现代组织理论认为,组织结构层次越多,工作效率越低,越容易出现组织滞胀问题;而组织管理层级越少,越容易上下沟通、互动,组织能量越大。学习型组织减少中间管理层,实现组织结构扁平化。学习型组织是富有弹性的组织。弹性就是适应能力,就是组织与环境保持动态平衡的能力。美国管理学家瑞定提出,任何一个组织要适应市场和环境变化,必须做到"持续准备,不断计划,即兴推行"。①这种预测性、超前性行为是成功的图书馆组织应有的品质。学习型组织是善于学习的组织。在知识爆炸时代,知识更新的加快和半生期缩短,使人们要想及时获得新知识、新技术,不仅要勤于学习、刻苦学习,还要会学习、善于学习和思考。学习型组织注重学习方法、思维方式创新。学习型组织是善于自我创新的组织。创新,是组织发展的不竭动力。组织中的"反应性"工作,如迎接检查、处理事故等,只能使工作维持现状,使人穷于应付;只有创造性工作,如技术创新、管理创新等,才能为组织注入生机,增强活力。学习型组织倡导组织及员工培养自我创造和创新精神。学习型组织是善于自我管理的组织。民主参与的管理方式,是充分激励人

① 关培兰.组织行为学[M].北京:人民大学出版社,2002.

的行为、调动员工积极性的有效方式。如果对于工作中的经过研讨、沟通就能解决的“收敛型”问题和越讨论则矛盾越多的“发散型”问题，都逐级上报以求解决，则会旷日持久，贻误时机。学习型组织强调员工参与，自主管理，协调解决问题。

“学习的目的全在于应用”。①学习的目的也在于创新，在于提高组织竞争力。促进组织向学习型组织转化，就要理解学习的真谛，培养学习型组织的拓展型思维理念。一要培养自我超越能力。深入开展组织成员的思想境界教育，培养健康的人格和信念；树立创造型工作观，真正理解工作就是为了发挥能量，为了创造生活的意义；勇于挑战自我、挑战极限，充分发挥工作智慧和能力，勇创一流业绩、一流水平。二要改善思维方式。组织成员要正确认识自我，增强角色意识，克服“归罪于外”的思维习惯，养成自我反思的良好心态；善于表达自己的思想，以争取别人的理解和支持；学会开放心灵，尊重差异，扩大包容，善于协同竞争。三要建立共同愿景。共同的目标、规范和价值观，是组织的灵魂。要培养组织成员对组织的认同感，增强其工作责任心、使命感和奉献精神，形成个人与组织相一致的共同目标、理想和愿景，增强组织的凝聚力。四要倡导团队学习。团队是构成组织的有效群体，团队成员的深度交流和学习，有利于开发组织整体人力资源。在团队学习中，要克服“为了团结，不提分歧性意见；为了面子，不提质疑性问题；为了大家接受，只做折中性结论”的心理。克服只以众人观点的共同部

① 胡锦涛.在“三个代表”重要思想理论研讨会上的讲话[M]//保持共产党员先进性教育读本.北京：党建读物出版社，2005.

分作为共识的“聚焦型”学习方法，提倡集思广益，取其精华，以众人意见的合理部分为基础，形成更高层次共识的“发展型”学习目标。通过团队互动式学习，发展协调关系和共同思维，以提高团队智商和创新能力。①五要善于系统思考。善于全面整体地思考问题，充分考虑各部分对组织整体系统的影响；善于动态发展地思考问题，既关注发展中的自我，也关注发展中的环境。保持组织的内部动态平衡和外部动态平衡。要善于从本质思考问题，重视一些现象的深层影响，以防微杜渐，积极应对。

二、学习型组织建构方法

促进组织向学习型组织转化，需要加强知识管理。知识管理是组织管理创新的成果之一，是一种组织行为，是指组织为了获得持久的竞争力，对各种相关知识资源进行开发、传递和利用的过程。学习型组织重在建设，重在强化知识管理。

（一）营造学习氛围

创建学习型组织，提高组织学习能力，要营造良好的学习条件和环境。首先，要建构组织内部知识共享平台。采取媒体网络、公共场所和“阵地”等形式，将员工的经验、独特技能、专业知识和信息提升为组织共享知识。通过知识平台共享，促进员工之间的交流，以及差别化知识的互补和同心文化价值观的形成。在知识管理中，要注重收集、整理员工各种有价值的信息源，形成组织知识信息库。其次，要实行文档资料开放式管理。为改变组织存在的

① 林崇德.管理心理学[M].北京：人民出版社，2001.

文档资料管理混乱、利用率低和采购与使用脱节的状况，要对与本单位业务相关的上级文件、内部规章、财务管理人事档、研究报告、行动计划、工作记录、会议纪要等文档资料区别不同情况，实行规范化、透明化和开放式管理；对书刊音像、网络信息等外购资料实行共建共享管理。采购资料应充分征求使用者的意见，并使员工共用共享。最后，要积极收集外部信息。外部环境深刻影响组织的生存与发展，收集政治政策、经济发展、法律法规、人口变化、社会文化、自然环境、市场供求、科学技术等外部信息是知识管理的重要任务。可通过检索媒体、向人咨询、请人讲演、参加相关会议和深入调查研究等方式及时收集掌握外部信息。收集信息，重在利用。当代科技经济发展处于高效的"不均衡收益"取代低效的"均衡收益"的不平衡状态，而"不均衡"既意味着巨大机会，也意味着巨大风险。组织应善于分析来自外部环境的机会和挑战，适时调整发展战略，捕捉新技术，转化新理念，并通过加强知识管理，推进知识创新、技术创新和工作创新，不断提高自我更新能力和市场竞争力。

（二）强化学习行为

创建学习型组织，养成组织学习习惯，要有相关制度规范。一是建立知识交流制度。通过开展观摩、竞赛、"传帮带"活动，促进员工相互学习，共同提高。特别是通过"传帮带"的制度化，使新员工直接获得业务知识和技能，缩短适应期，较快进入角色；使成长中的员工进一步提高知识、技能水平和工作效率、质量；使老员工在传授知识、经验和技能的同时，不断更新知识，提高创新能力。二是建立自主学习制度。自学是员工积累知识的重要途径，并且较少占用组织成本。要建立鼓励员工自学的激励机制，通过正强化激励，积极支持引导自主学习和创新，形成“工作学习化，学习工作化”的良好习惯。三是建立定期培训制度。定期培训是强化员工学习行为的有效形式。世界上很多大型公司和组织，如IBM、微软等每年都投入大量经费对员工进行定期轮训。通过定期轮训和偶发型、计划型培训，可使员工及时获得与本行业相关的最新信息和技术，可增强员工对组织价值观的认同感。知识管理应在培训的内容和形式上积极创新，务求实效。

（三）建立学习机制

机制就是一个组织系统的各部分相互联系、相互作用的方式。促进组织向学习型组织转化，必须建立适合学习的组织机制。学习型组织机制模型是学习与发现（思维观念创新）——再造与发明（知识技术创新）——实施与推广（工作创新）——反馈与完善（管理创新）——学习与发现（思维观念创新）的循环往复过程。组织应结合实际，诊断分析，检讨自身在学习创新机制方面存在的缺陷和差距，有针对性地加强知识管理，建立适合学习的有效方式。第一，要加强领导与管理。创建学习型组织，领导带头是关键，制度管理是保证。组织领导要建立并身体力行各项学习创新激励措施和制度，为组织的学习创新提供强有力支持。要严格学习规范，组织员工包括高层管理者要自觉参与培训学习，并定期对组织行为进行认真研讨反思，以确保组织发展的方向正确。要激励学习创新行为，在充分发挥组织研发机构在技术、产品和制度创新中的主导作用的同时，鼓励员工多提创新建议，参与创新实践，促进工作、学习与创新结合。对学习创新效果突出的个人和团队，应在工资、福利、休假和组织资源配置等方面给予倾斜。要畅通组织知识传播和学习渠道，特别要加强管理者和员工之间的相互沟通、交流。第二，强化信息反馈。信息反馈机制是学习型组织保持生命力的关键。在传统权力型组织中，等级森严，沟通不畅，组织难以广纳员工建议和外界批评意见，导致决策短视。创建学习型组织，必须建立灵敏的员工建议和群众意见反馈系统；成立专门机构，认真调研组织内、外部情况变化，并形成对组织有决策价值的建议报告；要重视外部知识对图书馆组织重大决策的作用。第三，创新组织文化。组织文化是组织的强大精神动力，是凝聚员工的黏合剂，是知识管理的基础。创建学习型组织，必须高度重视以共同价值标准、科学民主决策、合理利益分配、道德行为规范和个人成长发展为主要内容的同利同心的组织文化建设。在组织文化创新中，要着重培养员工良好的学习风气和创新精神，提倡探索、切磋、冒险和试验，关注员工福利。使员工感到组织对人的尊重、理解和关心，增强组织归属感、工作责任心和自觉学习、勇于创新的积极性，形成崇尚创新、学习先进、敬业助人的组织文化氛围。创建学习型组织是一个过程，实施中既要注重学习借鉴先进经验，又要结合自身组织特点，保持特有风格。

第二节　设立知识管理部门

图书馆组织中的科层文化源自基于科层制的传统组织结构，知识共享受到限制。在知识经济的时代里，图书馆组织科层文化应该向相对扁平、网络化的知识文化转变，其特征对比如表 6-1 所示。

表 6-1 科层文化与知识文化的特征比较

科层文化	知识文化	科层文化	知识文化
有限的信息分布	广泛的信息分布	不能承担风险	可以承担风险
多层次管理	管理层次少	内向	外向
非均衡的责任	责任分担	偶尔的培训	持续培训
基于制度	基于原则	集中关注财务	集中关注市场
结构化	非结构化	行政的	开放的

图书馆组织中知识管理部门的主要职责就是完善知识共享机制中的知识建构，就是要建立一个框架，对组织内、外部的知识进行反馈和维护，使得适当的知识在适当的人们之间得到共享，避免因建构不当而带来的知识匮乏或者信息冗余。要使组织中的科层文化向知识文化转变。要使原有的传统组织范式向知识范式转变，从而更加支持知识共享。知识范式对知识共享的支持特征如表 6-2 所示。

表 6-2 知识范式对知识共享的支持特征

	传统范式	知识范式
组织结构	等级结构，相对稳定	扁平结构，能够适应变化
	人们按照功能进行组织	人们按照目标和任务进行组织
	同一单元的人拥有相似知识	不同专长的人组合成为团队
管理方式	管理层基于更高的组织层次，控制成员的活动	团队领导用充分的资源支持团队活动
	自上而下的决策	鼓励员工参与决策
员工关系	清晰的职业定义	工作性质和角色充当分开
	角色区别明显	以拥有的知识表明每一个人的角色，越有知识越有地位
	员工互为竞争关系	员工建立相互合作的关系

续表

	传统范式	知识范式
知识流动	按照组织结构，知识自上而下、自下而上流动	知识按网络流动，团队内外知识是共享的
	跨越部门的流动比较难	信息是用来加强团队交流与合作
	信息成为控制力的工具	以核心知识建立战略竞争力

一、对知识建构的基本要求

知识建构不是知识的细节描述，而是一套思维模型或者框架。首先要理解组织的总体战略，理解知识如何在其中发挥作用；其次要了解组织中现有哪些类型的知识，以及知识如何在组织运行中相互关联。显性知识表现为编码的文本或者其他形式，比较直观，易于查询。但知识建构不限于显性知识，隐性知识的建构与共享也非常重要。在一个学习型组织中，隐性知识更多地蓄积在不同的团队或不同的人群之中，因为他们本身就需要收集和共享知识。合理的知识建构，将促进知识以适当的路径在组织中更大范围地流动。要利用知识帮助员工更快更好完成工作，而不是刻意改变组织结构和工作方式，给人们增加额外的工作负担。

Daryl Morey 提出成功的知识建构的四条标准。下面逐一评述，以探讨知识建构的目标。Daryl Morey 认为必须提高知识的可得性(available)、检索准确性(accurate in retrieval)、有效性(effective)和存取能力(accessible)。其中，知识的可得性，即指“只要知识存在，那么它就应该是可以被检索、可得的”。这是知识共享的最高理想，只是永远都不会完全实现。检索的准确性(主要指显性知识)，对于知识建构具有重要意义，“不相关或者空检索结果会大大挫伤知识共享的兴趣”，这有点类似于信息检索技术中对查全率和查准率的要求。Daryl Morey 认为，在知识编码、存储和检索中，应该利用传统的信息检索技术和有效的元数据工具来提高检索的准确性，并假设“所有的检索提问直接发送到原创者手中，由他们来决定该文献是否相关，这种机制将可能比任何的查询算法都要精明得多”。这种假设揭示了任何信息检索工具对于知识的天生弱点，因为知识本质上是排斥编码和检索的。知识的有效性，即知识库中的知识“应该是高质量的，质量低劣会阻止用户的共享积极性。理想的方法是通过参考性的知识质量评价方法加以鉴别，至少应对知识有所过滤”，具有指导意义。知识的存取能力，指的是“需要的时候，知识必须可以获得”。这个理想有点类似于微软公司提出的“任何时间、任何地点、通过任何设备进行沟通”的理念，体现了移动计算时代知识共享的重要使命。

总之，我们可以这样来构想一个组织的知识建构：一个基于 Web 技术的搜索引擎，让共享成员使用同一查询门户、利用统一的语法查询内部和外部的显性知识；无所不在的技术基础设施，提供普遍的知识可得性和知识存取能力；通过适度的评审过程来提高共享中知识的质量；通过强大的人际网络建设，对隐性知识也进行有效建构；成功的知识建构使得一个组织表现为知识富集的组织，有效的知识共享活动使得创新和发展的良性循环得以形成。

其实，在知识共享机制建构过程中，知识本身的建构涉及两个方面的关系：内部知识与外部知识的关系、显性知识与隐性知识的关系。只有解决好这两方面的关系，知识建构才能成为完整的科学体系。

二、处理好内部知识和外部知识建构的关系

知识共享中的知识建构，需要有一个开放式的知识库系统作为支撑。首先，知识与信息毕竟不太一样，知识库系统没有什么完备性的标准，所以不可能把知识库建成具有一定完备度的数据库。其次，对于一些组织来说，知识库不限于有形的数据库系统，个人头脑中的隐性知识也可被作为组织中的“虚拟知识库”，进行统筹管理和作为共享对象。

组织中的知识库系统是一个开放式的、动态的系统，可以寻求共建在先(隐性知识显性化)、共享在后，但不能绝对化。相对外部知识而言，内部知识的获取和共享较为困难，因为前提是要建立组织内部普遍而深入的共享基础构架和共享文化意识。内部知识的建构有两条重要策略。第一，知识最好在创造的同时被获取，把尽可能多的隐性知识转变为显性知识，而计算机广泛地用于知识工作为之提供了技术条件。设想笔者在供职的企业做完一个咨询报告后，“保存”的命令会激活一个标准的界面，询问是否将此文件存入内部公用的知识库，这将大大增加知识获取的能力。第二，需要进行知识共享的文化建设并建立激励机制。建立一个公用的知识共享基础构架是较为容易的，但若没有共享的文化，知识共享还是一句空话。内部知识的共享尤其需要激励和维护，比如要让每一位成员认识到，提供自己的知识进入组织的知识库中，不仅仅是一种获得威望或者承认的途径，也是开辟使自身获得知识反馈能力

的重要渠道。

相比之下，获得外部知识显得容易一些。获取外部公共渠道的知识，是传统图书馆学、情报学的研究范畴。但成功的知识共享应平衡内部知识和外部知识的关系。如果要提高外部知识的利用效率，对外部知识应进行认真的收集、过滤，关键还要有一个统一、易用的知识查询系统来存取外部知识。组织的知识共享计划要努力地、有效地、整合地使用外部知识。知识共享计划设立之初，没有太多的内部知识存储在知识库中，所以人们不太适应到知识库中寻找知识，这反过来也会延缓知识共享。Daryl Morey 认为可以从采集、共享外部知识入手，激活一种促进内部知识贡献和共享的良性循环。这就是说，建立一个内外部整合的知识查询机制，通过提高查询成功率促进人们对知识库系统的使用，从而形成“成功的查询—贡献知识的动力—贡献知识—成功的查询”的良性循环。

三、处理好隐性知识和显性知识建构的关系

一般认为，对显性知识要通过建立知识库来完成共享，对隐性知识共享要重视人际网络的发展。知识库的建立使大量隐性知识被编码和数字化，有利于实现组织的协作与沟通和知识的共享与交流。显性知识比隐性知识更容易被处理。现实中，知识共享是困难的，其主要在于隐性知识的共享。如果仅仅把知识共享局限在显性知识共享是不够的。更大量的隐性知识是无形的、难以捉摸的、难以固化的。对隐性知识必须促进编码和共享，但是必须依靠组织的现实动力来调节，维护对知识资本的保密或者所有权。同时要清晰地认识到，知识也不可能完美地进行编码。另外，一般

的知识管理理论认为，需要建立一种类似于地图的知识对应表，指向组织内部可得的隐性知识，叫做“人—知识映射图”；甚至在知识共享系统的任何地方，许多编码的知识也可以带着“指向人的指针”，这样在任何需要的时候都可以找到相应知识的主体。

Hiding 和 Catterall 扩充了对隐性和显性知识的区分，认为存在三种层次的知识。第一层次是经验（experiential）知识，它是隐性的，与特定的事件有关，并且尚未推广开来。它具有瞬时的高价值，往往使用户能够解决一个关键的问题。第二层次是新兴（emerging）知识，它既是隐性的也是显性的，已经开始形式化，却不具广泛的推广意义；新兴知识经常在修正之后被再利用，但是其也还不是一般化的知识。第三层次是正式（formal）知识，这是经过了提炼的知识，显性并且在许多情况下是有普遍意义的。这三种类型的知识类似于从“未提炼的”知识过渡到“被提炼的”知识，再到“被综合的”知识，并深入说明了隐性知识的显性化，最后在组织内部充分“群化”的过程。所有三个水平的知识均有价值，需要被捕捉并且在组织之内被管理、共享，但是应该为每一阶段采取不同的共享策略。

对于经验知识，往往通过口头、电子论坛或者电子邮件等方式被提出，所以要重视人际网络建设。比如开辟一个在线论坛，对希望共享基于特定事件的非正式观点的个人开放。BBS、讨论组被证明对共享经验知识非常有效，因为其类似于一个开放式的对话场合。

对于项目成果、工作计划或工作总结报告中出现的新兴知识，不一定能马上推广，但也应该纳入知识共享计划中。应该从这些文件中综合出动态知识，做成 newsletter 等形式进行广泛的共享，但是很多情况下会涉及保密、不宜发送的情形。

正式知识是通过从新兴知识中提炼出来提供共享的，其提供了正式的结论或者方法论，反映了组织中知识的综合和提炼的成果。比如，很多知识管理计划重视对最佳方案（best practice）的收集，这就是一种正式知识。对正式知识，应有专门的人力资源投入，并更大程度上依赖于显性的知识共享方式。

四、知识建构中的编码化策略和人格化策略

根据上文的论述，组织的知识建构需要建立类似于数据库的知识库。关于知识库建构的技术问题，是信息系统、人工智能等学科的研究对象，而且这方面的成果已经非常丰富。

关于知识库的发展机制，也有一些相关的理论。比如美国马里兰州立大学的 Floyd W.Carlson 总结了知识库建设的四种类型：知识阁楼（knowledge attic）、知识海绵（knowledge sponge）、知识出版商（knowledge publisher）和知识泵（knowledge pump）。第一种类型把知识存档以备将来取用，类似于古代的藏书楼，对建立组织的档案系统（有人将其雅称为“组织记忆”，即 organization memory①）无疑有用，但对于面向创新的知识库建构并不适用。第二种类型建立一种机制主动收集知识，提供给用户查询和使用，可惜它只是一种消极、被动的知识库建构方式。第三种类型有专人审阅、

① 安妮·布鲁金.企业记忆　知识管理战略[M].赵晓江，译.沈阳：辽宁教育出版社，1999.

发布知识,向用户进行“推销”,其问题在于不太考虑用户的需求。第四种类型中,知识建构就像一座泵,一方面要求用户提交知识,另一方面将其主动分发到其他用户手中。组织中的知识库,就应该发展成为这样一种生生不息的“知识泵”:在一端,组织成员不断地把自己的知识(主要是隐性的)贡献出来,而在另一端,人们有意识地到知识库中来获取知识解决实际问题,只是需要符合组织知识共享的动力机制。

其实,在一个支持共享的组织中,对隐性知识的共享也不是绝对地要对其进行编码。Morten T. Hansen 等人认为,存在两种共享策略:编码(codified)策略和人格化(personalized)策略。知识的编码策略是企图将知识从人的头脑中提取出来并相互分离,存储在知识库中,再广泛共享到其他用途。这种做法让许多人能通过技术系统查询、调用经编码的知识,而不一定要接触该知识的原创者,从而达到知识共享的规模效应。而人格化策略将知识跟人密切联系,知识主要通过人员之间的直接接触实现共享。未经编码且可能也无法编码的知识通过人际网络得以共享,所以需要通过各种手段支持人际联系和互动。

对于这两种策略,其实各有其实践基础。能够进行编码的一般是通用知识,而只能采用人格化策略的知识要么是高度专有的知识(涉密),要么是非常专指的知识。至于采取编码策略还是人格化策略,要看特定的知识是标准化的还是定制的,是适宜公开的还是保密的,是成熟的还是非常尖端、前沿的。另外,两种策略往往共存在同一组织的知识建构中,乃至共存于同一知识产品上,其并非对立关系。所以,如果要评定组织中一个成员对知识共享的投入和贡献程度,不仅要看其向知识库提供的知识内容的数量和质量,还要看其直接向其他人进行了多高质量的对话,给予了多少直接帮助。对编码策略来说,强大的知识获取、存储、检索技术至关重要,这更加体现了知识共享对信息共享的依赖;而对人格化策略来说,支持性的技术将主要是关于协同工作的技术。

第三节 创建以知识共享为导向的组织文化

一、图书馆知识共享文化的概念

社会学家和人类学家一般都赞同把文化定义为:“一个群体或社会共有的价值观和意义体系”,包括体现价值观和意义体系的物质实体。文化的实质是人类的行为标准体系,是人们在长期的生产和生活中形成的行为模式、习惯、信念、意志等,构成了群体和社会的特定气质。

所谓的“图书馆文化”,其实指的就是图书馆的经营人与图书馆的使用人(读者、借阅者)之间因图书馆而产生的关系连接,其中包括长期积淀的管理理念、服务思想、建设智慧、情感与价值观,等等。这是一种典型的组织文化,经营人与使用人都必须共同参与,共同创造,形成对图书馆的建设、创造、参与、认同、遵守。这是对一种文化形态的高度概括,目的都在于完善图书馆建设,打造更适应现代社会发展和读者使用感知的图书馆,也是图书馆建设的根本价值所在。

图书馆知识共享主要是指图书馆工作人员将馆藏知识资源通过各种渠道提供给知识用户的过程,既是知识提供者与用户或读者之间的互动,也是用户或读者消化吸收和创新知识的过程。与传统的文献服务不同，知识共享不仅提供文献信息，更重要的是促进用户或读者对知识的接受消化和吸收。图书馆知识共享文化是图书馆文化的有机组成部分。知识共享文化的核心是知识共享价值观体系，涵盖了最大限度满足用户的知识需求与精神需求，尽可能搜集种类齐全和结构完善的显性知识资源，不断挖掘隐性知识共享途径和形式，充分利用新媒体技术建设知识传播系统，强调知识创新等内容。

二、如何培育以知识共享为导向的组织文化

第一，管理层应积极主动地自上而下推行以知识共享为导向的图书馆文化。图书馆领导的意识、行为、作风和要求，对图书馆文化的形成具有风向标作用，可以使图书馆的价值观从观念形态转变为可以感觉的现实。

第二，要搭建平等畅通的交流渠道。图书馆各部门内部以及部门之间应搭建平等互信、畅所欲言的交流平台，形成具有开放性、学习性、成长性的知识共享机制。既鼓励馆员提出批评和建议，也鼓励来自用户和社会的不同声音，增加馆内馆外交流对象的流动性，使知识共享保持旺盛的活力。尤其是图书馆要充分利用新媒体带来的便利，让馆员之间、馆员与用户之间实现快捷、高效的沟通和交流，既有利于增强图书馆的团队合作精神，也有利于图书馆社会职能的实现。

第三，要完善图书馆管理制度，特别是用人和奖惩制度，建立激励知识共享的机制。图书馆可以将知识共享纳入工作评价，将工作成效以奖金、福利等方式加以肯定和体现。管理制度的完善

尤其有利于图书馆隐性知识的交流与共享。

第四,要不断强化新媒体环境下知识共享意识,使知识共享成为日常工作的一部分,成为各个馆员的自觉行为。不断地在图书馆内部强化面向知识共享的图书馆文化,不断鼓励和引导知识共享活动,摒弃知识独占思想,形成有利于合作共享的文化氛围。

第五,加大对新媒体设备的资金投入和比例,运用新媒体和大数据分析技术,提高图书馆知识共享的科技含量,提升图书馆的时代感和科技感。与科技接轨,才能满足读者不断上升的知识需求。利用大数据的筛查和分类,可以根据读者的借阅喜好和习惯,为读者提供更为精准的知识共享服务,读者的正面反馈也有助于组织文化的培育和传承。

第四节 开展面向知识共享的人力资源管理

一、图书馆人力资源管理的概念

简而言之,图书馆人力资源管理就是为吸引和留住人才,开发馆员潜力,提高馆员素质,充分发挥馆员的主观能动性,运用科学的手段和灵活的制度调动馆员的情感和积极性对其进行合理的组织、调配、激励的一种管理过程。通过图书馆人力资源管理,可以做到人尽其才,事得其人,提高图书馆的竞争力和服务质量,增强图书馆的凝聚力。[①]人力资源管理的水平一定程度上决定图书馆的

① 贺子岳.网络环境下图书馆人力资源的开发研究[M].北京:北京图书馆出版社,2004.

生存和发展。图书馆要开发知识资源，提供知识服务，离不开高素质的图书馆馆员。如果馆员的活力得不到激发，积极性不能充分调动，则他们的知识服务能力也就不可能最大限度地得到提升，因为馆员是构成图书馆系统的一个基本要素，是图书馆隐性知识的主要载体，是图书馆客观知识资源的组织者，充当客观知识资源加工处理和传递的角色。有人认为，在图书馆服务发挥的作用中，图书馆基础设施占 5%，客观知识资源占 20%，而图书馆馆员占 75%，这无疑暗示了图书馆人力资源管理的重要性。①

二、开展面向知识共享的人力资源管理的必要性

开展面向知识共享的人力资源管理，可以促进图书馆人力资源管理，甚至带动整个图书馆管理的转型，使图书馆人力资源管理和图书馆管理转移到面向图书馆主要功能（知识服务）的轨道上来，抓住管理的方向和侧重点，从而提高管理的效果。首先，面向知识共享的人力资源培训开发可以充分挖掘馆员的潜能，提高以知识共享为核心的个人知识素质和能力素质，提高用户满意度。其次，面向知识共享的制度建设、文化建设和基础设施建设（特别是信息基础设施建设）可以营造良好的知识共享氛围，培育以知识共享为核心的图书馆文化；有利于馆员之间相互学习，相互交流，促使他们积极探讨问题，协同工作，解决问题，完成任务；使其既能在各自的工作岗位上发挥作用，又能做好临时（任务）项目，并培养

① 刘海君.高校图书馆人力资源的全员培训和梯次开发[J].图书馆建设，2003(2)：76-78.

图书馆的核心价值，发展图书馆的核心能力；使馆员自愿、自觉、自主和乐于进行知识共享。第三，以知识共享为导向建设人才队伍，经营人才队伍，可以促使图书馆转变观念，面向知识共享，把人力资源作为发展事业的第一要素予以重视。从战略的高度来规划、培养一批适合知识共享时代需要的高素质人才，从而提升图书馆知识服务水平，改善图书馆公共知识服务现状。第四，面向知识共享的所有人力资源管理活动和管理环节都有利于提升图书馆价值。通过面向知识共享的图书馆招聘管理、培训开发、绩效管理和薪酬管理等一系列完整的制度和管理过程，可促进图书馆的发展，实现并提升图书馆整体价值，使图书馆获得良好的社会声誉。①

三、如何开展面向知识共享的人力资源管理

（一）面向知识共享的图书馆招聘管理

在狭义上，图书馆招聘管理是指借助一定的渠道吸引或寻找具备图书馆各部门或各种工作岗位任职资格和条件的求职者，并采取科学且适用的方法从中甄选和确定合适的候选者予以聘用的过程。广义的图书馆招聘包括招募选拔、录用、评估等一系列管理活动。它包括计划组织领导与控制，是一种系统化和科学化的管理，目的是确保拥有一定数量和质量的馆员队伍，满足图书馆发展的需要。②

面向知识共享的图书馆招聘管理，是在过去的招聘管理基础

---

① 孔德利.人力资源的开发管理与图书馆事业发展[J].图书馆工作与研究，2004(6)：41-44

② 周九常，等.图书馆知识转移与共享[M].北京：知识产权出版社，2010.

上明确图书馆招聘的知识共享导向，这种导向的含义有两个：一是内部知识共享，即馆员之间的知识共享，其往往是通过知识交流（正式的和非正式的）达成的；二是外部知识共享，即向外部或用户提供知识服务。在拟定招聘计划时，可以将知识共享基础的素质（专业知识技能），即文献采集加工处理、流通利用等的知识和技能、沟通能力、新媒体使用能力等纳入考察范围，有意识地招聘符合图书馆知识服务功能需要的馆员。

（二）面向知识共享的图书馆人力资源培训开发

在新媒体时代，图书馆馆员须具备一些基本的知识共享技能和素质，如计算机基础知识和技能、新媒体技术应用能力、良好的职业道德修养和深厚的文化素质底蕴等。因此，图书馆在内部培训方面应注重以知识共享为导向，有意识地培养和锻炼馆员知识交流、知识共享能力，培训内容涵盖现代化知识采集、知识整理、知识收藏和知识服务技能等。同时，鼓励馆员参加各类外部会议和研讨活动。尤其是一些以知识共享为核心内容的岗位，相关馆员应及时做好知识更新，紧跟新媒体发展形势，不断优化个人知识结构和专业技能，学习和掌握国内外与知识共享有关的新观念、新手段和新经验，使个人乃至图书馆整体的知识共享素质得以提升和发展。

（三）面向知识共享的图书馆人力资源绩效考评

图书馆人力资源绩效一般包含两个方面的内容：一是馆员的工作成果，具体表现为完成工作的数量、质量以及为图书馆做出的其他贡献等；二是影响馆员工作成果的行为、表现及素质。在以新媒体为载体的知识共享需求旺盛，图书馆的知识服务功能日益凸显的背景下，图书馆绩效考评应当明确以知识共享为导向，把知识共享的方针贯彻到绩效考评的整个过程中，重点考察馆员在知识共享上的工作业绩。对于采编部门的馆员来说，主要考评其与他人合作沟通、协同以完成资源建设任务的能力和效果；对于阅读推广部门的馆员来说，要考评知识共享活动的数量、质量和成效（读者反馈）；对于数字化部门的馆员来说，要考评数字化知识共享的数量、质量和读者满意度等；对咨询馆员来说，要考评其回答读者问题的响应速度、数量、质量、互动深入性以及用户满意度等。

（四）面向知识共享的图书馆人力资源薪酬管理

合理的薪酬需要反映馆员的价值、能力以及工作岗位的技术含量和重要性，表明其业绩得到相应的认同。面向知识共享的图书馆人力资源薪酬管理，就是要形成一种合理的薪酬机制，从而吸引具有知识共享意识品德和能力的人才加盟图书馆。按照馆员工作中的知识整理、知识交流和知识服务业绩给予相应的薪酬和福利待遇，以利于引进优秀的人才，激励馆员在图书馆知识整理、知识交流和知识共享活动中做出更大贡献，保持和发展图书馆的活力。

在新媒体环境下，图书馆现代化建设不断深入发展，对于专业的图书管理人员的需求越来越大。图书馆应当重视信息资源的利用和开发，使得图书管理人员和读者两者之间有机结合起来。不断优化知识共享流程，提高图书馆内外知识共享的效率，改善图书馆内外知识共享的效果，才能顺应时代的发展潮流。

第七章　用户教育

图书馆用户教育的开展及其对知识共享的影响同用户教育渠道的顺畅与否密切相关,也和共享双方的意愿和能力密切相关。因此,图书馆务必要重视用户的教育和培训,建立图书馆馆员与用户的信任关系,提高用户的信息意识和信息能力,双向推进馆员与图书馆用户之间的知识共享,从而提高知识共享的效率,改善知识共享的效果。随着时代的不断发展,图书馆用户教育的探索与实践也被赋予了动态的概念。在过去网络不发达、不健全的情况下,图书馆作为单纯的图书贮藏机构,仅有教育受众群体获取和使用馆藏书籍的义务。但随着现代信息技术的快速推广和应用,网络逐渐取代图书馆,成为信息资源集散地。这极大地改变了过去图书馆单纯的收集、整理、传播和使用信息的方式,进而促使图书馆的用户教育呈现出社会化、开放性和多元化的特征。同时,用户教育的内容和形式也不断丰富和扩充。本章在对传统用户教育进行回顾的基础上,亦对拓展新媒体环境下的用户教育提出建议。

第一节　图书馆用户教育

一、用户教育的概念

在《汉语大词典》中，“用户教育”意为“教育后代对未来社会生活做出准备的整个过程，教育对象主要指少年儿童及青年人群”。在《大辞海》中，其被定义为“以影响人的身心发展为目的的社会行动”。图书馆用户教育是广义“用户教育”的一种，教育对象特指图书馆知识资源的利用或使用群体，是图书馆服务的接受者。

用户教育在国外被称为“Library instruction”“Bibliographic instruction”“User education”等。国内则称为“用户教育”（早期称“读者教育”），等等。①Melvil Daway(1876)是美国现代图书馆学的创始人，他提出图书馆人应该像教育者一样行使使命，应被赋予教育责任，这是图书馆用户教育思想的萌芽。1881 年美国图书馆协会举行的会议首次明确提出“用户教育”应该成为图书馆工作的内容之一。认为用户教育过程应该让学生的学习更为主动和高效，培养其读书习惯，并使其具备终身学习的能力。直至 20 世纪 50 年代，图书馆用户教育研究一直处于低迷状态，但随着 60 年代的到来，大学和研究生院数量剧增，科学技术快速发展，各种学科领域的专业化与跨学科进程加快，高校图书馆系统也变得越来越复杂，科研人员也逐渐意识到高校图书馆用户教育过程和实践的重要性。80 年代以后，国际上对于高校图书馆在用户教育作用上的研

---

① 褚金涛.中美高校图书馆用户教育的比较研究[J].图书馆杂志，2004(2):59-61.

究逐渐开始重视以用户和学习者为中心，传统的文献检索课程渐渐孕育出了“信息素养”概念的雏形。1987 年美国图书馆协会成立信息素养教育委员会。同年，美国科罗拉多大学丹佛分校图书馆也明确提出了信息素养的定义和目标，即要认识到信息的价值，培养能进行有效搜索和信息评估的人。这标志着高校图书馆用户教育开始由认识图书馆环境及书目利用到信息素养教育的过渡。1998 年美国在发布的《信息素养发展报告》(*A Progress Report on Information Literacy*)中呼吁举国开展信息素养教育，培育灵活使用信息的终身学习者，并认为具有信息素养的市民才是国家宝贵的财富。2004 年国际图书馆协会联合会(International Federation of Library Associations and Institutions, IFLA)发布了《国际信息素养指南》(*International Guidelines on Information Literacy*)，图书馆开展信息素养教育的实践和作用逐步得到重视。2014 年 7 月，日本也发布了《高等教育信息素养标准》，走在了亚洲各国的前列。2015 年 1 月，美国大学与研究图书馆协会提出《高等教育信息素养框架》(*Framework for Information Literacy for Higher Education*)，2016 年 1 月批准生效并开始实施。该文件提出高校学生应具备信息知识与能力，具有合理的行为和态度，其核心是将多种素养、学术和科研概念融汇成一个有机整体。

英国图书馆学家缪斯(Mews)曾在《读者教育》一书中将“用户教育”定义为：“一种帮助读者最佳地使用图书馆的教育”，“知识的一半就是知道它在哪里和怎样获取”。目前大部分国内学者通常认为，图书馆用户教育是指图书馆通过馆藏资源和图书馆馆员，对图书馆用户实施的教学活动，其目的在于增强用户的信息意识，提高信息获取能力并解决信息使用过程中存在的问题。游丽华认为“用户教育”是指通过对潜在用户和现实用户施行信息意识和信息技能的教育，即教育用户利用图书馆使他们从图书馆保存的文献资料或者网络信息资源开发利用中获得最大收益。①其本质含义是图书馆等服务机构为增强用户的信息意识，提高用户的信息能力和信息道德水平而开展的各种形式的教育。安娜认为，用户教育是旨在培养学生的信息意识、提高检索技能、完善信息水平、提高信息道德的过程，其目的是为了提高馆藏信息资源利用率，从最初的参考咨询到引领大家参观图书馆，引导人们掌握图书馆的使用方法等。②随着信息技术的发展，图书馆的文献载体的检索方式和服务手段都有了巨大的变革，因此图书馆顺势而变也是十分重要的任务。黄春燕认为图书馆用户教育一直处在深刻的变化之中，最初的目的是帮助人们增强信息素质，又因为时代向语义化发展，最初的文献检索已不能适应时代需要，进而衍生出数据素养等教育内容。③

二、用户教育的特点④

在新的数字化、网络化环境下，图书馆用户教育在传统教育对象的多样性、教育内容的层次性、教育手段的技术性与教育过程的

① 游丽华.图书馆用户教育[M].北京：中国社会科学出版社，2008：19.

② 安娜.高校数字图书馆用户教育探究[J].情报理论与实践，2009，32(8)：77-79，100.

③ 黄春燕.大数据环境下图书馆用户教育的演变与变革创新思考[J].图书馆理论与实践，2016(11)：20-24.

④ 周九常，等.图书馆知识转移与共享[M].北京：知识产权出版社，2010：260.

实践性等基本特征之上,呈现出以下新的特点。

（一）社会化

图书馆用户教育资源大量上载网络的现实,预示了用户教育社会化的趋势。互联网是个开放的虚拟社会环境,为每个有检索需求的用户提供无数个信息(知识)存储点,同时也提供无数个用户教育窗口。网络教育的普及和社会化在促进人们综合信息能力提高的同时,也使社会信息(知识)利用体系日益完善。

（二）开放性

借助网络开展用户教育,是教育环境发展的必然。在线教育不受时间和空间的限制,用户可以按照自己的步调选择在线课程,按照自己的时间表安排课程,可以通过电子邮件和讨论组与开展用户教育的馆员进行交流。

（三）多元化

为适应数字化生存的需要,图书馆在积极谋求网络空间发展的过程中,其用户教育对象的概念在时间和空间上也大大拓展了。服务时间由工作日服务拓展到全天候服务,服务范围由馆内延伸至馆外,服务对象由特定读者群到各个领域、各个年龄段的用户群。

三、用户教育的内容

在信息技术把文献信息服务环境从实体文献时代推进到网络化数字时代,进而又使其向语义化的数据时代发展的过程中,我国用户教育实践也经历着从文献检索课教育向信息素质教育转型,再向数据素质教育深化的方向演变的过程。[①]“用户教育”的内容也随着这一演变不断推陈出新。

（一）文献检索教育

21 世纪初以前，计算机网络尚未被大规模应用到图书馆服务中，文献服务处于实体文献时代，文献检索还是比较专业的技能，普通读者并不需要接受复杂的培训，而是通过馆员这一重要的桥梁，获取文献和信息服务。信息服务通过文献借阅和代查代检、定题服务等方式完成。这一时期的读者教育主要以文献检索课的形式面向研究型读者群开展，其内容也以实体文献的获取和利用为主。

（二）信息素养教育

20 世纪末 21 世纪初，自动化管理系统的引进成为图书馆从实体时代进入数字时代的开端。数字图书馆建设把丰富的数字资源引入普通读者的视野，20 世纪 70 年代就已提出的信息素养的概念为这时期的用户教育定下了基调。实体文献的读者变成了数字文献的用户，传统的读者教育转变为数字环境下的用户教育，教育内容从工具书和实体文献向更为丰富多样的网络检索工具和数字资源转移。开展各种形式的用户培训，开设信息素养课程，成为这一时期的用户教育主流方式。

（三）数据素养教育

进入大数据时代，可获取的信息资源向海量化和细粒化（从题录和文摘级细化到全文和语义级）趋势发展，资源管理技术从简单

① 黄春燕.大数据环境下图书馆用户教育的演变与变革创新思考[J].图书馆理论与实践，2016(11)：20-24.

的分类索引发展到复杂的语义关联，应用服务从以信息获取为目的的文献检索发展到以价值挖掘为目的的知识发现，信息服务能力大大加强，用户需求也不再满足于简单的查询和内容获取，而希望在此基础上做更深入的统计分析和价值挖掘。这一时期的用户教育需要更多的变革与创新，以满足不断提高的用户素养教育需求。图书馆开展用户教育，应根据自身情况及用户需求，重点关注以下教育内容。

1. 图书馆基本教育

图书馆基本教育的目的是让用户了解图书馆的基本概况，掌握利用图书馆的基本常识和技能，具有初步的信息获取能力，具体包括图书馆的开放时间、图书馆的有关政策和基本的规章制度、文献分类的基本知识、图书馆目录体系的结构和使用方法、图书馆馆藏信息资源的类型和资源的分布情况、馆藏资源的组织方式和使用方法、服务的项目以及有关的注意事项等。通过学习，用户可了解和掌握图书馆的基本知识，包括入馆须知、图书馆概况、馆藏资源、数字资源、读者服务、图书借还等各方面内容。这既是图书馆使用户建立对图书馆感性认识的第一步，也是用户对图书馆基本使用方式的初步了解。通过这一步，可以使用户尽快掌握图书馆的使用方法。即便是在信息网络时代，图书馆基本教育仍然处于十分重要的地位。

2. 工具书与数据库资源

传记、名录、年鉴、手册、百科全书等工具的使用是获取信息的重要手段，对工具书和图书馆数据库资源的介绍应集中在特点、类型和获取方法上。图书馆在引进数字资源的同时，应该将数据库的使用方法、种类名称和范围向用户做出基本说明。将各种信息资源的使用和方法技巧都通过实践操作的方式向读者展示，要针对用户在图书馆数字资源使用过程中常见的问题进行及时答疑和重点讲解。这类数据库资源的使用是用户教育在内容上的重点和侧重。

3. 信息的检索、组织与使用

由于在网络技术和数字经济的快速发展下，信息的使用和获取已经成为社会发展进步的动力。因此快速让用户了解关于信息的知识，包括对信息的检索组织与使用，有利于加强用户的整体信息意识和信息素养的提高。通过对检索技术的掌握，包括布尔检索、词位检索、全文检索等基本检索技术，可以有效减少无效信息干预的时间成本，提高检索效率。为了使用户尽快地适应计算机检索的环境要求，有必要对用户开展计算机信息检索教育，介绍计算机检索原理、文献存储及联机检索系统、光盘检索及技巧等。还要对用户开展有关的专业数据库检索利用的专题讲座，使他们对那些经常使用的数据库的检索比较熟练。数据库与检索平台相关，其信息包括国内外各专业和各学科领域的数据库收录范围、特色和使用介绍，以及各类学科资料、各种格式资料的检索平台使用介绍。检索技巧包括各种资源检索平台以及数据库的选用方式，检索词选取、检索式构造教学，以及提高检索效率的小技巧。

此外，互联网上数以万计的网站蕴藏着丰富的信息(知识)资源，需要广大网络用户去开发利用，如果缺乏网络知识就不能得心应手地驾驭网络，如愿以偿地获得自己所需要的资料。因此，如何利用丰富的网上资源是当前用户教育的一个重点。教育内容除了必要的上网技术外，还必须向用户介绍各种网络管理与使用的规定、网络的各种协议、网络安全管理问题等。用户检索、组织和使用信息的能力也可以称为信息技能，包括确定信息需求的时机、选择信息源高效获取信息、处理评估信息、有效利用信息的能力等，是图书馆素养、计算机素养、传媒素养、技术素养、伦理学、批判性思维和交流技能的融合或综合。信息能力教育是信息素质教育的核心，也是图书馆用户教育的重点内容。

4. 信息意识

信息意识，是人们对信息和信息活动的自觉心理反应，是对信息的敏感程度和感受力，是对信息的捕捉、分析、判断和吸收的自觉程度，是人们对社会产生的各种理论、观点、事物、现象从信息角度的理解、感受和评价能力，是信息获取的主动性和自觉性的内在动力。因此对于图书馆新用户，一定要加强其信息意识的教育和培养，让其明白信息意识的重要性，进而学会搜索信息、利用信息。有了信息意识，才会重视自身的信息素质，注重自身获取信息能力的培养。

5. 信息伦理教育

信息伦理又称信息道德，是人们从事信息活动的一种非强制性的规范性力量，对人们的信息行为和信息活动的边界或底线进行合情合理的约束和限制，告诉人们在信息活动中什么行为是不合情理的(哪怕不违法)。信息伦理教育就是要教育人们在信息活动中要从事积极、正面的活动，不能搞消极、负面的活动，更不能搞违法犯罪活动。具体来说，一是教育人们在发布信息时，要真实而不虚假；二是教育人们在交流信息时，要真诚而不欺瞒；三是教育人们在利用信息(知识)时,要合理、适度引用而不能过度引用或沦为抄袭和剽窃;四是教育读者在网络上要干正当、文明的事,而不能上传、发布、传播、扩散黄色、低级、迷信之类的信息。

四、用户教育的方式

随着20世纪90年代计算机的快速普及和发展,以及21世纪以计算机为核心的信息技术极大地丰富了“用户教育”这一概念的内容和含义,图书馆用户教育的内容拓宽至信息利用的层面,文献检索课程开始与计算机教育紧密联系。随着新媒体的兴起,用户教育方式呈现出多元化趋势。目前,各类图书馆广泛使用的用户教育方式有如下几种。

(一) 讲座培训教育

其是指由一个在某些领域有特殊经历或专长的人,在特定时间或场合,对听众开展知识教授和经验传授的学习方式。图书馆讲座主要分为定期讲座(固定时间地点)、不定期讲座(结合时事热点或活动来举办)等。这一用户教育形式适用于所有类型的图书馆,高校图书馆还可以与特定院系或数据商举办专场讲座,根据用户提出的个人需求举办预约讲座。

(二) 在线咨询服务

在新媒体发达的今天,图书馆普遍通过各类新媒体媒介,如QQ、微信、微博、Facebook、Instagram、Twitter、邮箱、留言板等平台提供在线咨询服务。

(三) 课程教育

其是指由图书馆负责组织和教授的课程,主办者以高校图书馆为主。通过每学期开课的方式对全校各专业的本科和研究生进行课堂教育，提高其信息素养和检索实践能力，如清华大学为本科和研究生分别开设了“文献检索与利用”“信息存取原理与技术”等选修课，为研究生开设了“文献检索与论文写作”。课程教育又包括通识课程和嵌入式课程。通识课程的设置是在充分借鉴国外图书馆和教育体系经验成果的基础上以期让大学生在分析获取信息时，能够得到较为全面的知识和技能培训。从通识课程的发展情况和实践内容上看，大部分高等院校的通识教育主要以专题培训和选修课两种方式进行。

（四）科研类用户教育

高校图书馆还承担科研类用户教育的职责，例如学位论文写作相关的用户教育，包括学位论文前期资料收集、调研分析、选题、开题的指导，以及后期写作方法、格式排版规范和答辩技巧的教学；科研项目相关的用户教育包括科研项目的调研、申报和立项指导，以及后期科研成果的投稿指南；专利与知识产权相关的用户教育包括专利材料的写作和申报指导，专利立法和知识产权保护相关政策的解读；常用软件相关的读者教育包括一些文献管理软件、数据分析和可视化软件、视频软件、图片软件、思维导图软件等常用软件的介绍和使用指导。

（五）网络在线教育

其是指由图书馆工作人员将一些国内外著名的 MOOC 网站资源、公开课网站资源或学术协会和数据库商举办的在线课堂资源进行收录汇总，也有部分图书馆将自制的微课或视频公开课放到图书馆网站上，以便用户自行取用。这种教育形式使用户摆脱了地域和时间的限制，用户只需登录图书馆网站就可以进行学习。

（六）预约教育服务

部分公共图书馆提供预约教育服务，由某些团体或组织（如中小学等）提交申请，批准后即可在约定时间入馆参观和学习。对高校图书馆而言，主要是本校学生或者教职工，通过电话、邮箱或者填写电子表单的方式向图书馆发起申请，提出教育需求，图书馆组织工作人员或者学科馆员根据其需要，在约定的地点和时间进行现场教育。这种教育形式既有一对一，也有一对多。有的高校图书馆学科馆员会根据各院系的预约需求，到学院里提供嵌入式课堂教学，还有的高校图书馆会接受用户的预约参观申请（多见于国外图书馆），并提供图书馆现场参观引导和讲解服务。

（七）新生入馆教育

新生入馆教育是一种专门针对新入校学生开展的教育形式，主要是高校图书馆通过制作“新生专栏”或是提供新生入口等方式，将新生与其他用户区分开来，并通过更基础、更有趣、互动性更强的方式为新生用户介绍图书馆资源服务利用和基本检索技巧的相关知识，目的是让新生能快速入门，更好地融入校园生活。

第二节　用户教育对知识共享之促进

一、提升知识的价值

图书馆在进行知识共享服务的同时，也进行一定的知识生产活动，这种知识生产活动能够完善和提升所共享知识的价值。例如参考咨询服务、个性化定题服务、信息素养教育服务都是在促进隐性知识的转移，提升知识的价值。对用户的教育不仅可帮助用户有效地吸收知识、利用知识、发挥知识的效用，而且从社会整体角度，使知识实现了价值增长。图书馆也应加强对现有资源进行开发和利用的力度，其中最重要的是要加大知识发现的力度，即从大量的模糊的实际应用的信息或数据中寻找其规律，分析数据间相互关系，发现隐藏于其中有助于说明问题、解决问题的知识，并以各种形式展现出来，以提高图书馆知识资源的价值。

二、提高知识接受者的学习能力

影响接受者学习能力的因素有二，一是接受者的素质，二是培训的有效性。因此，对用户进行培训并努力降低用户的获取成本，强化接受者的学习意愿，提升其知识获取能力，是提高接受者的学习能力的重要保证，也是促成知识共享成功的一个重要因素。通过用户教育使用户具备基本的信息素养，培养其使用通信软件的能力，以及使用科研管理软件解决问题的能力，可帮助用户对工作方式和学习方式等进行改进，使自身素质不断提高，创造出一个高效的知识共享环境。

三、降低知识共享成本

用户的获取成本包括经济成本和心理成本。经济成本指用户获取知识的金钱付出与所获得知识的性价比，心理成本指用户在获取知识过程中的情感付出与所获得知识的性价比。图书馆用户教育采用先进的技术体系是长期降低用户获取经济知识成本的最好方法。技术体系主要是指知识共享平台的建设，是知识共享的物质基础。平台建设既包括馆内网络平台的建设，也包括馆际互联网平台的建设。要支持知识联盟建构，为用户提供集成式服务，努力降低用户获取知识的成本。而降低用户获取知识的心理成本，则要创造一种和谐的气氛，营造以用户为中心的图书馆服务文化，以馆员的真诚与专业态度缩小与用户间的心理距离。为了在馆员和用户之间建立良好的信任关系，图书馆应注重文化建设。良好的图书馆文化氛围是影响图书馆能否长久进行知识共享的根本因素。

四、提升馆员专业素质

馆员具备专业素质是图书馆进行知识共享的一个重要条件。在对用户进行教育的同时，馆员的自身能力也要不断提高，才能保证图书馆用户教育的水准。新媒体环境下的图书馆，新理论、新技能、新方法日新月异，馆员需要不断学习，充实自身知识。图书馆要致力于建设成为一个学习型组织，通过良好的继续教育机制，使馆员的职业精神、信息能力等综合素质得以迅速提高。学习型图书馆可以使馆员不断吸纳显性知识，内化为隐性知识，共享隐性知识，外化为显性知识，实现组织创新、知识创新，提高图书馆馆员共享显性知识和隐性知识的能力。

第三节　新媒体环境下图书馆用户教育探析

新媒体环境下，无论是网络环境还是知识环境都发生了变化，移动网络无处不在。“一直在线”使用户对知识的需求更加具备即时性，用户获取知识除了传统数据库来源以外，还有更多纷繁复杂的信息来源。新媒体环境下的用户教育无论是从教育方式还是教育内容上，都应在保留传统用户教育的内容与方式之上顺应形势有所延伸改变。

一、教育方式

黄如花根据国外数据素养教育实践，把教育形式归纳为五种：学位项目或证书课程、学分课程、短期培训、专题研讨会和免费的在线课程。国内的相关实践也同样形式多样，尤其是各种在线教育手段（如近年来时兴的 MOOC、微课视频、微信直播、App 应用等）正在从实体空间向虚拟空间实现时空全覆盖。[①]曾有研究表明，高校学生乐于使用的信息素养教育方式是“面授课程＋网络教育平台”。多元的形式意味着教育更容易被接纳。对于受教用户来说，可以结合自身需要自由选择接受最适合自己的教育或帮助，而对于施教者来说，形式的创新是对管理水平和技术应用水平的考验。图书馆应从以下几点拓展教育方式。

（一）利用新媒体平台开展用户教育

学者和学术机构对新媒体的积极利用使新媒体平台的学术资源类型几乎可以说涵盖了学术活动全流程所需的各类学术资源，除了著作、论文等传统学术形态外，科研原始数据、科研互动信息等呈现学术动态的资源也占有一定比例。新媒体网络环境下，图

---

① 黄如花，李白杨.数据素养教育：大数据时代信息素养教育的拓展[J].图书情报知识，2016(1)：21-29.

书馆应该根据新媒体用户信息行为的变化，在介绍已有新媒体学术资源的同时，以适合新媒体平台呈现的形式重新组织图书馆的学术资源，让用户更为便捷地利用学术资源。同时，还应该引导用户使用适合新媒体学术评价的 Altmetrics 指标工具，通过发布内容的浏览、下载、转发、评论等情况，对所获取的信息进行有效鉴别。

（二）建构学习共同体

学习共同体是由学习者和助学者（教师、专家等）共同构成的学习团体，成员间在共同完成学习任务的过程中彼此沟通交流，分享学习资源，是以共同体概念为基础、以信息技术和学习理论革新为动力而不断发展完善的实践模式。新媒体学习共同体是在新媒体网络环境下，“学习共同体”的衍生概念，指学习者和助学者为了完成共同学习任务，通过新媒体终端进行学习活动而形成的学习团体。得益于新媒体设备“一直在线”的特性，新媒体学习共同体更加具备开放性和时空拓展性等优势。囿于教学形式以及课下交流方式，信息素养教育深入学科的愿景并未充分实现。而新媒体互联网平台，如微博、微信等，为学习者和信息素养教育者提供了更加广泛和即时的交流平台，学习者可以更加便捷地组成新媒体学习共同体，快速获取所需信息并即时交流学术成果，以实现信息素养教育者和学习者之间持续深层的合作和互动，共同成长和进步。

（三）利用社交媒体宣传用户教育

社交媒体是互联网上支持人们社会交往、信息交流、知识或观点共享的应用平台。微信是移动社交媒体的典型代表，其用户量已经超过十亿。社交媒体凭借用户基数大、信息传播快、互动性强等特点，成为移动端网络信息传播的重要力量。受移动端网络服务入口变浅及信息推送机制不断完善的影响，用户主动搜索信息行为有所减少，图书馆应该充分利用微信公众号的信息传播优势，加大对信息素养教育内容的推送。例如，发布信息素养活动通知并提供活动的微信平台报名方式以提高用户参与度，设置移动信息素养教育专栏以满足用户信息查找需求。

二、教育内容

（一）拓展知识信息源

信息源是指承载或包含信息的任何实体。信息源本身与用户与信息源之间的距离（包括物理距离与智力距离等）都是保障用户信息获取的要素之一。新媒体信息源即适合在新媒体端使用的信息源，如 App、新媒体网站。截至 2018 年 5 月底，办公学习类 App 已超过 35 万款，位居所有 App 分类中的第四名。新媒体环境具备"一直在线"的特点，用户可以随时随地在新媒体平台搜寻信息。为用户提供信息源并缩短用户与信息源之间的距离，是图书馆开展新媒体信息素养教育的基石。图书馆可以通过为用户提供高质量的新媒体学术资源来缩短用户与新媒体信息源间的物理距离。例如，搜集知名数据库 App 和移动网址并加以推广，根据本馆特色馆藏研发 App 或移动网址。图书馆也可以通过讲解如何使用新媒体信息源来缩短用户与新媒体信息源的智力距离。例如，讲解如何在新媒体信息源上检索信息和识别信息可靠性等。

（二）加强知识产权教育

图书馆行业一向重视知识产权，并将尊重知识产权纳入图书馆职业伦理准则。笔者发现，在我国的“双一流”大学中，较少有图书馆开设知识产权相关内容讲座，在图书馆官方网页上或微信公众号中也未见知识产权教育专栏。移动环境下，图书馆对用户加强知识产权教育尤为必要。在教育方式上，可以在图书馆网页或微信公众号平台增设知识产权教育专栏，为学生提供网页指南；也可开发“手机游戏”，寓教于乐。北京大学图书馆推出了大陆第一款图书馆手机游戏“图书馆的初遇”，教导新生如何使用图书馆。未来，“游戏教育”可以从“应用于图书馆使用”的固有模式中跳出来，加入知识产权教育中。在教育内容上，应该加入移动信息的合理使用，如在社交媒体平台应如何规范转发信息等。

（三）加强信息安全教育

新媒体虽然为学术活动提供了良好平台，但由于商业利益的驱使、信息安全保障技术的不足、数据挖掘技术的广泛应用等，新媒体平台存在数据安全隐患。用户对自身数据隐私的担忧包括平台搜集利用个人信息和个人隐私泄露两方面。图书馆应该从以下三方面着手来保障新媒体信息安全和学术规范。首先，要从图书馆层面制定新媒体使用条款。图书馆馆员无论是以图书馆立场或是以个人立场发表言论时，都应该以维护图书馆形象为前提，不发表有损图书馆声誉的不当言论。用户也应该遵守条款，不发布有违学术规范的内容。其次，要建立搜集用户个人信息的隐私政策，设置专门处理个人隐私安全投诉的岗位，在搜集个人信息的同时向用户说明信息用途以及信息的存储方式等。最后，要强化信息安全和学术规范，培养用户信息安全意识。在保护个人隐私不受侵犯的同时也要尊重他人版权，引用他人新媒体发布内容时要规范标引等。

（四）鼓励使用新媒体平台扩大学术影响力

学者在新媒体平台上的学术行为主要包括学术信息获取和学术信息分享，而活跃于社交媒体的学者通常会比其他学者阅读更多的学术内容。有研究发现，发表于相同年份、相同期刊的论文，经 Twitter 转发比不经 Twitter 转发的被引次数平均高出 30%。图书馆应该从以下两方面鼓励用户利用社交媒体扩大学术影响力。首先，重视学术过程中的“人性化”视角，展现学术研究中的个人特色。用户在发布学术专业性成果的同时要发布更多人性化视角内容片段。例如，学术研究的“幕后”故事、个人感兴趣的内容分享以及学术感悟等。其次，要保持与其他用户对话。信息发布者和接受者之间可以进行实时学术互动，促进学者间开放的专业联系。

第八章　知识产权

从全球业态看，图书馆正经历着历史上最深刻的转型发展期。图书馆的核心功能是对信息资源进行收集、组织、加工和服务，这些信息资源有很大部分享有知识产权保护。国内外实践表明，知识产权问题是决定图书馆转型发展成功的关键问题之一。陈传夫教授对我国图书馆事业发展与知识产权法律协调的实践状态进行了系统调研，发现我国图书馆界对版权保护的主流认识是积极且有建设性的。本章对知识产权基本理念、图书馆相关知识产权问题，以及知识共享过程中会面临的知识产权问题进行论述。

第一节　知识产权

一、知识产权的概念

“知识产权”(Intellectual Property)为外来语，是人们对于自己的智力活动创造的成果和经营管理活动中的标记、信誉依法享有的权利。将一切来自知识活动领域的权利概括为“知识产权”，最早见之于17世纪中叶法国学者卡普佐夫的观点，后为比利时著名法学家皮卡第所发展。皮卡第认为，知识产权是一种特殊的权利范畴，它在根本上不同于对物的所有权。“所有权原则上是永恒的，随着物的产生与毁灭而发生与终止，但知识产权却有时间限制。一定对象的产权在每一瞬息时间内只能属于一个人(或一定范围的人共有财产)，使用知识产品的权利则不限人数，因为它可以无限地再生”。①知识产权学说后来在国际上广泛传播，得到世界上多数国家和众多国际组织的承认。在我国，法学界曾长期采用“智力成果权”的说法。1986 年《民法通则》颁布后，“知识产权”这一术语在我国立法、司法、行政执法和法学研究中被广泛使用，为大多数人所接受。我国台湾地区则把知识产权称为“智慧财产权”。

关于知识产权的定义方法，主要有“列举”和“概括”两种方法。“列举法”通过系统地罗列所保护的权利客体来划定权利体系范围，从而明确知识产权的概念。迄今为止，多数国家的法学专著、法律以及国际条约，都采取列举法的定义方式。“概括”的方法，是通过对保护对象的概括抽象的描述，采用“属加种差”的方法表达知识产权的定义。目前国内对知识产权定义的表述有很多种，有的表述为“知识产权是人们对于自己的智力活动创造的成果和经营管理活动中的标记、信誉依法享有的权利”②；有的表述为“知识产权是基于创造性智力成果和工商业标记依法产生的权利的统称”③；有的表述为“知识产权是人们可以就其智力创造的成果所依法享有的专有权利”④；有的表述为“知识产权是指法律赋予智力成果完成人对其特定的创造性智力成果在一定期限内享有的专有权

---

① 中国科学技术情报所专利馆.国外专利法介绍 1[M].北京：知识出版社，1981.

② 吴汉东.知识产权法学[M].北京：北京大学出版社，2001.

③ 刘春田.知识产权法[M].北京：高等教育出版社，2003.

④ 郑成思.知识产权法教程[M].北京：法律出版社，1993.

利”[①]；有的表述为“知识产权是民事主体依据法律的规定享有的，支配其所有的蕴涵人的创造并具有商业价值的信息，享受其利益并排斥他人干涉的权利”[②]；有的表述为“权利主体对于智力创造成果和工商业标记等知识产品依法享有的专有性民事权利的总称”[③]。

以上各种定义都具有科学性和合理性，只是总结的角度有所不同，并没有本质的差别。伴随着科技和网络技术的迅猛发展，新产品和新创意源源不断地涌现。知识产权也是一个动态发展的概念，其内涵和外延随着社会经济文化的发展也在不断拓展和深化。随着知识产权的概念被提及得越来越频繁，知识产权在国民经济发展中逐渐占据突出地位。在现代法律体系下，知识产权作为一种私权[④]，同时也是一个国家调整知识创造与运用领域不同主体之间利益关系的政策工具。首先应该明确知识产权是法律赋予人类智力创造与创作成果的民事权利，是人们在市场经济条件下普遍承认的一种基本权利。其次，知识产权又是调整社会基于知识产品的创造与运用所发生的利益关系的一种政策工具。知识产权制度在实质上是解决“知识产品”作为资源的权利归属和利益分享问题，是一种激励和调节的利益机制和平衡机制。“知识产权制度通过合理确定人们对于知识及其他信息的权利，调整人们在创造、运用知识和信息过程中产生的利益关系，激励创新，推动经济发展和

① 黄勤南.新编知识产权法教程[M].北京：中国政法大学出版社，1995.
② 张玉敏.知识产权法[M].北京：法律出版社，2005.
③ 张楚.知识产权法概论[M].北京：中国人民大学出版社，2019.
④ 金海军.知识产权私权论[M].北京：中国人民大学出版社，2004.

社会进步”。

二、知识产权的范围

知识产权的范围，是对知识产权概念的具体化，可通过列举的方式表明哪些权利属于知识产权。

（一）狭义的知识产权范围

狭义的知识产权一般包括著作权（包括邻接权）、商标权和专利权三个部分。一般而言，可以将其分为两类：一类是著作权，包括邻接权；一类是工业产权，主要指商标权和专利权。

（二）广义的知识产权范围

目前有两个主要的国际公约对知识产权的范围进行了界定。

1.《建立世界知识产权组织公约》

1967 年签订的《建立世界知识产权组织公约》共 21 条，其中第 2 条以列举的形式界定了知识产权的范围，包括以下权利。

（1）与文学、艺术及科学作品有关的权利，主要指作者权或著作权或版权。

（2）与表演艺术家的表演、录音和广播有关的权利，主要指一般所称的邻接权。

（3）与人类创造性活动的一切领域内的发明有关的权利，主要指就专利发明、实用新型及非专利发明享有的权利。

（4）与科学发现有关的权利。

（5）与工业品外观设计有关的权利。

（6）与商品商标、服务商标、商号及其他商业标记有关的权利。

（7）与防止不正当竞争有关的权利。

（8）一切其他来自工业、科学及文学艺术领域的智力创作活动所产生的权利。

截至2021年10月，共有193个成员国批准加入该公约①，我国于1980年6月3日正式加入该公约。该公约第16条明确规定“对于本公约，不得作任何保留”。因此可以认为，该公约界定的知识产权的范围已为包括我国在内的世界上大多数国家所接受。

2.《与贸易（包括假冒商品贸易在内）有关的知识产权协议》

《与贸易（包括假冒商品贸易在内）有关的知识产权协议》简称TRIPS协议，是世界贸易组织文件中的一份，也构成了《世界贸易组织协定》的一部分。该协议第一部分第1条划出了与贸易有关的知识产权的范围如下。

（1）版权和邻接权。

（2）商标权。

（3）地理标志权。

（4）工业品外观设计权。

（5）专利权。

（6）集成电路布图设计（拓扑图）权。

（7）未公开的信息专有权，主要指商业秘密权。

我国1986年颁布的《民法通则》规定的知识产权的范围包括著作权、专利权、商标权、发现权、发明权以及其他科技成果权，其范围大体和《建立世界知识产权组织公约》规定的范围相当。

---

① 参见世界知识产权组织官方网站有关成员国介绍（https://www.wipo.int/members/en）。

三、知识产权的特征

关于知识产权的基本特征，学者们多有阐述，这些特征的概括在各种著述中虽各有不同，但其基本特征可概括为“无形性”“专有性”“地域性”和“时间性”。其实，这些特征的描述，是与其他财产权特别是所有权相对而言的，并非都是知识产权所独有的。

（一）知识产权的无形性

知识产权的无形性，是指作为知识产权客体的知识产品具有无形性。无论是智力创造成果，还是工商业的标记都是“无形”的。这里所说的无形是相对于动产、不动产等有形物而言，即不占据一定的空间。知识产品的无形性决定了知识产权人不发生对客体的实体占有控制、实体损耗的使用和实体形态的事实处分及实物交付的法律处分，而物权的客体是有体物，物权人对其物有实际占有并排他支配的权能，有对物进行实体上事实处分的机能，以及对物的交付来完成法律上处分的权能。

（二）知识产权的专有性

知识产权的专有性是指知识产权具有垄断性、独占性和排他性的特点。没有法律规定或知识产权人的许可，任何人不得擅自使用他人享有知识产权的智力成果，否则就是侵权。我们认为，专有性即排他性和绝对性，虽是知识产权与所有权的共同特征，但其效力内容及表现形式是各不相同的。由于知识产品是精神领域的成果，知识产权的专有性有着其独特的法律表现。第一，知识产权为权利人所独占，权利人垄断这种专有权利并受到严格保护，没有法律规定或未经权利人许可，任何人不得使用权利人的知识产品。

第二，对同一项知识产品，不允许有两个或两个以上同一属性的知识产权并存。例如，两个相同的发明物，根据法律程序只能将专利权投予其中的一个，而以后的发明与已有的技术相比，如无突出的实质性特点和显著的进步，就不能取得相应的权利。知识产权与所有权在专有性效力方面也是有区别的。首先，所有权的排他性表现为所有人排斥非所有人对其所有物进行不法侵占、妨害或毁损，而知识产权的排他性则主要是排斥非专有人对知识产品进行不法仿制、假冒或剽窃。其次，所有权的独占性是绝对的，即所有人行使对物的权利，既不允许他人干涉，也不需要他人积极协助，在所有物为所有人控制的情况下，无地域和时间的限制，而知识产权的独占性则是相对的或者说受到某些限制。大部分国家都在知识产权立法里规定了对知识产权的合理使用，法定许可、强制许可等制度，目的就是将具有垄断性质的知识产权限制在合理范围内，以促进科学技术的进步和文学艺术的繁荣。同时，该项权利的独占性只在一定空间地域和有效期限内发生效力。

（三）知识产权的地域性

知识产权的地域性是指知识产权只在授予或确认其权利的国家和地区发生法律效力、受到法律保护。早在知识产权法律制度的雏形时期，地域性的特点就同知识产权紧密地联系在一起。在欧洲封建国家末期，原始著作权与专利权都是由君主恩赐并作为特许权出现的，因此这种权利只可能在君主管辖地域内行使。随着近代资产阶级法律的发展，知识产权才最终脱离了封建特许权形式，成为法定的精神产权。但是，资本主义国家依照其主权原则，只对依本国法律取得的知识产权加以保护，因此地域性作为知识产权的特点继续保留下来。在一国获得知识产权的权利人，如果要在他国受到法律保护，就必须按照该国法律规定登记注册或经审查批准。

从19世纪末起，随着科学技术的发展以及国际贸易的扩大，知识产权交易的国际市场也开始形成和发展起来。如此一来，知识产品的国际性需求与知识产权的地域性限制之间出现了巨大的矛盾。为了解决这一矛盾，各国先后签订一些保护知识产权的国际公约，成立一些全球性或区域性的国际组织，在世界范围内形成一套国际知识产权保护制度。在国际知识产权保护中，国民待遇原则的规定是对知识产权地域性特点的重要补充。国民待遇原则，使得一国承认或授予的知识产权，根据国际公约在违约国发生域外效力成为可能。但是，知识产权的地域性并没有动摇，是否授予权利、如何保护权利，仍须由各缔约国按照其国内法来决定。截至20世纪下半叶，由于地区经济一体化与现代科学技术的发展，知识产权立法呈现出现代化、一体化的趋势，由此使得知识产权的严格地域性特征受到挑战。第一，跨国知识产权出现。为了实现经济一体化的目标，某些国家和地区正努力建立一个共同的知识产权制度（如欧盟），这就使得知识产权跨出一国地域的限制，从而在多个国家同时发生效力。第二，涉外知识产权管辖权与法律适用的发展。由于现代传播技术的发展，涉及知识产权的侵权行为可能在几个甚至十几个国家发生，为了便利诉讼和有效保护权利人利益，一些国家正在酝酿跨地域管辖和新准据法原则。①涉外知

① 刘家瑞，等.知识产权地域性冲突法评述[J].中央政法管理干部学院学报，1998(6).

识产权纠纷的非专属管辖与知识产权法律适用的多元化，都会对这一权利的地域性特点带来重大影响。

总之，在当今社会，知识产权在全球范围内依然保有地域性特征，但已受到挑战。这一自封建法到现代法固有的法律特征是否会被完全打破，有待继续观察和研究。

（四）知识产权的时间性

知识产权的时间性是指知识产权只在法律规定的期限内受到法律的保护，一旦超过法律规定的有效期限，该权利就依法丧失，相关的知识产品就进入公共领域，成为全社会的共同财富。当然有的知识产权在事实上可以永续使用，如注册商标专用权，只要商标权人一直续展注册，就可以一直享有该商标专用权。但是，如果法定期限届满而权利人不续展注册，就会丧失该商标专用权。

知识产权在时间上的有限性，是世界各国为了促进科学文化发展、鼓励智力成果公开所普遍采用的原则。建立知识产权的目的在于采取特别的法律手段调整因知识产品创造或使用而产生的社会关系。这一制度既要促进文化知识的广泛传播，又要注重保护知识产品创造者的合法利益，协调知识产权专有性与知识产品社会性之间的矛盾。知识产权时间限制的规定，反映了建立知识产权法律制度的社会需要。根据各类知识产权的性质、特征及本国实际情况，各国法律对著作权、专利权、商标权都规定了长短不一的保护期。著作权的保护期限，主要是对作者的财产权而言的，即作者只能在一定期限内享有对作品的专有使用权和获得报酬权，而对作者的人身权，有的国家规定为无限期永远存在（如法国），有的国家则规定其人身权与财产权保护期相同（如德国）。关于专利权的保护期限,各国专利法都进行了长短不一的具体规定,其规定依据主要有二:一是社会利益与权利人利益的协调;二是发明技术价值的寿命。关于商标权的保护期限,各国也规定有不同的有效期。其中,采取“注册原则”的国家,商标权有效期自注册之日起算;采取“使用原则”的国家,只有在商标使用后才能产生权利,因此其有效期自使用之日起算。在知识产权的时间性特点中,商标权与著作权、专利权有所不同,在有效期届满后可以续展,通过不断续展,商标权可以延长实际有效期。法律之所以这样规定,是由于文学艺术作品和发明创造对于社会科学文化事业的发展有着更重要的意义,因此必须规定一定的期限,使智力成果从个人的专有财产适时地变为人类公有的精神财富。

知识产权的上述特征,是与其他民事权利特别是所有权相比较而言的,是具有相对意义的概括和描述,这并不意味着各类知识产权都具备以上全部特征。例如,商业秘密权不受时间性的限制,地理标志权不具有严格的独占性意义。从本质上说,只有客体的非物质性才是知识产权所属权利的共同法律特征。

四、知识产权法

(一) 知识产权法的概念

知识产权法是调整因知识产品而产生的各种社会关系的法律规范的总和,是国际上通行的确认、保护和利用著作权、工业产权以及其他智力成果专有权利的一种专门法律制度。

知识产权法是近代商品经济和科学技术发展的产物。自 17、18 世纪以来,资产阶级在生产领域中开始广泛采用科学技术成果,从而在资本主义市场中产生了保障知识产品私有的法律问题。资产阶级要求法律确认对知识产品的私人占有权,使知识产品同一般客体物一样成为自由交换的标的。他们寻求不同于以往财产法的新的法律制度,以作为获取财产权利的新方式。在文学艺术作品以商品形式进入市场的过程中出现了著作权,在与商品生产直接有关的科学技术发明领域出现了专利权,在商品交换活动中起着重要作用的商品标记范畴出现了商标权,这些法律范畴最后又被扩大为知识产权。

(二)我国知识产权法立法的历史与现状

我国知识产权法立法的启动,始于清朝末年。鸦片战争以后,西方列强希望中国能够保护他们的在华利益,在《中英续议通商行船条约》(1902 年)、《中美续议通商行船条约》(1903 年)、《中日续议通商行船条约》(1903 年)等不平等条约中规定了保护商标和著作权的条款,此后清政府先后制定的《振兴工艺给奖章程》《商标注册试办章程》《大清著作权律》,都因清王朝的覆灭而未能充分实施。北洋政府时期和国民政府时期也制定了一些知识产权法律,但皆因政局动荡而未能有效发挥作用。

中华人民共和国成立后,废除了国民党旧法统,着手建立包括知识产权法在内的社会主义法律体系,但由于“文化大革命”等历史原因,知识产权相关法律体系未能建立。1978 年十届三中全会以后,党和政府的工作重心转移到经济建设上来,贯彻执行对内搞活经济、对外实行开放的政策。为了发展经济,吸引外资,鼓励技术创新和应用,适应改革开放的需要,我国的知识产权法立法工作全面展开。在中央政府的高度重视下,立法部门充分听取了社会各界有益的建议，借鉴了国际上的成功经验，克服重重困难，先后制定了《中华人民共和国商标法》《中华人民共和国专利法》《中华人民共和国著作权法》及相关配套法律法规。同时，我国参加了《建立世界知识产权组织公约》《保护工业产权巴黎公约》《国际商标注册马德里协定》等一系列知识产权保护国际公约。

20 世纪 80 年代末 90 年代初，我国确立了建立社会主义市场经济的目标。为了适应我国市场经济发展和知识产权保护的需要，我国先后对《中华人民共和国专利法》和《中华人民共和国商标法》等进行了修改，制定了《中华人民共和国反不正当竞争法》《中华人民共和国知识产权海关保护条例》等法律法规，通过了一系列惩治知识产权犯罪的决议，并加入了《保护文学艺术作品伯尔尼公约》《世界版权公约》《专利合作条约》等一些重要的知识产权国际条约，扩大了知识产权的保护范围，提高了知识产权保护水平。

为了加入世界贸易组织，我国积极履行保护知识产权的国际义务，按照 WTO 的要求全面清理和修订知识产权法律法规，在 2000 年和 2001 年先后对《中华人民共和国专利法》《中华人民共和国著作权法》《中华人民共和国商标法》《中华人民共和国计算机软件保护条例》等做了修改。经过多年发展，我国知识产权法律法规体系逐步健全，执法水平不断提高；知识产权拥有量快速增长，效益日益显现；市场主体运用知识产权能力逐步提高；知识产权领域的国际交往日益增多，国际影响力逐渐增强。知识产权制度的建立和实施，规范了市场秩序，激励了发明创造和文化创作，促进了对外开放和知识资源的引进，对经济社会发展发挥了重要作用。但是从总体上看，我国知识产权制度仍不完善，自主知识产权水平和拥有量尚不能满足经济社会发展需要，社会公众的知识产权意识仍较薄弱，市场主体运用知识产权能力不强，侵犯知识产权现象还比较突出，知识产权滥用行为时有发生，知识产权服务支撑体系和人才队伍建设滞后，知识产权制度对经济社会发展的促进作用尚未得到充分发挥。

（三）我国知识产权法律体系

根据我国现行立法，我国的知识产权法律体系主要包括以下几个方面。

1. 著作权法律制度

我国已制定并颁布的与著作权有关的法律法规包括《中华人民共和国著作权法》《中华人民共和国著作权法实施条例》《实施国际著作权条约的规定》《著作权集体管理条例》《计算机软件保护条例》《计算机软件著作权登记办法》《信息网络传播权保护条例》等。

2. 专利权法律制度

我国已制定和颁布的与专利权有关的法律法规包括《中华人民共和国专利法》《中华人民共和国专利法实施细则》《专利代理条例》等。

3. 商标权法律制度

我国已制定和颁布的与商标权有关的法律法规包括《中华人民共和国商标法》《中华人民共和国商标法实施条例》《特殊标志管理条例》《奥林匹克标志保护条例》等。

4. 反不正当竞争法律制度

其是针对生产经营活动中损害他人知识产权行为的专门法

规，在各项知识产权制度无特别规定或规定不完备时补充适用。我国1993年制定颁布了《中华人民共和国反不正当竞争法》，该法于2017年进行了较大修订。

此外，我国缔结或参加的国际公约在我国具有法律效力，是我国知识产权法律制度的重要组成部分。《民法通则》第八章关于涉外民事法律关系的适用中规定，优先适用我国缔结或参加的国际条约。因此，除我国声明保留的条款外，我国参加或缔结的有关知识产权的国际条约优先适用，其主要有《保护工业产权巴黎公约》《国际商标注册马德里协定》《保护文学艺术作品伯尔尼公约》《专利合作条约》《为商标注册目的而使用的商品与服务的国际分类尼斯协定》以及TRIPS协议等。

五、知识产权的主要类别

（一）著作权

著作权是指著作权人对文学、艺术和科学作品依法享有的专有性权利。广义的著作权还包括作品的传播者依法享有的邻接权，如表演者、录音录像制品制作者、广播组织及出版者的权利。

著作权作为民事权利，是知识产权的重要组成部分，具有专有性、时间性、地域性等知识产权的共性。但较之于专利权、商标权等工业产权，著作权还具有如下特征。

1. 权利产生的自动性

著作权是基于作品的创作完成而自动取得的，一般不必履行任何形式的登记或注册手续。专利权、商标权的取得必须向有关行政主管部门申请，并经审批、登记及公告。

2. 权利主体的广泛性

根据我国《著作权法》的规定，著作权的权利主体可以是自然人、法人、其他组织或国家。同时，著作权的权利主体也不受行为能力和国籍的限制，未成年人和外国人均可以成为著作权的主体。

3. 权利客体的多样性

著作权保护的作品具有多样性的特点，具体包括文字作品、口述作品、音乐作品、戏剧作品、曲艺作品、舞蹈作品、杂技艺术作品、美术作品、建筑作品、摄影作品、影视作品、图形和模型作品、计算机软件等，涉及文学、艺术及科学等多个领域。相比之下，专利权和商标权客体的表现形式及涉及的领域较为有限。专利权的客体为工业领域内的有关产品或方法的技术方案或设计方案，而商标权的客体是商业领域内的用于商品或服务的特定标志。

4. 权利内容的复杂性

著作权的权利内容极其丰富，我国《著作权法》共列举了 4 项著作人身权和 12 项著作财产权。同时，由于著作权客体的多样性，不同的著作权的内容又不尽相同，而专利权和商标权等其他知识产权的权利内容相对简单，并且主要涉及财产权。

5. 权利保护的相对排他性

专利权和商标权是绝对排他的。同样的发明创造只能授予一项专利；两个或两个以上的申请人在同一或类似商品上以相同或近似商标申请注册的，依法核准其中一个商标，驳回其他注册申请。著作权则是相对排他的，并不排斥他人对自己独立创作完成的相同或相近似的作品也取得著作权。

（二）专利权

专利权是公民、法人或者其他组织对其发明创造在一定期限内依法享有的独占性使用权，其性质属于民事权利，是一种私权。作为知识产权三大支柱之一的专利权，与著作权、商标权一样，具有独占性、时间性和地域性。这些知识产权的特征在专利权中具体体现为：就独占性而言，在同一法域内，相同主题的发明创造只能被授予一项专利权，并且只能由专利权人行使该权利，其他任何人未经许可不得实施该专利技术；就时间性而言，专利权的保护期较短，发明专利的专利权期限仅为 20 年，实用新型和外观设计专利权的期限仅为 10 年，都从申请日起算；就地域性而言，所授予的专利权只能在该法域内有效，对其他法域没有任何效力。

（三）商标权

商标权是商标所有人依法支配其注册商标的一组民事权利。商标权的本质在于将一定符号与一定商品或者服务相联系而可能给商标权人带来的利益。

商标权是集合性权利，是一组权利的统称。从商标权的权能看，商标权是专用权、禁止权、转让权、许可权、标记权、续展权等六种权利的集合。①其中，商标专用权是商标权最核心的权能，其他权能都派生于该权能。基于此，人们多将商标权等同于商标专用权。事实上商标权与商标专用权不能完全等同，商标专用权只是商标权的一个组成部分，商标权人对自己的注册商标可以独占使用、许

① 关于商标权的内容，国内学者表述不同。其中有三权能说，即独占使用权、许可使用权和处分权；有四权能说，即使用权、禁止权、许可权和转让权；有五权能说，即独占使用权、禁止权、许可权、转让权和续展权；还有六权能、七权能、八权能说。

可他人使用，也可以以转让、质押、放弃等方式予以处分。商标权是绝对权、支配权。商标权的绝对权性质导致权利人有权禁止他人未经许可在相同或者类似商品上使用相同或者近似商标，禁止他人实施仿冒、假冒、销售侵权商品等行为。因为商标权属于支配权，其权利人可以对注册商标进行支配。在法律许可范围内，利用商标、处分商标，如果他人的行为妨碍商标权人支配商标，权利人可以要求排除妨碍。如果他人的行为有害于商标权人支配商标时，权利人可以请求消除危险。①

除以上三种主要类别，其他知识产权还包括厂商名称权、地理标志权、植物新品种权、域名权、计算机软件专有权、集成电路布图设计权等。

第二节　图书馆与知识产权风险

图书馆是一个不断生长的有机体，其知识产权的风险类型和风险程度也随之而发生变化。图书馆知识产权风险的影响因素包括信息环境的改变、制度内容的改变、业务模式的改变和资源类型的改变。②

一、信息环境的改变与知识产权风险

每一次重大信息技术的出现都导致了知识产权制度的变迁。

① 此种妨碍排除请求权、危险消除请求权以及商标返还请求权称为知识产权上的请求权。

② 陈传夫，等.图书馆发展中的知识产权问题研究[M].北京：中国人民大学出版社，2015.

计算机技术和网络技术的发展使我们从模拟信息时代进入数字信息时代。随着智能技术、感知技术、协作技术、存储技术等进一步发展，数字信息时代将逐渐过渡到泛在信息时代。世界范围内泛在信息社会的发展呈强劲势头，在这种由智能网络、信息资源、先进的计算技术以及其他的数字技术基础设施建构而成的"无所不在"的网络社会里，信息空间与人们生活、学习和工作的空间逐渐融为一体。泛在信息环境的形成将对图书馆的发展带来深刻而持久的影响。在泛在信息环境中，现有的图书馆服务模式已无法适应新形势的要求，知识共享的需求和方式经历前所未有的增长和创新。

泛在环境对图书馆知识产权的影响表现在以下几点。第一，泛在环境将进一步模糊图书馆之间的界限，将个体图书馆的知识产权责任和义务复杂化。泛在环境下，单个图书馆进一步融入图书馆网络，图书馆实体和虚拟网络社区进一步融合，使图书馆的识别性特征减弱。第二，泛在环境将进一步弱化作品的独立地位，图书馆对知识产品的确认更具不稳定性。泛在环境中，信息的演绎和集成行为具有普遍性，图书馆不仅是信息的保存者和提供者，更多的是扮演信息的加工者，通过信息的汇集、挖掘、关联、导航提供服务，同时自动吸收庞大的网络资源进入馆藏，知识产品的归属问题难以确定，从而导致图书馆馆藏的知识产权评估更加困难。第三，泛在环境将淡化图书馆的信息中介角色，使图书馆知识产权行为和其他组织的行为的交互性增强。泛在环境中，网络终端数量急剧增加，终端之间的交互性增强，图书馆的信息中枢地位将受到挑战，其知识产品涉及诸多部门，图书馆和其他组织在知识产权方面的关联度增强。第四，技术措施在保护知识产权上的作用将更加突出。正如澳大利亚麦考瑞大学的易芬琳(Yee FenLim)教授所指出的,DRM(数字权利管理)事实上赋予版权人超出法律规定的更多的权力,因此与版权法相比,DRM 给予了版权人更为切实有效的所有权保护①。

二、制度内容的改变与知识产权风险

知识产权制度是图书馆知识产权风险判定的基本依据,新的利益格局将影响图书馆知识产权制度的变革方向,新的制度内容将设定图书馆业务发展的制度空间。

知识产权制度本身是平衡知识产权人与社会公众利益的重要工具。知识产权制度调整的利益关系变化是版权制度变革的重要影响力量。近年来有学者指出,目前知识产权制度已经破坏了利益平衡。希瓦·维迪亚那桑(Siva Vaidhyanathan)指出:"版权越来越强势——版权客体的扩大、保护程度的增加不仅抑制了个人创作,也妨碍了知识和文化的交流与共享。"②卡米尔·J·凯尔曼(Kamiel J. Koelman)认为世界知识产权组织的《世界知识产权组织版权公约》、欧盟的版权指令,以及美国的《数字千年版权法》的规定在技术措施的知识产权保护上存在缺陷。特蕾西·考德威尔(Tracey Caldwell)认为,在数字化的技术条件下,私权扩张使版权的合理使用范围几乎被吞没。版权的扩张限制了在合理使用制度

---

① Yee FenLim. Digital Rights Management, Merging Contract, Copyright and Criminal Law[M]. Berlin: Springer Pr., 2006.

② Siva Vaidhyanathan. Copyright Jungle[J]. Columbia Journalism Review, 2006, 45(3).

下教育、科学、文学等创作者合法获得作品的自由。[①]图书馆知识产权的相关主要利益群体包括信息生产者(作家、艺术家、网站经营者、软件开发者等)、信息传播者(出版者书商、数据库商等)、信息消费者(广大读者)、信息管理者(政府部门、大学、科研院所等)等诸多主体。泛在信息环境将导致这些主体之间知识产权利益关系的重新定位,制度内容的变革将对图书馆的知识产权管理带来影响。

在我国,《信息网络传播权保护条例》已于 2006 年 7 月 1 日起正式施行,这是图书馆知识产权面临的最核心的制度环境的改变。《信息网络传播权保护条例》涵盖了信息网络传播有关的权利限制、技术措施、权利管理信息、网络服务提供者责任及其责任限制等法律问题,内容十分广泛,其中许多规定都直接或间接地与图书馆相关。《信息网络传播权保护条例》在一定程度上拓展了图书馆数字化信息服务的法律空间,同时也制约了图书馆某些数字化和网络化的技术优势。《信息网络传播权保护条例》直接涉及图书馆的条文是第七条,间接涉及图书馆的条文包括图书馆的技术措施、声像资料、网络传播、馆藏数字化等一系列领域。根据第七条的内容,图书馆要行使合理使用的权利,需要正确处理“已出版作品与未出版作品”“馆内服务与馆外服务”“本馆收藏作品与他馆收藏作品”“数字作品与非数字作品”“数字浏览与数字化复制”“收回成本与盈利创收”等基本概念和法律关系,而这些概念本身在数字信息环境和泛在信息环境中面临一些不确定性因素,需要图书馆的密

① Tracey Caldwell. The Digital Copyright Balance[J]. Information World Review, 2006, 229(10).

切关注。制度环境在发生着改变，而制度环境的改变将增加图书馆的法律风险。图书馆知识产权风险管理需要密切关注制度的动态变化和发展趋势。

三、业务模式的改变与知识产权风险

图书馆的业务模式日益呈现一些新的特征，表现为业务的国际化、协作化和虚拟化。这些特征将影响图书馆的知识产权状况。

国际化是图书馆发展的重要趋势。美国学者贝克(S.K.Baker)在《资源共享的未来》一书前言中写道："今天的图书馆正生存在一个相互依赖的时代。进一步讲，每一个图书馆都必须被视为世界图书馆体系的一部分，必须摆脱自给自足的状态，必须发现迅速从世界图书馆体系中获取资料并送到用户手中的方式，必须随时准备将自己收藏的资料提供给世界各地的其他图书馆。"①

在国际化背景下，知识产权争议呈现复杂化的情况，表现在以下几方面。第一，解决方式的可选择性，可能采用诉讼、调解、和解与仲裁。第二，争议性质的复杂性，可能是侵权问题，也可能是违约问题，还可能是侵权和违约并存的问题。第三，争议主体的多样性，可能是图书馆之间，也可能是图书馆和信息资源的中介销售商之间的争议。第四，法律适用的冲突性，国际之间的诉讼裁决依照哪个国家的法律作为准据法，以什么作为法律适用的连接点，是国际法律冲突的基本问题，但对于图书馆的知识产权国际争议来说，

---

① S.K.Baker, M.E. Jackson. The Future of Resource Sharing[M]. New York: The Worth Press, Inc., 1995.

这是较难处理的问题。第五,法院管辖和法律执行的问题。在国际法律冲突中,并不是任何法院都有管辖权,也不是任何国家都能够执行其他国家的法院裁决。目前我国在图书馆知识产权的研究中,对于我国图书馆在融入世界图书馆体系进程中出现的国际知识产权争议的研究还很少。这方面应该引起重视。

图书馆由封闭向开放变化的进程中,最重要的推动力量是业务可以通过网络的虚拟空间来开展。在虚拟空间中,海量信息的生成和获取成为可能,侵犯知识产权也变得更为容易。虚拟化的平台改变了传统图书馆的物理状态。图书馆原有的公益属性所享有的权利并不能扩展到网络环境中。网络环境下的图书馆的权利空间需要重新界定,业务虚拟化导致的海量信息的授权付酬模式也需要改变。

四、资源类型的改变与知识产权风险

图书馆在资源建设、组织和利用方面出现了新的明显特征:一是资源建设中,免费资源激增;二是资源组织中,资源与服务逐渐集成。这些都影响着图书馆的知识产权管理。

图书馆可以利用的免费资源包括不适用著作权法保护的作品(如法律文件)、著作权过期资源(如古代诗词)、依法不受我国著作权法保护的部分外国作品、达不到我国受著作权法保护的独创性标准的信息资源和属于可以开放存取的资源。免费资源在图书馆馆藏中占有较大的比重,尤其是开放存取资源在近几年增长很快。2004 年 2 月,国际图书馆联合协会(IFLA)发布了《关于学术文献与研究文档的开放存取声明》,承诺将通过大力支持开放存取运动和开放存取出版物来促进全人类对信息的最广泛的获取。①哈佛大学、耶鲁大学、华盛顿大学等许多高校的图书馆在主页上推荐开放存取的学术交流方式。作为“知识共享”(Creative Commons)董事会成员，博伊尔在《开放心态为何重要？》一文中指出：“这不是说开放总是对的，而是我们需要在开放与封闭、专有与免费之间取得平衡”。②斯坦福大学的保罗·戈尔斯坦也指出，版权利益平衡是考虑数字时代版权领域新问题的立足点。③可以预见，免费资源将会随着信息资源的总量增长而不断增长，这是图书馆规避知识产权风险的重要方面，将渐渐影响图书馆的知识产权管理制度。图书馆应该进一步将免费资源进行细分：有些免费资源是完全没有产权的，包括精神权利也不存在，如不适用知识产权的作品；有些有着精神权利，但不具有财产权利，如版权过期作品；有的不但有精神权利，也有财产权利，只是作者进行了让渡和放弃，如开放存取作品。充分利用免费资源并且进行良好的分类管理是图书馆的重要任务。

第三节　知识共享涉及知识产权相关案例

一、殷志强诉金陵图书馆侵犯著作权纠纷案

2003年，金陵图书馆与清华同方公司签订了《CNKI数据库订置合同》，以“镜像站点”方式订购清华同方公司提供的数据库和服

① IFLA. The IFLA Statement on Open Access to Scholarly Literature and Research.[EB/OL]. [2021-11-05]. http://www.ifla.org/V/edoc/open-accesso4.html.

② J.Boyle. A Closed Mind about an Open World[J]. Financial Times, 2006(8).

③ Goldstein, Jukeor, Rev. Copyrights Highway: From Gutenberg to the Celestialed [M]. Stanford Calif.: Stanford University Press, 2003.

务，数据库收录了作者殷志强的文章《马克思恩格斯人口生态思想探析》。2004 年，殷志强以读者的身份在金陵图书馆电子阅览室要求调阅并打印此文，支付打印费 3 元。殷志强认为金陵图书馆侵犯了其复制权、获取报酬权和发行权，遂提出诉讼，一审判决驳回诉讼请求，二审维持原判。有关金陵图书馆，二审法院认为图书馆订购数据库时已尽到合理的注意义务，并无过错，该案是由数据库商在先的侵权行为所致。图书馆提供的查询、打印服务是应读者殷志强要求进行的，该行为实质上是图书馆提供的便利服务，不属于著作权法意义上的发行行为，并且收取的只是打印费，并未侵犯作者的发行权和获取报酬权。

二、谷歌数字图书馆案

美国谷歌公司扫描了大量书籍，将数字文本存储在服务器中，并提供全文检索服务。用户输入关键词后，谷歌会将含有该关键词的作品片断予以显示，通常长度不会超过以该关键词为中心的四五行文字。相关作品的作者在美国和中国都起诉谷歌侵权，对于未经许可提供作品片断的行为，美国法院和我国法院均认为谷歌的行为构成合理使用。

两国法院都认为，谷歌提供以关键词为中心的作品片断，并非为了单纯地再现原作本身的文学艺术价值或者实现其内在的表意功能，而是为了帮助读者、学者和图书馆馆员找到合适的图书，该行为属于对作品的转换性使用，具有合理性。

在本案中，谷歌显示以用户输入的关键词为中心的几行作品片断，显然不是为了替代用户对作品的阅读，事实上也不可能起到替代作用，而是让用户了解该作品使用相关关键词的情况，以使用户判断该作品是否值得购买。这种对作品片断的提供，不仅只涉及作品中很少的内容，而且具有高度转换性，不会与对作品的正常利用（如许可纸质版的发行和电子版付费下载）有冲突或损害作者的利益，应为法律所允许。

三、李明德等诉南通市图书馆确认著作权、返还财产纠纷案

李不畏在1949年之前开始撰写《大般若波罗蜜多经全文图表》。1979年起，其在被告图书馆借阅碛沙藏版《大般若波罗蜜多经》，从事该经书的图表表解创作，直至1983年独立完成《大般若波罗蜜多经全文图表》，但未及整理、收集手稿，完成创作次日即去世。创作期间，为便于写作的前后查找、核对，李不畏将手稿暂交图书馆古籍部保管。原告李明德、李明炎、李明生、李明辉、李明吾、李明珠系李不畏的子女，于2006年9月28日致函图书馆请求返还手稿，虽经有关领导协调，但图书馆以“手稿已列入图书馆馆藏目录”为由而不予返还，原告就无法实现作者的署名权、修改权、发表权以及其他财产权等著作权提起诉讼。

法院认为案件的争议焦点包括：此图表是否构成著作权法保护的作品，如构成，其著作权应由谁行使；手稿是李不畏赠送给图书馆，还是由图书馆代为保管。

经审理，法院判定李不畏是《大般若波罗蜜多经全文图表》的作者，原告享有作品的署名权、修改权和保护作品完整权，并在法律规定的保护期内享有发表权及复制权等著作财产权，判决图书馆返还手稿，并负担案件受理费等费用。

四、周大新诉北京世纪超星公司等著作权纠纷案

原告周大新发现北京世纪超星公司未经许可擅自将其所著《消失的场景》一书的电子版收入其开发和经营的超星数字图书馆,对外经贸大学通过购买超星数字图书馆,在其局域网中提供该书的浏览、下载服务。原告诉称北京世纪超星公司的行为侵犯其信息网络传播权,对外经贸大学作为超星数字图书馆用户亦应与北京世纪超星公司共同承担侵权责任。北京世纪超星公司成为直接被告,法院判决其立即停止侵权,承担相应法律责任,赔偿原告经济损失及诉讼合理支出费用。

对外经贸大学辩称自己并未通过超星数字图书馆直接获得经济利益,而被告北京世纪超星公司也称案件之法律责任应由公司而非对外经贸大学承担。法院最终判决要求对外经贸大学对北京世纪超星公司之删除行为予以协助,其图书馆免责。

五、三面向版权代理有限公司诉重庆市涪陵区图书馆著作权案

2007 年,原告三面向版权代理有限公司与戴延庆签订版权转让合同,依法取得了戴延庆的作品《销魂一指令》除署名权、影视改编权以外的著作权。2004 年 8 月 9 日至 2007 年 4 月 24 日期间,涪陵区图书馆通过网站链接了此书的内容。原告认为被告未经著作权人许可使用并传播了该作品且并未向权利人支付相应的报酬,遂提起诉讼。审法院认为,涪陵区图书馆对涉案作品的使用并非是在自己的网站中直接占有、存储文章内容,其所提供的仅仅是

一个狭义的链接服务，图书馆只是链接服务提供者，而不是文章内容的直接登载者，遂驳回原告的诉讼请求。二审法院认为涪陵区图书馆的链接行为是否构成侵权取决于其链接的程度，经判定属于“深度链接”，图书馆未尽到注意义务，侵犯了权利人的信息网络传播权和获得报酬权，最终法院改判，判决涪陵区图书馆赔偿三面向版权代理有限公司1万元。

六、李昌奎与江苏广播电视大学等著作权纠纷

李昌奎是来自山东的自由撰稿人。2007年5月22日，李昌奎发现北京世纪超星公司未经其许可将其所著《中外职业资格认证和语言考试指南：规划你的职业生涯》和《职业资格证书时代——40种职业资格考试介绍》两书电子版收入其开发和经营的超星数字图书馆。江苏广播电视大学通过购买超星数字图书馆，在其局域网中提供两书的浏览、下载服务。原告诉称，北京世纪超星公司和超星数字图书馆是涉案电子图书的制作者和销售者，侵犯了其信息网络传播权，江苏广播电视大学作为超星数字图书馆用户传播了涉案图书，应当共同承担侵权责任。最终法院判决被告侵犯行为成立，但是对于赔偿损失的请求不予支持。理由是李昌奎已经在以前多次诉讼中从北京世纪超星公司处获得了近20万元的赔偿，李昌奎的损失已经获得了补偿。

从2009年12月起，李昌奎共打了20场官司，起诉北京世纪超星公司和该公司的用户高校和公共图书馆，如深圳南山图书馆、对外经贸大学、长春理工大学等。有的是直接起诉高校，如李昌奎与山东体育学院著作权侵权纠纷、李昌奎与北京理工大学著作权侵

权纠纷;有的是将高校或图书馆、数据库运营商(如超星、书生、方正阿帕比)一同列为被告。这些案件有的起诉后达成和解后撤诉;有的判决李昌奎胜诉,被告赔偿损失;有的确认了被告的侵权事实,但不赔偿损失。

以上案例中,涉及的图书馆有败诉亦有胜诉,案件的诉因主要是侵犯信息网络传播权、署名权和作品原件所有权。随着信息技术的迅猛发展和互联网革新,图书馆电子文献馆藏增加并开通内部局域网提供电子文献检索、下载与打印服务。尽管图书馆的初衷是实现信息的最广泛获取,但确有涉嫌侵犯信息网络传播权之虞。侵犯信息网络传播权已成为图书馆频繁成为版权涉诉案件被告的主要诉因。图书馆必须对知识产权问题给予足够的重视,将相关法律风险扼杀在萌芽阶段。同时也要做好利用知识产权相关法律维护自身合法权益的准备。

第四节 图书馆知识共享过程中规避知识产权侵犯的对策

一、开展馆藏著作权评价工作

图书馆应将馆藏著作权评价列入常规工作,制订相关工作细则。馆藏著作权评价工作包括两个部分,一部分是对已藏的信息资源,一部分是对计划收藏的信息资源。无论是已藏信息还是计划收藏的信息,都要按知识产权状况进行区分,具体可以做如下划分:不适用版权保护的信息;版权过期信息;达不到版权保护标准的信息;可以在一定情况下合理使用的信息;版权已经让渡,可以开放存取的信息;通过合同已经约定使用方式和使用权利的信息;

通过集体管理机构已经获得授权的信息；网络搜索和链接的信息；信息报道的书目、文摘、索引等信息；信息导航的网站系统信息；信息咨询信息；已经通过技术措施予以保护的馆藏信息；已经通过技术措施予以保护的增值开发信息；其他类信息。其中，前十一类是并列的，第十二、十三类和前十一类具有交叉性，最后一类可以容纳前面无法包含的信息。[①]开展馆藏著作权评价工作是杜绝知识产权隐患、规避知识产权风险的有效途径。

近年来，随着新媒体技术的迅猛发展，读者对电子资源的需求量呈现日益增长的趋势。可以预见的是，电子资源必将成为图书馆未来重点建设的数字资源类型之一。目前，国内电子图书市场并不完善，其中老旧图书数字再版进度尤其缓慢。老旧图书主要指出版机构在采用数字出版技术前所出版的纸本图书。由于出版机构并没有这些图书的数字版本，因此要将这些纸本图书转化为数字版本需要重新进行数字编辑，成本高且市场需求少的现状导致出版机构不愿参与出版。图书馆馆藏图书中老旧图书占比极高，是图书馆开展文献服务的重要支撑。随着读者对数字资源需求的不断上升，电子图书需求也在上涨，而图书馆却无法从现有渠道采购到相应的电子图书资源，导致部分图书馆不得不开展馆藏老旧图书数字化加工来满足读者对电子图书的借阅需求，而这必然会存在侵权风险。因此，图书馆尤其要仔细排查数字化过程中可能存在的侵权风险，确保图书馆数字资源建设符合知识产权相

---

① 陈传夫，等.图书馆发展中的知识产权问题研究[M].北京：中国人民大学出版社，2015.

关规定，提高图书馆数字资源建设效率与服务水平。

二、加强人才队伍建设

2008年，我国政府部门颁布了《国家知识产权战略纲要》，从侧面说明我国对知识产权工作的关注度不断提高。2012年，国家知识产权局、发展改革委员会等多个部门联合颁布了《关于加快培育和发展知识产权服务业的指导意见》，强调应对全国知识产权公共服务体系进行优化，政府部门、行业协会、知识产权服务机构、高校等都应参与其中，以增强服务体系的权威性。2014年10月，国务院颁布了《关于加快科技服务业发展的若干意见》，指出应提高对知识产权代理、法律、信息、咨询等工作的关注度，加快其发展速度，激发高校、科研院所、企业等各类组织在创新创业领域的工作热情。2015年3月，中共中央、国务院颁布了《关于深化体制机制改革加快实施创新驱动发展战略的若干意见》，强调建构高等学校与科研院所都可以使用的技术转移机制，提高高等学校与科研院所的知识产权管理能力。在国家实施知识产权战略的宏观背景下，越来越多的公共图书馆和高校图书馆已经增加或正在增加知识产权服务的权重，推出知识产权素养教育、专利检索、专利预警等服务内容。

为了规避自身在业务开展过程中可能存在的知识产权风险，提高图书馆知识产权服务质量，图书馆应组建一支专业过硬的知识产权专业团队。团队成员最好具有法律、图书情报、学校优势学科等专业背景，同时接受系统的知识产权信息培训，熟悉专利法律知识，掌握专利检索和分析技能等。图书馆需要取得主管单位的政策支持，通过引进人才和培养现有专业技术馆员两种途径组建。此外，随着社会经济和技术的高速发展，专利信息服务领域的理论和实践都在不断变化，因此要建立业务培训长效机制，促进服务人员业务素质的提升。

三、建立健全图书馆知识产权管理制度

制定科学合理的管理运行体系是图书馆可以长期地、稳定地、在不违反知识产权规定的前提下开展知识共享的基础。图书馆应成立相关组织机构，制订具体的工作计划，提高管理运行体系质量。首先，对于信息资源建设而言，应建立资源保障制度，选购知识产权清晰、购买渠道正规的各类资源。其次，对于组织机构建设而言，可以组建知识产权事务办公室，专门负责与知识产权有关的各类工作，在根据业务类型针对不同工作岗位制定的操作规范中，对涉及知识产权的地方尽可能地阐明并详细规定工作方式，可以针对数字化建设、文献传递与馆际互借、信息网络发布、网站建设、虚拟参考等不同业务类型分别制订一些细则。同时，也要根据图书馆所处环境的变化，例如信息环境的变化、制度内容的变化、业务类型和资源分布的变化等，对知识产权政策的发展做出预见以及为该预见做好准备。力求在提供知识产权服务的同时，较好地规避图书馆自身可能存在的知识产权风险隐患。

近年来，我国知识产权司法保护力度正在全面加大。国家主席习近平在 2018 年举办的博鳌亚洲论坛年会上更是着重指出加强知识产权保护是完善产权保护制度最重要的内容，国家将完善执法力量，加大执法力度，显著提升违法成本，充分发挥法律威慑

作用。据最高人民法院发布的2018年和2019年《中国法院知识产权司法保护状况》(白皮书)显示,全国法院新收各类知识产权案件2018年比2017年上升41.19%,2019年比2018年上升44.16%。其中,2018年著作权案件数量为195 408件,同比上升42.36%,2019年新收著作权案件达293 066件,同比上升49.98%。①面对不断变化的环境,图书馆应不断完善知识产权管理制度,建立知识产权案例跟踪机制,尤其注重收集与图书馆相关的案例,通过分析这类案例可以发现潜在的侵权风险,为图书馆管理层决策提供参考依据,从而有效降低图书馆侵权行为发生的可能性。

四、提高读者知识产权素养

知识产权素养是指人们在参与知识创新活动的各个流程中所需要具备的能力,比如知识产权意识、信息收集能力、信息分析能力、创新意识等,是信息素养在知识创造、技术创新等工作中的实际体现。为增强读者的知识产权意识与创新意识,提高民众的科学文化素养,图书馆应将知识产权素养培育工作当作一项长期的工作来开展。②网络环境中,图书馆承担的版权责任可能是因为用户利用作品的违法行为而引起的,所以应该对用户利用作品的行为进行有效的引导。为确保读者充分了解此项工作内容,可以借助宣讲、培训、竞赛等活动进行实际宣传。对高校图书馆而言,可以通过嵌入式方法完成知识产权素养教育,比如将相关内容与学

---

① 中华人民共和国最高法院.中国法院知识产权司法保护状况(2019)[EB/OL].[2022-05-19]. https://www.court.gov.cn/zixun-xiangqing-226501 html.

② 封丽.高校图书馆专利信息服务实践与模式研究[J].科技视界,2020(12):154-156.

生的课业知识、实践内容相结合。图书馆应以各种方式宣传著作权知识，提醒用户注意保护版权，并告知用户侵权的后果，同时加强对用户利用数字化作品方式方法的监督指导，纠正其不良行为，消除侵权隐患。

侵权行为不仅会让图书馆遭受经济处罚，声誉也将受到严重损害。因此，图书馆应主动通过开展知识产权法规宣传，馆藏资源尤其是数字化资源的风险排查，跟踪相关案例提供决策参考，提升读者知识产权素养，助推国内电子图书市场发展等途径，有效化解图书馆侵权风险产生的内因和外因，为图书馆建构起知识产权风险防范屏障。

第九章　图书馆知识共享有效性评估

管理大师彼得·德鲁克提出："对于管理者来说，'有效性'就是通过管理活动提高绩效，使组织能够由小变大，由弱变强；是管理者达到目标和绩效的必要手段。"①知识共享有效性评估是图书馆知识管理机制的有机组成部分，图书馆知识共享的目标是运用集体的智慧提高图书馆的应变能力和创新能力。知识共享有效性评估，旨在避免重复性的知识创新投入和知识资源的浪费，从而提高知识创新的效率。

第一节　图书馆评估

一、图书馆评估概述

图书馆评估是科学地制定图书馆评估标准，以评估标准及其指标体系为依据，全面收集图书馆相关数据，对图书馆实现预期目标的条件、行为及其状态做出客观价值判断的过程。②图书馆评估指标建构工作的必要性主要体现在以下三点。③第一，提升图书馆

---

① 杨雨山.德鲁克的管理精髓[M].北京：中国铁道出版社，2009.

② 刘文清.论图书馆评价[D].湘潭：湘潭大学，2003.

③ 黄文皞.图书馆评估指标的构建与分析探究[J].河南图书馆学刊，2019，39(10)：114-115.

的建设水平。图书馆评估指标包含的内容多种多样，通过建立科学完善的评估指标，能够准确反映当前图书馆的发展情况，找到建设过程中存在的各种问题，并有针对性地加以解决，不仅能够节省建设成本，还能够提高图书馆的服务质量，满足读者的查阅需求，更好促进图书馆的长远发展。此外，建构科学的评估指标，还能够帮助实现图书馆内部资源的优化配置，深化服务工作，利用好各项政策推动图书馆的发展。第二，优化图书馆管理方案。图书馆评估指标包括服务方面的指标，因此能够反映图书馆的服务情况。建构有效的图书馆评估指标，图书馆管理人员能够及时发现自身服务过程中存在的缺陷，并及时进行弥补，提高读者对服务的满意度。第三，扩大图书馆的影响力。受网络技术的影响，读者到图书馆参与阅读的积极性下降，图书馆要想改变这一现状，就要建构完善的评估指标，将信息化服务指标纳入其中，提升管理人员的网络服务意识，结合读者需求探索更有效的服务形式，拉近图书馆与读者之间的距离，进而促进图书馆的可持续发展。

（一）美国图书馆评估

20 世纪初，美国大学在捐助机构、主管教育部门以及行业协会和联盟的共同努力下，开始制定图书馆建设标准和规范，用以保证大学图书馆发展有资金支持。此时出现了以馆藏、经费、人员为主要指标的图书馆定量评估活动。1950 年，美国大学和研究图书馆协会（ACRL）推出了包括馆藏、支出、人员编制和薪酬的标准，用以指导快速发展的高校图书馆建设。1961 年，ARL（Association of Research Libraries）推出 ARL Statistics，用以统计其成员馆的馆藏、支出、人员配备和服务活动。在此基础上，20 世纪 80 年代初，

Kendon Stubbs 开发了 ARL 指数(ARL Index),通过衡量藏书规模、支出、人员配备和服务来得出北美研究图书馆的年度排名。20 世纪 90 年代开始,ARL 顺应图书馆评估发展变化的实践需求推出了一系列如 LibQUAL+等具有国际影响力的图书馆测评工具,在图书馆界得到广泛好评和应用。①为惠及图书馆评估从业人员和研究人员,为他们提供交流与研讨的平台,从 2006 年起,ARL 与华盛顿大学图书馆合作,召开主题为"开展有效、可持续和实用的评估工作"的图书馆评估会议,每两年举办一届。2006 年首届会议就吸引了来自美国本土的北美 36 个州和其他 6 个国家的 200 多名与会者。②目前已发展为图书馆评估的重要国际会议。历届评估大会共收到论文 450 余篇,形成了北美高校图书馆评估实践与研究的基础。

美国高校图书馆评估很多是出于图书馆管理的目的而开展的。大到组织的变革与战略规划,小到一个公告屏的制作,以及馆员的晋升、空间的改造、网站设计等均是基于数据和信息的分析和评价来进行决策。如北卡罗来纳大学格林斯博罗分校图书馆的战略规划制订、阿灵顿大学图书馆的全面重组、佛罗里达大学图书馆夜间自习室的设置、密歇根大学图书馆物理和虚拟空间改造、宾夕法尼亚州立大学图书馆入口处公告屏的内容显示、德州理工大学图书馆网站的改进等,评估成为图书馆为达成管理目标而随时进行的工作。正因如此,美国高校图书馆有专门的评估馆员和评估

---

① 乌云高娃.ARL《2018 年图书馆评估大会论文集》解读及启示[J].图书与情报,2019(5):79-84.

② Association of Research Libraries. 2006 Library Assessment Conference [EB/OL]. [2022-05-20]. https://www.libraryassessment.org/past-conferences/2006-library-assessment-conference/.

团队。根据管理的需要，评估活动不仅能随时开展，一些评估项目甚至可以长期持续进行。如卡罗来纳海岸大学金伯利图书馆在长达9年的时间里，利用评估数据对图书馆平面图和座位进行持续改进，达到最大限度利用图书馆空间的目的。与此同时，为了有效地开展评估活动，组织内部的评估文化建设、评估馆员的职业发展理论与实践也成为高校图书馆关注的问题。美国图书馆已经将评估作为日常工具。

（二）国内图书馆评估

我国图书馆评估主要包括高校图书馆评估和公共图书馆评估。对普通高等学校图书馆的评估一般由各省、自治区、直辖市教育厅或教育委员会来组织实施，由各地高校图工委根据本地区的实际情况制订实施细则和具体评分办法及分值。教育部在适当时机组织专家组进行检查指导。各地既可以开展全面评估，也可以开展专项评估。评估指标设置主要依据教育部颁发的《普通高等学校图书馆规程(修订)》。限于经验及参考资料的不足，其中肯定有不尽合理、完善之处，有待于通过评估实践，在获得各地的反馈意见后，再组织专家进行修改，使之趋于合理、完善。该规程所提出的各项要求，有的是当前必须具备的水平，有的是今后随着事业发展和工作进步应达到的目标。评估的目的就是检测目前已达到的水平及找出尚未达标的差距所在，从而促进高校图书馆的发展。另一方面，由于地区之间、高等学校之间存在发展的不平衡，难以用完全一致的标准去衡量，因此评估指标的设定及分值的计算具有一定的导向性和灵活性，在实施上注重可操作性。各地可在实施评估时自行确定和调整。目前最新的高校图书馆评估指标为

2010年教育部高等学校图书馆工作指导委员会颁布的《〈普通高等学校图书馆评估指标〉及评估办法》(2010年修改稿)，其中一级指标和二级指标如表9-1所示。①

表9-1　《〈普通高等学校图书馆评估指标〉及评估办法》(2010年修改稿)一级及二级指标

一级指标	二级指标
办馆条件	体制、队伍建设、经费、馆舍
文献资源建设	馆藏、加工、整序、保存维护、资源共建
自动化、网络化、数字化建设	硬件、系统软件、应用软件
读者服务	基本服务、信息咨询服务、信息素质教育、读者评价
科学管理	规章制度、民主管理、业务统计、学术研究

《公共图书馆评估指标》可用于对省、市、县各级公共图书馆建设、管理与服务水平与其职能目标之间的契合程度进行评价，也可用于对同一公共图书馆建设、管理与服务水平在不同时间段的纵向比较，或对不同公共图书馆之间的建设、管理与服务水平进行横向比较。进行横向比较时，一般应为同等级别，或其所属地区在人口规模、经济条件等方面具有显著相似性。《公共图书馆评估指标》规定了设施设备、经费与人员、文献资源、服务工作、协作与管理等五个方面的评估指标。其中，设施设备指标用于评估图书馆的建筑条件及设施设备配置满足图书馆开展日常服务活动及相关辅助工作需求的情况；经费与人员指标用于评估图书馆的经费与

① 教育部高等学校图书情报工作指导委员会.《普通高等学校图书馆评估指标》及评估办法[EB/OL].[2022-05-20]. http://scal.edu.cn/tjpg/202006030136.

人员保障水平；文献资源指标用于评估图书馆的文献资源建设及发展情况是否能够满足其基本服务需求和履行职能的需求；服务工作指标用于评估图书馆开展各类型用户服务的能力与效率；协作与管理指标用于评估图书馆在地区图书馆服务体系建设中所做的工作及发挥的作用。目前最新的公共图书馆评估指标为中华人民共和国文化和旅游部 2020 年颁布、2021 年 1 月实施的《公共图书馆评估指标》第 2 部分：省、市、县级公共图书馆。其中，一级指标和二级指标如表 9-2 所示。①

表 9-2　《公共图书馆评估指标》第 2 部分中的一级及二级指标

一级指标	二级指标
设施设备	设施、设备
经费与人员	经费、人员
文献资源	馆藏发展政策、文献资源入藏、文献资源编目、藏书组织管理、数字资源建设、文献资源整合
服务工作	免费开放、读者管理、每周开馆时间、文献开架服务、接待到馆读者、文献流通、馆际互借与文献传递、文献推介、政府公开信息服务、为立法决策提供信息服务、参考咨询服务、为特殊群体服务、数字化、网络化服务、社会教育活动、文化创意产品服务、读者满意度
协作与管理	跨地区和跨系统协作协调、总分馆建设、基层辅导、图书馆学协会工作、联合编目工作、社会力量参与图书馆事业、事业发展规划、法人治理、业务管理、财务管理、人力资源管理、国有资产管理、档案管理、环境管理、统计工作、信息公开、绩效管理、安全保卫、表彰奖励

① 中华人民共和国文化和旅游部.公共图书馆评估指标　第 2 部分：省、市、县级公共图书馆［S/OL］. http://zwgk.mct.gov.cn/zfxxgkml/hybz/202012/t20201205_915575.html.

综观国内外图书馆评估研究可以发现，图书馆评估经历了以下三个阶段。第一阶段是以投入产出为主要指标的绩效评估阶段。在这一阶段，图书馆主要通过数据统计的方法，统计图书馆的投入和产出。例如，通过运行经费、员工数量、馆藏量来统计投入；通过接待读者量、图书流通数量、参考咨询量来统计产出。第二阶段是用户参与的图书馆服务质量评估。传统的绩效评估难以充分评估图书馆的工作质量，因此图书馆界开始通过用户调研来评价图书馆的服务质量。与之类似的是用户满意度研究和图书馆表现评价，也都是侧重对图书馆服务质量的评估。第三阶段是以用户为中心的图书馆成效评估。无论是绩效评估还是服务质量评估，都无法充分评价图书馆在用户的学习、科研、教学和个人发展方面究竟产生了哪些效果和作用。成效评估在国外研究中通常表述为成果评估（Outcome Assessment）、价值评估（Value Assessment）或者影响力评估（Impact Assessment）。这类评估往往通过考察学生学习成绩、学习方式、信息技能、信息素养、解决问题的能力和信心等指标，来反映高校图书馆的资源及服务对用户产生的影响，揭示图书馆的价值。①

二、图书馆评估指标与知识共享要素之对应

通过对比《〈普通高等学校图书馆评估指标〉及评估办法》（2010年修改稿）和《公共图书馆评估指标》第2部分：省、市、县级

① 刘亚.美国高校图书馆成效评估及启示：AiA项目研究报告分析[J].图书馆，2019(8)：89-94.

公共图书馆的二级指标可以看出，尽管两者的一级指标所用术语名词有所差异，但其本质上对图书馆评估的要求是一致的，可以得出如表 9-3 的对应关系。

表 9-3 《普通高等学校图书馆评估指标》和《公共图书馆评估指标》一级指标对应情况

文件名称及指标层级	具体内容				
《普通高等学校图书馆评估指标》一级指标	办馆条件	自动化、网络化、数字化建设	文献资源建设	读者服务	科学管理
《公共图书馆评估指标》一级指标	设施设备	—	文献资源	服务工作	协作管理

在第二章中，我们提及了知识共享的四个要素，即基础设施、组织机构、知识资源和用户。图书馆评估指标在为图书馆的发展指明具体方向的同时，也与知识共享要素相对应，对图书馆知识共享起到促进作用。

(一)“基础设施”办馆条件和自动化、网络化、数字化建设/设施设备对应

图书馆评估指标体系中“办馆条件”的二级指标“馆舍”对图书馆的物理设施，也就是其知识共享的物理设施，做出了详细的规定和评估。如对馆舍的要求包括图书馆要有独立馆舍，并对其人均建筑面积做出要求；另外对阅览室座位数和设施与环境情况也做出要求。“设施设备”指标主要考察适用性，考察读者的需求是否得到满足，以及与新媒体融合情况。物理设施是图书馆知识共享的原始基础，为资源的存储、知识资源的生产和加工、知识资源的

传递、用户和读者知识资源获取等知识共享活动提供物质和环境基础。这些要求促使图书馆在发展的过程中必须为用户或读者提供足够的知识活动空间、为资源的存储提供良好的物理设施。

图书馆信息基础设施建设包括信息系统建设、网络建设、计算机等基本设备建设。这些设施通常作为知识的载体、知识加工的工具、知识传递的渠道等知识转移与共享的重要相关要素而存在，是现代化技术在知识转移与共享过程中的应用。图书馆评估指标体系中的自动化，网络化、数字化建设指标对信息基础设施中的硬件、系统软件和应用软件都提出了具体要求。如对硬件中服务器的 CPU 主频、CPU 个数，工作站对需求的满足程度，设备完好率，网络设施的宽带，存储设备、打印机等其他设备的要求；对供读者使用的电子终端数量，包括计算机、平板电脑、手持阅读器等电子终端的数量要求，对读者服务区无线网覆盖及网络宽带的要求等；对系统软件中服务器操作系统、网络管理系统及数据库管理系统的要求；对应用软件中集成管理系统、Web 应用的要求等。这些具体的评价指标要求图书馆不断提高其信息化、数字化设施的完备和先进程度，持续为图书馆知识转移与共享提供有效的载体、工具和渠道，推动知识共享速度和效率的不断提高。

（二）文献建设/文献资源对应“知识资源”

在图书馆评估体系中，文献资源建设指标中对馆藏的更新情况、中外馆藏情况、人均馆藏数量、资源符合需要程度、是否具有特色，以及资源加工揭示方面的加工周期、加工标准化程度、加工质量、资源揭示报道、数据库建设情况，保存维护方面的纸质文献和电子及数字化文献的保护、维护和更新，知识源共建方面的资源购置协调、文献加工合作等内容进行评价。这些评价指标对资源建设在数量、质量、中外比例、更新程度等方面都提出了具体要求。这些要求指明了图书馆纸质资源和数字化资源建设的努力方向，并促进显性知识资源在量、质、新等方面的不断发展。由于图书馆隐性知识以馆员、专家以及整个组织为载体，因此其建设重在人才建设和图书馆组织整体知识水平、组织文化和组织价值观的形成。在图书馆评估指标体系中，其办馆条件一级指标中的队伍建设及人员指标对人员数量、人员素质（学历、学科结构等）、队伍建设规划（上岗资格、在职培训等）提出了要求。该部分评价指标内容使图书馆在发展过程中要不断引进人才，落实培训计划，持续加强人才建设，从而推动图书馆个体隐性知识资源的水平建设。

（三）读者服务/服务工作对应"用户"

目前图书馆评估指标体系专门对读者服务做出了详细的规定。其指标包括基本服务（如开馆时间、网上服务项目等）、信息咨询服务（咨询服务项目、馆际互借和文献传递、信息编译和推送）、信息素养教育（用户教育，包含新生教育、信息检索教育、讲座次数等）、用户评价（用户问卷调查、座谈会等）等方面。这是图书馆最终提供有效服务、满足用户需求的关键环节。评估指标的这些内容显示了其重要程度。在图书馆知识共享体系中，必须重视知识接受者即用户，将提高其信息素养、满足其对服务方式和服务质量的要求作为重点关注对象，加强这些内容的建设，以提高知识共享的深度。

（四）科学管理/协作管理对应"组织机构"

评估指标体系中的体制指标对图书馆体制、组织机构和图书情报工作整体化进行了具体标准要求，包括对人员、组织机构设置等进行规范。其对图书馆整体组织机构做出原则性规定,这些规定亦适用于图书馆知识共享的组织机构建设,即要求图书馆在知识共享过程中,机构的建设也遵循工作需要效能原则。这也促使图书馆的知识共享组织结构设置和发展过程更加规范化、效能化,能够建立更加适应图书馆知识共享的规章制度,对知识共享进行更加有效的管理。规章制度是图书馆知识共享活动顺利开展的有力保障,也为图书馆与用户间知识共享提供了保障。相关制度安排包括图书馆开放制度、借阅制度、馆际互借和文献传递制度、馆际间的资源共建共享协作制度、馆内轮岗制度、参考咨询制度等。评估指标体系中的规章制度指标对制度建设做出了相应的规定,其中对服务规章制度、图书馆业务制度和管理规章制度的完善情况、更新情况和检查执行情况做出评价。这些评价推动图书馆在知识共享过程中不断修订、完善并有效执行各类规章制度。

三、对知识共享有效性评估的启示

(一) 知识共享有效性评估应围绕“成效评估”开展

图书馆评估逐渐从以资源投入产出为中心的绩效评估,转向以用户为中心的成效评估。成效评估更关注图书馆的资源和服务对用户的贡献和产生的效果,从而对图书馆提供给用户的服务开展针对性指导。成效评估研究成为近年来图书馆评估研究的趋势。20 世纪 90 年代,作为图书馆成效评估研究的重要组成部分,图书馆对学生学习成果的影响研究得到了进一步的扩展。由于图书馆并不是影响学生课业考试成绩的单一变量,而且在以往研究中往往发现图书馆服务与课业成绩无显著关系,许多研究开始关注与信息利用关系更为密切的学生学习成果。例如一部分研究将学生批判性思维能力作为教育成果引入图书馆成效评估。2000年，随着ACRL发布《高等教育信息素养标准》，学生信息素养作为高校图书馆服务的一项重要成效，越来越被研究者关注。此类研究大多通过测度学生信息素养来评估高校图书馆服务的用户成效。图书馆知识共享评估应该以图书馆评估发展趋势为指导，侧重知识共享的成效评估，除了对知识共享的基础设施进行评估之外，应加强对隐性知识共享的成效评估。例如，参考咨询服务的成效评估、信息素养课程教学方式的成效评估、信息素养教学内容对学生批判性思维养成的成效评估、图书馆深入院系嵌入式学科服务的成效评估等。

（二）评估指标应紧密结合知识共享行为要素

图书馆知识共享的开展离不开基础设施的支持、组织文化的保障、知识资源的支撑以及用户的有效反馈。图书馆知识共享有效性评估应该紧密结合这四方面开展。基础设施方面，除了对物理设施进行评估以外，也要对信息技术基础进行评估，例如包括信息系统建设、网络建设、知识共享技术和知识共享平台等。组织文化方面，例如图书馆组织是否为知识共享提供了良好环境，营造积极的氛围，是否有专门业务分工等。知识资源方面，除了对显性资源的定量评估之外，更要注重隐性资源评估，例如图书馆馆员工参与知识共享的意愿、员工对专业知识的掌握等。用户方面，需要对用户对知识的理解和接受能力进行评估，对信息素养教育的成果进行评估。

（三）关注知识共享对学生的长期效用

目前，图书馆实现隐性知识共享的主要途径之一仍然是面向用户的信息素养教育，对信息素养教育质量的评估也大多是关注某一课程开设后学生的变化。在美国，少数研究团队已经开始注意到图书馆对学生的长期影响效果，例如对于毕业生在工作环境中的效果、对于高年级学生开展研究的效用，等等。许多项目团队也在评估中形成了共识，即图书馆信息素养教育对学生的效用和影响可能需要较长的时间才能体现出来。关注图书馆信息素养教育对学生的长期效用，不仅能够较全面评估图书馆知识共享可能产生的价值和成效，同时也有利于图书馆的服务创新。为了实现图书馆知识共享对学生成就产生长期效用，图书馆需要针对学生的长期需求，例如研究能力培养、工作情境等调整信息素养课程的内容，提供能帮助学生形成长期阅读兴趣和终身学习习惯的信息服务。①

第二节　知识共享有效性评估体系

一、原则

图书馆在建构知识共享评估体系的过程中只有遵循一定的原则，才能确保评估的有效性。建构图书馆知识共享有效性评估体系，既应遵循图书馆评估体系建构的一般原则，也应反映图书馆知识共享所具有的特性。

（一）导向性原则

评价体系的建构应服务于图书馆知识共享有效性评估的目的，即分析和选取那些能客观反映现阶段图书馆知识共享工作的

① 美国高校图书馆成效评估及启示：AiA 项目研究报告分析[J].图书馆，2019(8)：89-94.

测量体系，并能前瞻性地对影响绩效的关键影响因素和核心环节予以关注。同时，图书馆在建构知识共享有效性评估体系时需要以用户为导向，从用户需求出发，将用户放在服务的中心位置，依据用户需求转变当前的服务方式，探索更有效的服务形式，扩大图书馆的社会影响力，为今后的发展奠定良好的基础。凡是与用户相关的体系，图书馆都要谨慎对待，真正做到为读者服务，最大限度提高图书馆的建设质量与服务水平。

（二）系统性原则

图书馆知识共享是由基础设施、组织机构、知识资源、用户四个要素构成的，各要素系统之间存在着相互依赖、相互影响的关系，共同构成一个不可分割的系统。图书馆知识共享有效性评价体系的选择应能充分反映图书馆知识共享的系统性特征，而且还要依据一定的逻辑原则，科学而合理地划分评价体系的层次。图书馆知识共享有效性评估体系只有做到系统性、全面性，才能确保评价的客观性，才能反映出当前图书馆在各方面存在的问题，才能推动图书馆服务理念的转变。

（三）可实操性原则

图书馆知识共享有效性所选取的体系应以事实为依据，并且容易获取和测量，既能减轻评估的工作量，还能提升评估效率。要避免建构理论上完美但体系庞大和层次复杂的评价体系，可能因缺乏可操作性而无法进行实际测度。评价体系尽量做到少而精，在保证测量结果真实有效的前提下利于掌握和操作。

（四）多层次性原则

图书馆知识共享有效性评估体系要遵循多层次性建构原则，

每个体系都要设立二级、三级甚至多级体系，细化不同体系，并运用多种数据进行测评，以提升评估的客观性，帮助图书馆管理人员开展管理工作。

（五）科学性原则

任何评估体系在建构时都须遵循科学性原则，图书馆知识共享有效性评估体系同样如此。面对不同情况，管理人员要选取不同体系分析图书馆建设与服务中存在的问题，有针对性地制定应对策略，减少管理失误，最终达到图书馆评估体系的建构目标，实现图书馆的长远发展。

二、图书馆知识共享评估体系建构

本书遵循《普通高等学校图书馆评估指标》及《公共图书馆评估指标》的指导意见，结合图书馆知识共享的自身特点，建构图书馆知识共享评估指标，根据图书馆知识共享行为四要素，建构四个一级指标如下。

（一）计算机网络基础设备

图书馆在建构知识共享评估指标时，应将计算机网络基础设备评估指标纳入指标体系，实时反映图书馆当前的设备运行状况，确保图书馆信息的安全性，并提升其利用率。图书馆计算机网络基础设备评估指标包括信息系统建设状况、图书馆服务设备运行状况、馆藏资源数字化设备数量等。此外，图书馆还要对网络系统的安全性进行评估，确保馆藏数字资源的安全性，发挥馆藏资源的社会价值。图书馆还要聘请专业技术人员对馆内设备进行定期维护，及时更新零部件，提高设备的服务效率，满足读者的阅读需求，促进图书馆的稳定发展，最终实现图书馆评估指标建构目标。计算机网络基础设备设施是图书馆开展知识共享的基础保障，可以从以下三个指标进行评估。

1. 硬件，包括服务器、工作站、供读者使用终端数量、网络宽带、存储容量、智能化管理。

2. 系统软件，包括服务器操作系统、网络管理系统、数据库管理系统。

3. 应用软件，包括集成管理系统、网站建设与服务、数字图书馆应用。

（二）知识资源

图书馆知识资源包括显性知识和隐性知识。显性知识资源包括传统文献资源和数字化资源，其中既有馆藏知识资源，也外延到网上的虚拟图书馆资源。图书馆拥有大量的显性知识资源，是长期累积的结果。隐性知识资源主要包括图书情报专业知识、相关学科知识和其他知识等。在图书馆知识共享活动中，其绝大部分处于潜在、待开发的状态。由于隐性知识的隐藏性，人们一般认为其是图书馆知识共享的难点所在，而隐性知识共享通常与图书馆馆员工个人知识共享行为密不可分。知识资源可以从以下指标进行评估。

1. 馆藏建设，包括馆藏数量、文献资源编目、数字资源建设、文献资源整合。

2. 图书馆馆员知识共享意愿，包括内在报酬预期、外在报酬预期、利他主义、团队目标承诺、自我效能，具体如下。①

① 徐瑞平，陈莹.企业知识共享效果综合评估指标体系的建立[J].情报杂志，2005(10)：2-5.

(1) 内在报酬预期。Herzberg(1959)的双因素理论认为只有内在的因素才可以真正激励并让员工感到满意,外在的因素只能让员工避免不满意。第一类称为激励因子,第二类称为保健因子。据此,我们可将知识共享的报酬也分为两类:内在报酬预期和外在报酬预期。有关研究证明,对知识共享影响最大的是内在报酬预期。Stott 和 Walker(1995)根据 Maslow 的需求层次理论指出:知识员工不愿为了金钱或改善同事间的关系而共享知识,他们的共享动机主要来自归属感、自尊与自我实现三个较高层次的需求。玛汉・坦姆普的研究结果也表明,对知识员工的激励,不应以金钱刺激为主,而应以其发展、成就和成长为主。内在报酬预期包括自我成长、尊重、成就感三部分。此时,员工对于知识共享是发自内心,而不是为了得到外在的奖励而产生活动。当个体从共享过程中获得成就感或者经由沟通、讨论得到他人的知识进而得到个人的成长机会时,知识共享的动机就会更强。

(2) 外在报酬预期。当员工共享知识是为了得到知识共享行为衍生出来的报酬时,其可称为外在报酬预期。它可以分为实质和非实质两个方面。前者指资薪、福利等的奖励,后者指无形的、精神的奖励,如他人的肯定、声誉等。对于知识共享的报酬预期,两者并非互相排斥。对同一共享行为可能同时具有内在、外在的报酬预期,只是强度不同而已。外在报酬预期包括资薪、福利、外在认知、发展机会等。外在认知是指外界对自己的看法。个体也会因为一些物质上的奖酬而增加共享行为,因此金钱、升迁等实质性的报酬可以作为促进知识共享的一个重要的诱因。而对于声誉,其虽然无形却能产生有形的利益;拥有信息共享的声誉,有助于同事间达成互惠行为;知识卖方的名声,能让人成为更有效率的买方;另外基于个体对外界对自己评价的重视,组织可利用荣誉榜、奖状、上司的鼓励、同事间的赞美等促进信息人员增加知识共享行为。当个体越重视这些因素或他人的看法时,知识共享的动机就会更强。

(3) 利他主义。利他主义包括利他特质和同理心(empathy)两个部分。有些人生来就具有积极热心的特质,对所拥有的知识具有极大的热情,乐于跟人共享知识。所谓利他特质就是指个体能主动协助组织其他成员解决工作或生活问题,利他特质会促进知识共享。同理心是指个体设身处地地感受他人当前情绪的一种反应与想法。当个体用同理心体会其他同事的痛苦时,会倾向于帮助他们,进而产生与其共享知识或教导对方的行为。其出发点并没有希望未来得到该个体的回报。同理心会影响个体知识共享的意愿。

(4) 团队目标承诺。目标承诺的定义为个体要达到目标的决心,不管该目标是谁制定。目标承诺跟知识共享行为有正向关系。团队成员如果要达成目标,首先得制定任务策略并且确保决策质量,为此成员间就有可能发生知识共享行为。人们会因为对组织核心价值的承诺而共享知识。因此,我们可将组织层面的这种情感性承诺作为评估组织内部知识共享的一个变量。

(5) 自我效能。自我效能(sense of self-efficacy)是美国心理学家班杜拉(Albert Bandura)于 1977 年首次提出的一个概念,其是一个与能力(ability)有关的概念,指的是个体应付或处理环境事件的效验或有效性。作为自我的一个方面,其是个体对自己能否在一定层面上完成某一活动所具有的能力判断。信念或主体自我把握与感受是个体在面临某一活动任务时的胜任感及自信、自重与自尊等方面的感受。以此可以来解释为什么拥有相同行为技能的个体或同一个体在不同的条件下执行相同行为时的表现差异。自我效能直接影响个体对知识共享行为的选择、共享目标的设置,以及对共享行为的努力程度、坚持性等:自我效能高的人倾向于选择具有挑战性的任务,面对困难能坚持自己的行为,并以更大的努力战胜困难;而自我效能低的人刚好相反。除此而外,自我效能还会影响人们的思维模式和情感反应模式:自我效能低的人在与环境作用时,会过多想到个人的不足,高估潜在的困难;而自我效能高的人则把注意力集中在分析问题、解决问题上。对于信息人员知识共享来说,自我效能就是个体对自己从事知识共享能力的一种判断,它直接影响知识共享行为或通过激发和维持知识共享意图,甚至通过目标设置间接影响知识共享意图,来影响知识共享。

3. 图书馆馆员专业素养。图书馆所共享的知识资源的准确性,特别是隐性资源的准确性,取决于图书馆馆员专业素养,应将其纳入评估指标体系。具体包括:学历结构、学科结构、职称结构。

（三）组织文化

图书馆的组织结构规章制度以及文化氛围,是否为知识共享提供了良好环境,也很重要。对图书馆组织文化的评估应从以下几个指标着手进行。

1. 规章制度,包括业务制度、服务制度、管理制度。

2. 文化环境,包括公平、信任、团队效能、组织结构、领导行为,具体如下。①

(1) 公平。公平分为程序公平与分配公平，两者的定义如下。程序公平是指个体对于部门内政策与决策制定过程是否公正的认知，决策过程分为参与、沟通和申诉三个部分。参与是指决策过程中信息的搜集；沟通是指决策准则是否明确传递；申诉则指信息人员对决策结果不满时可以向上反映并申请改正。分配公平是指个体对部门内资源分配结果的公平性认知。公平感是基于个体与参考对象比较的结果。组织中，参考对象包括内部同事、外部人员及自我的期望等。当个体对参考对象的参考结果认知是公平时，分配公平的认知就高，知识共享的积极性也高。相反，个体对于不公平的认知将会带来心理挫伤从而导致个体行为的改变，降低知识共享的积极性。

(2) 信任。信任的定义为个体基于同事会执行某项对自己重要事情的期望，而对对方不加监控就轻易接受对象行为的意愿。信任意味着风险的承担。调查发现，在众多推行知识管理的公司中，信任、合作、支持的文化有助于知识共享。当双方信任关系持续增长时，信息流量也会持续增加，对信息部门和其他直线部门的知识共享进行研究后，发现信任是知识共享的一个重要的影响因素；当人们通过社会互动不断沟通时，彼此间会产生吸引力，而这种吸引力将带来问题的解法、工作流等信息的共享，进而促成知识共享信任，其是知识市场运作、促进知识共享的因

---

① 徐瑞平，陈莹. 企业知识共享效果综合评估指标体系的建立[J]. 情报杂志，2005(10)：2-5.

素之一。

(3) 团队效能。团队效能的定义为对团队作为一个整体达成预定目标能力的看法。团队效能对团队成员的知识共享行为有很强的影响,该结论与个体层面的自我效能对决策的影响一致。一个低自我效能者或许会由于担心别人觉得自己能力不足而不愿共享知识,同样一个团队效能很低的成员也会因为觉得这样做不会有什么结果而放弃知识共享。过去的研究发现团队效能有助于提高团队凝聚力、团队成员的满意度及团队绩效,团队效能对知识共享产生正面影响的结果也进一步完善了以往的研究。跟自我效能一样,效能与绩效相互影响,知识共享会影响团队绩效。因此,知识共享与团队效能间可能存有互为因果的关系,也就是说,团队内的知识共享反过来有助于提升团队效能,因为团队成员相信通过大家共享任务相关的知识能够高绩效地达成目标。

(4) 组织结构。传统的金字塔型组织层级过多,缺乏适应性和灵活性,员工的工作被安排在狭窄的范围里,内部沟通尚存在难以逾越的层级鸿沟,不利于面对面的交流,何谈知识的共享。传统的金字塔式的组织结构管理刚性强,等级特点突出。知识共享客观上要求政府组织建立扁平的网络组织结构,实现部门与职能的有机结合。这一转变与当代信息传递方式由阶梯型向水平型过渡相适应。扁平结构管理跨度减小,管理幅度增宽,使下层员工与上层决策者之间的交流与沟通变得容易,上级对下级的控制相对宽松,有利于发挥员工的主创精神,提高知识共享程度。

(5) 领导行为。领导行为分为授权式和命令式两种。命令式领导行为的操作化定义是指领导规定了个体如何工作以及工作的结果，要求下属遵从规则、程序，不鼓励员工偏离指定岗位职责的行为。命令式领导行为跟知识共享不相关。一个可能的原因就是虽然这类领导不太接受部属的意见，但是也不会干涉团队成员间的知识共享行为；再者就是这类领导实际上也在鼓励成员间共享知识。授权式领导行为的定义是指领导鼓励下属的自主行为和方案，设置自我目标，视工作中的困难为学习的机会，在成员间鼓励团队合作、协作行为。授权式领导行为作为知识共享的一个重要的影响因素，带来的直接利益可能就是员工的自主权给团队成员解决问题增加了共享知识的机会及可能性，而成员间的知识共享有利于团队中专业知识的融合并激发新思想的产生。所以，授权式的领导行为能更好地利用团队内的知识，具体包括榜样示范、充当教练、发布公告，并对知识共享表示极大的关注。

（四）用户服务

在图书馆知识共享体系中，用户是必不可少的一个要素，是图书馆知识共享的主要目标对象。从过程来看，其位于图书馆知识共享的末端。在图书馆知识共享效率和效果的评价中，用户是一个重要的指标。知识共享在相当程度上受制于用户的自愿自觉以及其吸收利用知识的能力、素质。用户服务所包含的指标如下。

1. 基本服务，包括开馆时长、开架率。

2. 知识咨询服务，包括定题、查新、馆际互借和文献传递。

3. 信息素养教育，包括讲座次数、课程课时、新生入馆教育、信息素养教育。

表 9-4　图书馆知识共享有效性评估指标

一级指标	二级指标	三级指标
计算机网络基础设备	硬件	服务器、工作站、供读者使用终端数量、网络宽带、存储容量、智能化管理
	系统软件	服务器操作系统、网络管理系统、数据库管理系统
	应用软件	集成管理系统、网站建设与服务、数字图书馆应用
知识资源	馆藏建设	馆藏数量、文献资源编目、数字资源建设、文献资源整合
	图书馆馆员知识共享意愿	内在报酬预期、外在报酬预期、利他主义、团队目标承诺、自我效能
	图书馆馆员专业素养	学历结构、学科结构、职称结构
组织文化	规章制度	业务制度、服务制度、管理制度
	文化环境	公平、信任、团队效能、组织结构、领导行为
用户服务	基本服务	开馆时长、开架率
	知识咨询服务	定题、查新、馆际互借和文献传递
	信息素养教育	讲座次数、课程课时、新生入馆教育、信息素养教育

第三节　新媒体环境下知识共享有效性评估补充

新媒体环境下用户知识需求更加个性化，用户可以不受时间、地点等时空限制，随时将自身的知识需求发送给图书馆服务团队，这就要求图书馆能够快速地解决用户问题，实现实时在线互动交流。用户对于图书馆的服务方式和内容都提出了更高的要求。新媒体环境下，图书馆不仅可以传播和共享自己组织的知识，也可以借助转发、分享功能，分享互联网、其他新媒体平台上的知识，扩展了能够分享知识的量。另外，新媒体环境下图书馆可以借助超文本进行信息组织，能够将知识以文字、图片、视频、音频等多种形式表达和共享，提高了知识的丰富度和多样化。基于以上新媒体环境下知识活动的新变化，对知识共享评估指标的考量也随之产生变化，以更好地适应新媒体环境，促进新媒体环境下图书馆知识共享行为的有效发展。首先，图书馆应该围绕新媒体环境增加评估指标，在计算机网络基础的“硬件”二级指标下，添加对“无线宽带”的三级指标，以评估图书馆是否能够保障知识共享行为能“即时”“随时随地”地进行。其次，图书馆应该围绕新媒体服务增加评估指标，考察图书馆是否开通微信平台、微博等第三方平台账号，是否利用微信、微博等平台进行知识共享活动。最后，图书馆还应该围绕新媒体发布内容的使用情况增加评估指标，对其在微信、微博等平台发布的文章的阅读量、点赞量、转载量等进行统计评估。

图书馆知识共享评估指标是知识共享行为的重要组成部分，也是检验图书馆知识共享成效的手段。本书的研究目前只是将知识共享评估指标粗浅建构，后续将会对指标权重、具体计算方式等进行进一步研究。

第十章　新媒体环境下图书馆知识共享案例

现存的图书馆类型划分方法，是各个国家依据各自图书馆的历史发展轨迹，并结合本国的社会政治体制、文化传统而形成的。1974 年，国际标准化组织颁布了“国际图书馆统计标准”，其中“图书馆的分类”一章将图书馆分为：国家图书馆、高等院校图书馆、其他主要的非专门图书馆、学校图书馆、专门图书馆和公共图书馆六大类型。①实际上，该分类主要是以行业领域为标准对图书馆进行分类的。在我国，以行业领域为标准，通常将图书馆划分为国家图书馆、公共图书馆、高校图书馆、科学专业图书馆（科研图书馆）、军事图书馆、儿童图书馆等。其中，公共图书馆、高校图书馆和科学专业图书馆是我国图书馆事业的三大支柱，也是三种主要的图书馆类型。不难发现主要类型的图书馆或多或少都会借助新媒体开展知识共享活动。我们在第二章中提到，知识管理领域中，通常将知识分为显性知识和隐性知识。这一分类的依据是知识表达时的可呈现度和表达的难易程度。显性知识是指可以用文字、数字、图表或其他形式表达的可形容的知识，如图书中的、网络中的、数据

① 吴慰慈.图书馆学概论[M].北京：国家图书馆出版社，2008.

中的知识。而隐性知识则为难以用文字、数字、图表等表达出来的知识，其是内在的知识，如人的观念、感觉、经验、实践、价值、信仰等。我们认为，新媒体环境下，图书馆的显性知识共享主要以利用新媒体技术环境推送馆藏资源的形式呈现，而隐性知识共享的方式则更为复杂。隐性知识能够创造出巨大的价值，对于隐性知识的挖掘、研究和共享是每个图书馆的重要工作内容。

第一节 显性知识共享案例

以资源推送为主的显性知识共享，是指知识生产者主动提供知识，进行知识分享。这一模式强调知识生产者的主动性，不需要或者说较少地需要针对知识消费者的需求，可实现知识的广泛式和散发式的分享和传播。该模式具有成本低、广泛实现知识的传递和分享、能够实现知识的长久存储和管理等特点。在这一模式中，一个知识生产者可以对应多个知识消费者，是一对多的知识共享模式；知识消费者也能转换为知识生产者，实现知识的二次转发和分享，从而扩大知识共享的范围。知识主体在不同的时期可以充当不同的角色，知识共享主体的角色决定着知识共享的运行。

新媒体环境下图书馆开展的资源推送式知识共享，是指图书馆主动借助新媒体平台分享知识。图书馆馆员主动参与知识分享，将相关的知识或者经验技巧分享于新媒体平台上。用户通过新媒体平台获取知识，吸收知识，个人决定是否二次分享或转发。

一、新媒体为媒介的显性知识共享主要形式

（一）微书展

书展，顾名思义，就是图书展览，其是图书馆的传统服务内容之一。图书馆开展主题书展服务，不仅是为了展示馆藏资源和提高借阅量，更具有推广阅读和传递思想文化的作用。随着数字出版的快速发展、移动互联网等新媒体技术的深度应用、读者阅读行为的变化，书展服务已不再局限于在图书馆的物理场馆内，其在展示方式、展示内容、展示手段等方面不断发生变化。作为一种连接书与人、行业与读者的新范式，“微书展”应运而生。所谓“微”，主要指主题、选品的“微缩”和“精简”，放大严选、优选的价值，力求“小而美”“小而专”“小而特”。其在纸上激扬文字的同时，还在微博、微信、抖音、B 站等新媒体平台上以音频、视频呈现，力求目标精准、推送精细。

查阅各类图书馆的官网、官微及其他多媒体平台账号，不难发现“微书展”的身影。例如，华东师范大学图书馆以微信公众号为平台推出“特色书展”，以“微书展”“视频荐书”“主题书展”“最潮书展”“音频荐书”五大板块，用图文和声音全方位展示馆藏资源。该馆特色书展涵盖文学、历史、传统文化、天文、地理、艺术、美食，等等，内容包罗万象，紧跟当下热点，既有馆长、馆员策展，也有学院、教师和学生个人策展，兼顾趣味性与学术性。北京师范大学图书馆于 2014 年起通过公众微信平台陆续推出系列“微书展”，每周发布两个主题，每期推出一种或几种图书。其中，“京师书韵 · 新书推荐”系列，是从到馆新书中挑选出学术价值较高的图书，推送书

影、图书简介、馆藏情况以及延伸阅读推荐等内容;“京师书韵·学科经典”系列,精选展出使用量较多、有较高学术价值或保存价值、与学校发展或学科发展有关联“故事”的经典图书,如教育学经典《爱弥儿》等;“京师书韵·木铎玉振”系列,主要推出学校教师近年出版的专著,旨在促进教师学术影响力的提升,展出如《中国教育大系》(顾明远)等本校教师专著;“京师书韵·古籍珍品”系列,以展示和宣传该馆珍贵古籍与特色馆藏为主,如清雍正泥活字印本《精订纲鉴廿一史通俗衍义》等古籍珍品。该馆“京师书韵”系列微书展不仅在微信平台上提供图书的微内容,同时提供相应馆藏纸本书的馆藏位置及索书号信息,并提供相关馆藏电子书的全文链接。[①]浙江图书馆于 2019 年 12 月底开通了“浙江图书馆——大咖来了”抖音号,在最早“大咖有话说”和“有话说大咖”的基础上,后续又加入“嘿!看书不”这一板块,主要做经典图书推介或分享有趣的知识点。

(二)新媒体平台学术资源

GWI(专注于研究网上消费者行为的市场研究公司 Global Web Index)发布的 2021 年社交媒体趋势报告显示,在全球范围内,网民平均每天在社交网络和即时通讯应用上花费 2 小时 25 分钟。第 45 次《中国互联网络发展状况统计报告》数据显示,截至 2021 年 6 月,我国网民规模达 10.11 亿,较 2020 年 12 月增长 2 175 万,互联网普及率达 71.6%。截至 2021 年 6 月,我国手机网民规模

① 李婧,孙媛媛.高校图书馆主题书展服务实践案例与启示[J].图书馆学研究,2016(12):76-79.

达 10.07 亿，较 2020 年 12 月增长 2 092 万，网民使用手机上网的比例为 99.6%。[①]2021 年 7 月，巴黎分析公司 Semiocast 发布分析报告显示，截至 2012 年 7 月 1 日，Twitter 的用户总数为 5.17 亿人，其中 1.418 亿人是美国用户，约相当于 Facebook 用户总数的一半，是美国用户人数第二多的社交网站。另外，Twitter 大多数的用户都来自美国以外市场，排名前三的来源城市分别是印度尼西亚首都雅加达、东京和伦敦。即便是在未开通业务的中国大陆市场，该公司预计也拥有约 1 000 万活跃用户。互联网和社交媒体的迅猛发展，让信息和知识的传播速度达到了前所未有的水平。随着信息环境的变化、社交媒体的广泛应用，学术信息的类型和获取利用方式也产生了变化。有研究调查了 95 个国家 3 500 名科学家使用社交媒体的情况，发现近一半受访者每天至少访问一次学术社交媒体。[②]微博、微信公众号、客户端 App、Twitter、Facebook 等多元的新媒体工具已渗入科研领域，为学术信息的传播、扩散、共享和知识服务开辟了新渠道、新途径，学术新媒体应运而生。学术新媒体支持用户之间的知识社交行为和社会化阅读行为，为科研发展及学术共同体的建构、协作、会话与知识交流提供了契机和承载场景。[③]在新媒体环境下，许多图书馆注重学术资源整合，为科研用

---

① 中国互联网络信息中心.第 48 次《中国互联网络发展状况统计报告》[R/OL].[2022-02-15]. http://www.cnnic.net.cn/hlwfzyj/hlwxzbg/hlwtjbg/202109/P020210915523670981527.pdf.

② Megwalu A. Academicsocial networking: A case study on users' information behavior [J]. Advances in Librarianship, 2015(39): 185-214.

③ 谷学强，张子铎.移动阅读时代学术类公众号的内容生产与运营策略——基于五家学术公众号的内容分析[J].出版科学，2020，28(2):88-96.

户提供了极大的便利。

图书馆整合转载学术资源，是指图书馆在新媒体平台原文转载学术资源，供读者根据需求浏览、查找信息。例如，北京师范大学图书馆在其微信公众号链接了校内刊物《世界教育动态》，凸显了放眼全球教育的宽广视野。“新冠”肺炎疫情暴发后，澳门大学图书馆整合疫情相关研究资讯，在“主题导览”栏目添加了“新型冠状病毒”主题；“出版物”模块链接了新冠病毒相关研究论文；“政府及组织资源”模块链接各国官方机构发布的疫情公告、数据库等；“高校/图书馆”模块链接了全球知名高校/图书馆开辟的疫情专栏，为了解疫情研究最新动态提供了便利。

图书馆将社交媒体信息列入信息源。伴随着社交媒体的广泛使用，越来越多的科研人员将学术成果或是最新研究进展发布到社交媒体平台，以期第一时间引起关注，社交媒体平台上的学术信息，已然成为重要的信息源。朱涵、郭劲赤通过调研发现，多所澳大利亚高校图书馆已将社交媒体平台信息列入信息源进行介绍。[①]例如，迪肯大学图书馆在其网站“图书馆学习——查找信息”栏目下设置“社交媒体”专栏；维多利亚大学在“评估信息”在线指南中设置社交媒体专栏，指出社交媒体是一个目前被广泛使用的信息源，但其可靠性还需仔细甄别；詹姆斯库克大学在介绍适用于学习和研究的App时，特别提到了社交媒体，并提供其客户端下载和说明；悉尼大学图书馆网站上提供的有关如何在大学使用Twitter的

① 朱涵，郭劲赤.移动环境下的澳洲高校图书馆信息素养教育探究[J].情报探索，2022(5)：94-99.

PDF 文档中，列举了 Twitter 上超过 700 个较受欢迎的学者账号，以供用户去关注并跟踪自己感兴趣的学术内容。可见，社交媒体本身所具备的移动性、即时性、互动性、身份不受限性等特点，为移动环境下的学术信息获取提供了可能和便利。

图书馆还将如何利用社交媒体发表学术成果列入信息源。上述调研同时发现，大部分澳大利亚高校图书馆都以指南形式，对如何在社交媒体上发表成果进行详细说明，内容覆盖从创建 Facebook、Twitter 等社交媒体账号到社交媒体内容发布技巧。值得一提的是，悉尼科技大学图书馆为科研人员开设课程“Twitter 应用于科研”、西澳大学图书馆为科研人员开设“研究人员如何使用社交媒体”课程。两者都旨在帮助科研人员在社交媒体平台上合理有效地发布学术成果，使得他们能够被全世界的同行关注并与其相关联。

（三）微信公众号专栏

微信公众平台作为一种典型的一对多的媒体性行为活动平台，分为服务号、订阅号和企业号三种。2012 年 8 月，腾讯公司基于“即时通信”的核心功能，推出了微信公众平台这一功能模块，凭借其小众性、高效性、便捷性、互动性、即时性等特点迅速吸引了大批用户。近年来，随着智能手机等移动终端技术的不断发展，根植并仰赖智能手机的应用程序——微信已逐步取代 QQ、微博，成长成为中国移动互联网时代最主要的社交平台。微信服务平台作为一个开放的平台，任何机构或者个人都可以申请注册并拥有相应的服务账号。当用户关注微信公众平台后，知识生产者可以将整理好的结构化知识，通过微信公众平台推送和发布。

图书馆推出微信公众号服务，在一定程度上建构了图书馆、用户、受众之间沟通的桥梁。一方面，图书馆通过微信公众号发布信息，开展宣传，与用户互动；另一方面，用户通过关注微信公众号，了解图书馆动态，完成阅读、点赞、评论、转发等行为，满足自身获取与分享知识的诉求。目前图书馆微信公众平台上已经实现了图书馆最新信息推送，比如学术讲座、新书等推荐；图书馆业务办理，包括图书馆馆员为用户提供咨询服务；图书馆结合微信的拓展功能，加入各种支持数据库，等等。未来，图书馆还可以通过增加更多的第三方消息接口进行服务，开拓更多服务项目。

图书馆在利用微信公众号开展服务过程中，设置与策划专栏是常用的一种方法。以图片、视频、语音、超链接等多种表现形式搭建的专栏，在形式上具有多样性，在内容上具有全面性，易于凸显自身的资源优势，加强受众对于图书馆特色的感受与认知。以华东师范大学图书馆为例，为了纪念、传承和发扬大师们的学术精神，图书馆申报了 2019—2021 年度华东师范大学文化建设项目，启动“华东师范大学名师库”建设，并于 2021 年华东师范大学七十周年校庆来临之际正式上线，全方位展示大师的生平、著述、影像、手迹等各方面资料，同时汇聚史料功能、检索功能，为研究大师及其学术思想等提供宝贵资料。项目团队深度挖掘大量珍贵的一手资源，并利用数字人文技术，对大师的生平大事、人物社会关系、行迹地点进行可视化呈现，为读者打造了一座精神和文化知识的宝库。手稿、书信、图片、影像等资源如果不加以妥善保管，相关知识很可能会随着时间的推移而流失。图书馆作为知识生产者和传递者，通过挖掘和整理，将其以数字化形式加以展现，具有重大的价值和意义。

(四) 通知、公告等消息推送服务

发布通知、公告是显性知识推送的另一主要形式。目前,除了图书馆官方网站,国内图书馆发送通知使用较多的平台包括微信、微博等,国外图书馆使用较多的有 Facebook、Twitter、Blog 等。

以中国国家图书馆艺术中心为例,该中心于 2015 年注册微信公众号,主要通过该公众号推送各类教育通知及活动通知,具体包括如下。第一,发布其配合国家图书馆举办的公益活动预告,包括活动主讲人背景、主讲内容等。第二,商业活动预告,如开票优惠、院团演员信息。第三,对已开展的活动进行图文总结等精彩回顾,如分享观众的观演感受,传播对剧目的好评信息,引导潜在观众对演出产生兴趣。第四,培训活动预告,如告知培训时间、地点、科目、会员兑奖/福利信息等的预告信息。从已公开的数据中可以看到,艺术中心微信公众平台推送的内容与国家图书馆艺术中心主办的活动密切相关,例如 2020 年,其宣布即将举办的商业活动数量最多(901 个),占 80%;其次则是公益活动(86 个),占 8%;再次为培训活动(81 个),占 7%。此外还有会员活动(32 个),占 3%;精彩回顾(23 个),占 2%。艺术中心广泛地使用微信来发布活动信息并分析已完成的活动。①

显性知识共享必须以用户需求为导向开展,脱离用户需求的知识共享无法实现使知识接受者真正受益的目的。新媒体环境为

① 蔡旭彦.微信公众号内容与读者参与的关系——以国图艺术中心为例[J].传媒坛,2021, 4(24):29-31.

图书馆精准把握用户需求，细分服务对象，了解用户心理预期提供了便利。图书馆不仅要了解自身的规模、特点、信息服务产品，还要贴近读者，全面立体地了解读者的需求，如关注用户论坛、用户反馈，主动发现有价值的知识需求，并与潜在用户定期交流。在深入调查研究的基础上，明确用户群体的目标需求，制定符合现实需要的知识共享策略。图书馆可设置专门团队分析用户行为习惯和用户需求特点，指导知识共享活动以用户需求为出发点和归宿，有针对性地开展显性知识共享，设计出最优化的知识传播路径。

二、以新媒体为媒介的显性知识共享特点

（一）知识

在资源推送式知识共享模式中，知识具有准确、专业、权威、可信的特点。首先，图书馆官方发布相关的培训信息、通知公告，例如科睿唯安的线上大讲堂、“ProQuest 网络课堂”、如何高效使用 SAGE 期刊资源，等等。这些线上线下的讲座、培训往往由专门负责数据库、学术资源用户培训和推广的专业人员制作，内容具有准确性和专业性。其次，图书馆通过新媒体平台推送的学术资源，往往是由掌握相关知识的专业人士发布，具有较高的权威性和可信度。最后，图书馆公众号专栏发布的知识，如华东师范大学图书馆的“礼赞大师”专栏，是经过图书馆专门团队学习、求证、打磨所形成的，是馆员结合自身的知识结构进行知识整合加工的产物，其知识具有较高的可信度。

（二）知识共享主体

在资源推送式知识共享模式中，知识共享主体的功能和角色

具有不断转换的特点。知识生产者在多媒体平台上主动发布聚焦了馆藏资源、学术资源、学术新闻事件、科学发现、热点趋势、论文推送、写作指导、学术视频等内容的知识信息。用户作为知识消费者，可以从新媒体平台获取信息，吸收知识，也可以根据自身的理解形成新知识，融合自身的知识，继而在知识转化的基础上，再实现知识的二次转发和分享。用户角色由知识消费者转换为知识生产者和知识传递者。

（三）知识共享环境

新媒体平台提供了良好的知识共享环境和平台。首先，图书馆推送的往往是经过学习和归纳所形成的具有浓缩和片段性的知识，或者是较为全面和丰富、体量较大的知识资源。这种知识加工，甚至创新，具有一定的复杂性，往往需要馆员之间通力合作，甚至需要向第三方或多方进行求证和确认。团队成员之间的分工协作可以营造积极的知识共享文化氛围，良好的知识共享环境有助于知识共享活动的开展。其次，新媒体平台为知识消费者提供了便利的反馈渠道和讨论平台，从而拉近了知识生产者和知识消费者之间的距离，增进了彼此的信任度，增加了知识二次分享和传播的可能性。

（四）知识共享技术

资源推送式知识共享模式具有共享内容多样化、共享技术和途径多元化的特点。通过新媒体平台开展的知识推送，要求图书馆馆员掌握多种知识共享技术，包括新媒体技术、多媒体技术、网络技术、信息检索、文本编辑等。在多元技术的支撑下，知识消费者可以通过各种智能设备随时随地查看、接受、反馈和发布知识，比如在评论留言区给予反馈，通过转发分享到个人微博、微信、QQ

等社交账号。此外，微信公众平台的服务号上，图书馆学科服务团队还可以二次开发各种功能。用户可以使用下端的功能菜单快速实现信息检索功能，实现即时搜索功能，可以达到传统搜索引擎所不能达到的时效性，避免用户错过学科服务团队发布的知识。比如，点击“讲座培训”，屏幕上就会显示历史上发布的有关讲座培训的通知消息。①

第二节 隐性知识共享案例

1958年，英国物理化学家和哲学家波兰尼(Michael Polanyi)在其著作《个人知识》中首次提出了隐性知识(Tacit Knowledge)的概念：在一个人所知道、所意识到的东西与他所表达的东西之间存在着隐含的未编码的知识。②相比显性知识，隐性知识与隐藏知识既难获得又难理解和交流。它是蕴含于个人身上的主观的洞察力、直觉、技巧、能力、经验教训以及个人价值观等，是一种不易表达、极为个人化因而也难以沟通共享的知识。

新媒体环境下，图书馆已成为实现知识交流、传播、共享的重要媒介，成为实现知识创新的组织机构之一。随着新媒体技术在图书馆界的广泛应用，知识的供应方、接受方与知识间的关系，不再采用简单的单一渠道及模式，即最常见的显性知识分享和传播方式，而必将形成新的开放式动态系统和多主体流通模式，从而减

① 李昆.新媒体环境下图书馆学科服务团队知识共享研究[D].长春：吉林大学，2016.

② 郁振华.波兰尼的默会知识论[J].自然辩证法研究，2001(8).

少了隐性知识共享的障碍和壁垒。新媒体平台，不仅为隐性知识内部共享，即图书馆馆员工之间相互交流隐性知识带来了便利，更为隐性知识外部共享提供了强大的技术支持。新媒体环境下，隐性知识共享的模式主要有如下几种。

一、以满足用户需求为导向的知识共享

以满足用户需求为导向的知识共享模式，是指知识生产者根据知识消费者的具体需求开展的具有一定针对性的知识共享活动，往往表现为解决和满足知识消费者个性化的知识需求。这一模式起始于来自知识消费者的刺激，最终实现知识生产者和知识消费者之间一对一的知识分享和转移，实现精准式的知识传播和分享。以满足用户需求为导向的知识共享既可以实时完成，也可以有一定的延迟性，具体取决于知识需求的复杂性和知识生产者的响应速度。

在“读者至上”“以人为本”服务理念盛行的今天，各类图书馆都将满足读者需求作为重中之重。例如，在图书馆网站详细列举图书馆部门和相关馆员联系方式，在图书馆主页设置满意度调查问卷，在直播平台开通实时评论功能，收集用户针对活动提出的建议和意见等。通过这些常态化的对话机制，不断完善图书馆的各项服务。以满足用户需求为导向的知识共享模式可以简单描述为：知识消费者提出知识需求—图书馆收到需求—合适的馆员或团队满足该需求。知识消费者在接受知识后，依据自己的认识和判断，做出个人思考，继而在知识内化和创新的基础上，也可以借助新媒体平台实现知识的二次转发和分享。

新媒体环境下，以用户需求为导向的知识共享平台很多，比如国

内图书馆常用的微信、微博、QQ、邮箱、BBS论坛、社交网络，国外图书馆常用的 Facebook、Twitter、Blog、Instagram、YouTobe、SMS、邮箱，等等。例如，哈佛大学图书馆主页上的“联系我们”菜单中，列举了在线沟通（仅限哈佛师生）、邮件咨询和当面咨询（需预约）三种方式。耶鲁大学图书馆公开的联系方式包括电话咨询、短信咨询、邮件咨询和在线沟通（接受外部人员咨询）。再比如，上海图书馆的用户可以就一些基础业务问题向智能机器人“图小二”进行在线咨询。浙江图书馆同样提供在线机器人咨询服务和留言咨询服务。除了即时和延迟回复用户咨询，图书馆往往会收集整理出常见问题清单，在减少重复咨询的同时，方便用户自行检索、查找和浏览，从而帮助用户满足自身的知识需求。例如，耶鲁大学图书馆主页上的“常见问题”专栏大致按邮递服务、新手问题、图书馆规章制度、远程访问、电子书、文献检索等标签进行分类，同时也是一个开放的“问题库”，基于读者最新反馈的代表性问题不断扩展，从而大大提升了知识共享效率，优化了知识共享流程。

知识消费者可以选择以私密或公开方式提出知识需求，前者包括邮件、私信等，后者包括社交媒体评论和留言。以微博为例，作为一种微博客形式，它允许任何人阅读或者由用户限定的群组阅读，阅读后可以进行评论留言，也可以单独在微博留言，发私信进行交流。再比如BBS一类的平台也允许其他用户浏览和了解他人提出的知识需求。后者的知识传播面远大于前者。

在这一知识共享模式中，知识生产者可以选择即时交流，也可以选择延迟回复。可以即时交流的往往是相对简单、易于解决的知识需求，例如借阅规则、图书馆设施使用中遇到的问题等。对于相对复杂的知识需求，知识生产者通常会组织相关人员在需求分析的基础上，把知识组织成文本、视频、链接等形式发送给知识消费者倾向使用的新媒体应用。对于更为复杂的知识请求，还可能在跟用户书面沟通或口头交流后进行修改、完善，直至满足用户的知识需求，完成知识共享服务任务。对于一些典型问题，有可能加入常见问题列表，从而实现更大范围的知识共享。

新媒体环境下，以满足用户需求为导向的知识共享模式具有以下特点。

（一）知识

在以用户需求为导向的知识共享模式中，知识消费者提出的知识需求通常是个人知识盲区，具有个性化特点。其预期往往是知识生产者能够即时或以较快的速度给出针对性答复，这就决定了知识生产者会选择用较为精简的语言给出快速响应。其很可能是一些碎片化的短小文字，有时甚至以图片、链接等方式回复，需要用户进一步解读和归纳自己所需要的知识。此外，微博、微信等平台的回复模式满足用户知识需求的程度还受到其他因素的影响，如知识消费者是否准确表达了自己的知识需求，知识生产者的能力是否足够应对用户的知识需求等。

（二）知识共享主体

通过分析我们不难发现，在以满足用户为导向的知识共享活动中，占据主动地位的是知识消费者。知识消费者以新媒体为媒介提出知识需求，从而启动知识共享过程。受知识需求的驱动，知识生产者根据已有知识或者进行知识整合、加工后，回复和解答用户的咨询。知识消费者的主动性还体现在可以通过其他途径获得知识，例如咨询同伴、查阅常见问题清单等，从而提前结束知识共享过程。在这一模式中，知识生产者是较为被动的一方。与主动发起知识共享相比较，以满足用户为导向的模式对知识生产者提出了更高的要求。尤其是负责即时回复的知识生产者，需要对图书馆业务有相当的了解和掌握。

（三）知识共享环境

新媒体平台为知识生产者和知识消费者搭建了多元而便捷的交流平台，为打造良好的知识环境提供了前提和基础。从知识生产者的角度看，首先要鼓励用户充分利用新媒体平台表达自己的知识需求，其次是要尽可能保证响应速度和回复质量，凭借良好的沟通技巧和过硬的专业知识刺激更多的知识需求。从知识消费者的角度看，首先要准确表达自己的知识需求，并且对延迟回复给予足够的耐心和理解。这一模式有赖于知识生产者和知识消费者共同营造良好的知识共享氛围。

（四）知识共享技术

在以用户需求为导向的知识共享模式中，知识生产者有时只是提供了用户所需知识的获取方式，例如发送网址、超链接，提供数据库名称，或是提供对口知识生产者的联系方式。在这种情况下，知识消费者需要利用新媒体平台的交互功能进一步查找和获取知识。新媒体技术极大地缩减了知识需求得到满足的时间，提升了知识传播的效率和质量。

二、学习共同体交互式知识共享

学习共同体（Learning Community）是由学习者和助学者（教

师、专家等)共同构成的学习团体,成员间在共同完成学习任务的过程中彼此沟通交流,分享学习资源①,是以共同体概念为基础,以信息技术和学习理论革新为动力而不断发展完善的实践模式②。移动学习共同体(Mobile Learning Community)是在移动网络环境下,"学习共同体"的衍生概念,指学习者和助学者为了完成共同学习任务,通过移动终端进行学习活动而形成的学习团体。③得益于移动设备"一直在线"的特性,移动学习共同体更加具备开放性和时空拓展性等优势。而移动互联网平台,如微博、微信等,可以更加便捷地组成移动学习共同体,快速获取所需信息并即时交流学术成果,实现共同体成员的共同成长和进步。④例如,迪肯大学在 Facebook 平台上建立 DeakinSync Communities 学习社群⑤;悉尼大学图书馆网站上提供的有关如何在大学使用 Twitter 的 PDF 文档中⑥,也提到了 Twitter 应用于教学,可以为每一个课程设立一个单独的账号,并确保学生关注这个账号,将教学相关内容以推文

---

① 王湘玲,王律,尹慧.基于社交 APP 的翻译移动学习共同体模式构建与实验研究[J].外语电化教学,2017(4):31-37.

② 纪河,朱燕菲.继承与创新:由共同体走向学习共同体[J].中国远程教育,2019(10):74-79.

③ Danaher A P. et al. Mobile Learning Communities[M]. New York: Routledge, 2009: 11.

④ 朱涵,郭劲赤.美国《高等教育信息素养框架工具包》对移动信息素养教育的启示[J].图书馆学研究,2020(16):2-8.

⑤ DEAKIN University. Your publishing plan. [EB/OL]. [2021-04-08]. http://deakin.libguides.com/c.php?g=558289&p=3912334.

⑥ Amy, Mollett, Danielle, Moran, Patrick, Dunleavy. Using Twitter in university research, teaching and impact activities: A guide for academics and researchers. [EB/OL]. (2011-09)[2022-03-16]. http://blogs.lse.ac.uk/impactofsocialsciences/files/2011/11/Published-Twitter_Guide_Sept_2011.pdf.

的形式推送给学生，供学生随时讨论与教师互动。学习共同体的规模可大可小，大到以某一专业或某几个相关专业为背景，小到因某一具体研究课题、某一具体活动而创建。学习共同体采取交互式的知识共享模式，即知识生产者与知识消费者借助移动设备或者计算机终端，以新媒体为媒介开展不同个体或群体之间的即时性交流和互动。

案例一

华东师范大学图书馆开展的“丽娃共读”是一项线上线下相结合的综合型阅读活动。共读书目由全校读者投票选出，然后组织100名读者在30天内共读选出的图书，借助微信平台和微信群进行线上阅读体验交流，并完成在线打卡。30天打卡全勤的读者均可获取一份制作成拼图的阅读完成证书，并有机会参加线下的读书沙龙。共读结束后，读者提交阅读心得，并邀请专家评选出一、二、三等奖，获奖读者可参与书香嘉年华闭幕式及共读颁奖典礼。

作为一个规模较小的学习共同体，“丽娃共读”成员间的知识共享在既定话题下展开，即分享对同一本书的阅读感受和思考，因此所有成员有明确的知识共享目的，即作为知识生产者，希望自己共享的知识得到其他知识消费者的接受和认可；作为知识消费者，通过调用自己的知识储备，对他人共享的知识做出判断。在不断交流和讨论的过程中，知识生产者、知识消费者和知识传递者的身份不断切换，从而对既定话题达到较为全面和深刻的认识和理解。

案例二

上海图书情报工作研究交流群是上海市图书情报行业从业人员自发组建的以行业交流为目的的微信群，成员主要包括图书情报类期刊编辑、各级公共图书馆馆员和高校图书馆馆员。在微信群成员达到上限(500 人)后，又开通了其他微信谈论群。该群成员具有一定的活跃度，日常讨论内容可分为以下几类：图书情报(简称“图情”)、图情核心期刊录用情况；图情行业杂志征稿启事、学术研讨会会议通知、培训通知、各类科研项目申报信息；图情行业好书、新书推荐；国际图书馆行业动态等。

作为一个具有相当规模的学习共同体，上海图情工作研究交流群的知识共享模式是一种自发性的知识交流和分享。共享的知识具有一定的随意性和即时性，建立于知识共享主体即时在线互动交流沟通情景中，没有明确的知识需求，也没有明确的知识共享目的。群成员可以随时抛出自己感兴趣的话题或知识需求，其他成员随机性补充和分享自己掌握的知识，发表自己的观点和看法，或者选择忽略自己不感兴趣的知识需求。在这一知识共享模式中，知识流动的方向也是双向的，知识主体的角色在知识生产者、知识消费者、知识传递者之间不断变化。值得一提的是，该模式还有助于其他学习共同体的创建，例如对同一会议、同一研究课题感兴趣的成员可以进一步沟通，从而提高知识共享的速度和效率。

交互式知识共享模式需要即时通信工具的支持，如 SMS、QQ、微信、Facebook 等，用户可选择单独或以群聊方式通过发送文字、图片、音频等方式进行聊天。对方接到信息后，实现在线的即时回复和交流。新媒体环境下即时交互式知识共享模式首先需要通信客户端的支持，因而受客户端功能和易用性的影响。越是用户友好的客户端，就有越多的用户选择作为知识共享的平台。此外，这一知识共享模式还受用户之间关系的影响。用户之间关系强度越强，即时交互的效果越好，越有利于知识的共享和传递。在即时沟通过程中，知识生产者越来越了解知识消费者的知识需求，知识消费者通过思考和提问也能更好地了解知识生产者共享的知识，知识共享在双方的共同讨论和互动交流中得以实现。

值得注意的是，学习共同体需要积极主动的维护和引导，而承担这一角色的往往是"群主"及少数活跃分子。他们在学习共同体中主动为自己争取更多的话语权，鼓励和引导其他成员参与讨论和互动，不断拓展知识共享的范围和深度，不断刺激隐性知识的分享和传播，确保知识共享行为的顺利运行。

新媒体环境下，学习共同体交互式的知识共享模式具有如下特点。

（一）知识

借助微博、微信、QQ、Facebook、Twitter 等新媒体工具的交互式知识共享，由于受交流方式的限制，交流内容大多以句子、图片、链接为主，尽量简洁明了，其知识具有碎片化的特点。针对同一知识需求，不同知识生产者和知识传播者可能从不同角度加以阐述，共享知识具有零散化的特点，很可能需要知识消费者加以整合和归纳。在这一模式中，知识需求的产生很可能是在互动沟通中临时引发的，知识生产者和知识传播者凭借知识储备随机解答，因此共享的知识的内容也具有随机性。另外，有些知识是知识共享主体的隐性知识，譬如个人感受和经验，或提供仅供参考的信息来源，那么知识的可信度和真实性就需要进一步的求证和检验。综上，交互式知识共享模式下的知识具有碎片化、零散化、随机性和可信度有待考证等特点。

（二）知识共享主体

在学习共同体交互式知识共享模式中，知识共享主体具有不确定性的特点，具体表现为主体角色在知识生产者、知识传递者和知识消费者之间不断切换，所有成员可能以三者当中的任一角色随机加入即时知识共享。尽管如此，仍有一小部分成员表现得更为积极和活跃，例如通过提出知识需求引导和推动知识共享进程，鼓励其他用户贡献自己的知识和经验，刺激知识消费者产生更多知识需求等。在交互式共享模式中，知识共享主体的话语权取决于用户的主动性以及分享知识的数量和质量。

（三）知识共享环境

学习共同体由具备共同学习目标的个体构成。这些突破时空、地缘和组织的限制集结而成的群体，在新媒体环境下互相交流、沟通和协作，分享各自的学习资源、经验和成果，并形成一种相互影响和促进的人际关系。通过新媒体平台，用户间可以方便地交流、评价、协作，以及开展共同的学习研究工作。从知识传播受众来看，学习共同体成员往往是黏着性较强的某一类群体，因而新媒体平台聚集的往往是强关系，即熟人圈子或有共同学习目标的成员，他们构成了交互式知识共享传播的基础圈层。在这一知识共享模式下，用户和新媒体平台也更易产生依附关系。建构和维护良好的学习共同体、和谐活跃的知识共享氛围、互信的共享环境，是所有成员共同的责任和使命。尤其是隐性知识的共享，需要知识共享主体之间的相互信任。因此，交互式知识共享模式需要建立于良好的人际、社会和学术网络关系之上。在共享知识的同时，上述关系同时也会得到维护和增强。

（四）知识共享技术

交互式知识共享模式主要利用即时通信型、移动型新媒体。这类新媒体的应用范围广，普及率比较高，流量耗费比较少，能够让知识共享主体可以通过移动端或电脑端，不分时间和地点随时随地地参与到群聊和知识分享活动中。知识共享主体需要掌握即时通信型新媒体的使用技术，充分发挥移动型新媒体在知识创造和分享中的作用。即时通信型新媒体的应用能够增加知识主体参与的积极性和能动性，提高知识共享的效率。

三、借助流媒体技术的知识共享

流媒体（Streaming Media），又称流式媒体，特指支持大规模在线用户使用、以流式传输方式于 Internet 播放的媒体格式。该传输机制下，信息供应商使用视频传送服务器将音频、视频文件以数据包的形式传送至网络，通过解压数据后，音频、视频文件就会像发送前那样显示出来。流媒体的最大特点就是大流量、短延迟。将一连串的媒体数据压缩后，经互联网分段发送，网上即时传输与即时分享，适合在线直播和实时交互通信。①②不同于一般多媒体系统，实时流式传输不需要内存加载完成就可以播放，甚至直播结束后也可以直接拖拽回播，这一特点为创作和传播各种短视频教育资源提供了可能。近年来，人们对视频会议、视频点播、远程教学、公开在线课堂等应用的需求愈加广泛，而大规模流媒体技术是使

① 马春梅.流媒体时代高校图书馆的服务模式[J].新闻战线，2015(8)：54-55.

② 曹树金，刘慧云，王连喜.大数据驱动的图书馆精准服务研究[J].大学图书馆学报，2019(4)：54-60.

这些应用得以迅速发展的关键。

图书馆提供流媒体服务是内、外部因素综合作用的结果。从外在环境看，一方面，网络基础设施、多媒体技术和移动终端设备的发展，使得用户可以在任何时间接受流媒体信息，为音视频网络资源的开发、使用提供了基础和保障；另一方面，互联网时代，读者的阅读习惯已经从单一的纸质阅读发展为包括纸质资料、音视频在内的多种阅读形式。音视频资料越来越受到用户的追捧，使得音视频网络资源的开发具有愈加重要的现实意义及实用价值。从内在环境看，随着图书馆的馆藏发展及读者活动的开展，包括各类随书光盘文件、视频会议资料、语言视听学习资料、网络课程、公开在线课程、讲座视频等在内的馆藏音视频资源飞速增长，使得利用流媒体技术挖掘音视频资源潜在价值，提高馆藏利用率成为图书馆发展的内在要求。①

流媒体技术应用的不断拓展对图书馆服务产生了深远的影响。首先，从馆藏结构来看，图书馆订阅流媒体和视频服务的数量逐渐攀升，流媒体信息作为一种更为直观、有效的数字化信息，成为各图书馆不可或缺的馆藏组成部分。其次，流媒体技术的推广，深刻改变了科研模式，为图书馆参与推动学术活动、科研进程提供了新的契机。最后，流媒体技术为图书馆提供了开展阅读推广活动，进行品牌营销的新视角及新工具。

目前，从输出方式看，流媒体可划分为视频直播和音频直播两种。使用率较高的视频直播大众化平台主要有：腾讯会议/课堂、

① 李丹.图书馆开展流媒体服务研究[J].河北科技图苑，2015，28(5)：74-76.

ZOOM、中国知网教学服务平台、超星、QQ群直播、微信、抖音、Bilibili，此外还有钉钉、微博、一直播等。音频直播平台有喜马拉雅、微信群语音、QQ群语音直播等。国内和国外一些图书馆已将提升读者媒体素养和音视频制作能力等纳入服务范围。例如澳门大学图书馆为读者设置了媒体工作室，主要向读者提供媒体创作设备和工具，此外还设置了创客空间，向读者提供3D打印服务，以此来满足读者知识创造的需要。美国莫纳什大学图书馆、俄勒冈大学图书馆等设置了可视化工作室，提供视频工具和使用方法，方便读者制作高质量的音频和视频。借助流媒体技术的知识共享形式主要有以下几种。

（一）微课、录播课和短视频

案例一

北京师范大学图书馆从2015年开始制作并发布信息素养教育微视频，经过一段时间的打磨和完善，逐步形成了特色鲜明的微课程培训模式。该馆充分考虑微课程特点和不同学科、不同年级用户的个性化需求，选择适合碎片化学习、具有通识性的独立小知识点作为微课程主题，同时参考一些咨询频次较高的问题，提取出五大主题，并进一步细分知识点。这些知识点既相对独立又有内在联系，做到知识碎片化和整体性的统一，从而保证了微课程体系的整体性和系统性。

在微课程宣传推广方面，一方面，利用公开主流视频网站腾讯视频发布，增加开放性和易获取性；另一方面，通过图书馆主页、图书馆内的各种电子屏、微信、微博以及校内BBS等渠道发布，实现了多渠道、全媒体、全覆盖的多元宣传推广模式，保障可达的时空范围和可获取性。由于注重终端用户体验、语言风格活泼、时间成本低(一个微课时长一般在三到五分钟),一经推出就受到用户的支持和喜爱。其在 2015 年 3 月 15 日—2016 年 6 月 28 日期间制作并发布了 53 个微课程,视频总点击量达 22 021 次,微信阅读量 8 000 余次,微博阅读量近 40 万次。①

国内其他高校图书馆在“微课”方面也多有尝试。例如,华东师范大学图书馆的“授渔小讲堂”、上海交通大学图书馆的“思源微课”、武汉大学图书馆的“小布微课”、西安交通大学图书馆的“信息素养微课堂”,等等。

微课(micro lecture)的概念最早源于美国北爱荷华大学的有机化学教授 L. A. McGrew 1993 年提出的 60 秒有机化学课程,以及 1995 年英国纳皮尔大学的 T. P. Kee 教授提议的一分钟演讲。2008 年,美国新墨西哥州圣胡安学院的戴维 · 彭罗斯(David Penrose)对微课程做了系统阐释。他把微课程称为“知识脉冲”(Knowledge Burst),提出在一分钟内进行知识传授,其核心理念就是要求教师把教学内容与教学目标紧密地联系起来,以产生一种“更加聚焦的学习体验”,并认为微型知识脉冲在相应的作业与讨论的支持下能够与传统的长时间授课取得相同的效果。②这一概念 2010 年开始在国内出现,2013 年风行全国教育界。③简而言之,“微课”是能以流媒体形式围绕某个教学环节或知识点开展的简短、完

① 毛芸.基于微课程的高校图书馆信息素养教育探索——以北京师范大学图书馆为例[J].高校图书馆工作,2017(1):68.

② 谢强.微媒体背景下“微课”对于高校图书馆的作用探析[J].中国管理信息化,2015(19):209-210.

③ 孙杰远,温雪.微课的原理与技术[M].北京:中国轻工业出版社,2016.

整的教学活动或知识共享活动，具有短小精悍、见微知著等特点。由于“微课”具有资源容量小、主题突出、成果简化、传播形式多样、反馈及时、针对性强等诸多特点，图书馆在微课开发方面也有诸多探索和尝试。

图书馆“微课”活动的资源可分为原创性资源和非原创性资源。微课视频在具体制作时，可以选择用 PPT 自带的录制视频功能直接把 PPT 转换成视频，或者利用 Camtasia Studio 等应用软件进行录屏以及编辑制作。由于智能手机和相机摄录功能的不断提升，用手机、相机即可完成所需内容的录制。再加上图书馆都有 IT 和新媒体方面的人才储备，这些都为图书馆开发原创性“微课”资源提供了有力支持。非图书馆原创“微课”则是指图书馆根据读者需要，从网络上寻找适合的教育视频，针对性地将知识和信息传递给读者。比如图书馆根据本馆实际，对数据库供应商提供的操作指南视频进行进一步剪辑、加工和分享。总体来看，微课视频的制作花费成本相对较低。

案例二

国图公开课是中国国家图书馆借鉴“慕课”的大规模、开放、在线理念，以传承和弘扬先进文化与中华优秀传统文化为核心，依托国家图书馆的馆藏海量资源，采取线上线下相结合的互动模式，推送多种形态的学习资源，创立的面向社会大众，严肃、通俗、负责的通识教育平台。国图公开课依托国家图书馆丰富的馆藏资源，以服务国家战略、传播中华优秀传统文化、提高公众文化生活品质为主线。一方面，整合多种文献资源，并结合公开课自身的特点进行改造，以互联网的形式重新展现给读者。同时，结合最新热点和读者需求，不断策划知识密度高的课程内容。目前，国图公开课包括百部经典、读书推荐、典籍鉴赏、名著品读、非遗漫谈、走进名城、养生智慧、父母课堂、名人故事、抗战风云等多个模块，涵盖哲学、宗教、社会学、法学、经济学、文化健康体育、信息管理学、语言文字学、文学、艺术学、史学、考古学、科学技术、心理学等众多学科。其推出的在线课程点击量从几百到数万不等，有的热门课程学习次数更是突破几十万，达到上百万。

慕课(Massive Open Online Course，MOOC)即大规模在线开放课程，作为一种新型在线教育模式，自2008年出现以来，迅速风靡全球。2012年，MOOC引发全球性的关注，被称为MOOC元年。Edx(哈佛大学、麻省理工学院联合创办)、Coursera(斯坦福大学、普林斯顿大学和宾夕法尼亚大学等联合创办)和Udacity(斯坦福大学创办)三大课程平台是当今规模最大、最有影响力的MOOC平台。2013年5月，清华大学加入Edx，推出“学堂在线”，开放了27门MOOC课程，同时“引进了哈佛、MIT、加州伯克利、斯坦福等世界一流大学的优秀MOOC课程”。[①]2013年6月，北京大学加入Edx和Coursera，推出了7门课程。随后，上海交通大学、复旦大学也与Coursera签约合作，并在Coursera平台发布课程。至此拉开了中国MOOC的序幕，2013年被称为中国的MOOC元年。

“国图公开课”是国家图书馆联合全国各地图书馆开展的一项创新服务，主要发布并共享适合社会公众在线学习、图书馆自有版

---

① 于爱华.MOOC时代背景下的图书馆服务模式创新研究[J].图书馆学研究，2014(21)：81-85.

权的讲座类视频资源。“国图公开课”在MOOC基础上特别加强知识关联，提升用户体验，打造全民阅读平台，倡导“互联网+”时代线上与线下、视频与文字多种形态并存的便捷阅读形式。立足于图书馆的特点，将国家图书馆现有的各类资源进行深度挖掘，以文字、图片和音视频的形式插入与课程有关的背景知识，实现与馆藏图书、期刊、报纸、音像制品等资源的链接，从而形成既相互关联又保持独立的知识网络。此外，还整合了各级公共图书馆的优秀讲座资源，在“国图公开课”平台上进行展示，读者可随时进行文献阅读与学习，与课程本身融会贯通。“国图公开课”同时实现了主流移动终端的应用，方便读者随时、随地、随身访问。

案例三

深圳图书馆积极融入全媒体服务大潮，推进新媒体与传统媒体相融合，借助新媒体的优势和新技术的发展，不断拓宽服务渠道，扩大服务覆盖面，通过微信公众号、小程序、视频号、微博、抖音、B站等平台融合发展，开展全方位、多层次的图书馆服务。2021年，深圳图书馆依托全媒体工作室推出“我是朗读者”25期、“深图品书”8期、“揭秘图书馆”8期，由馆员自主创作、策划和拍摄，以读者参与经典诗文朗读、馆员及作家推荐经典著作、拍摄全市特色基层图书馆专题片等方式，呈现图书馆高品质全媒体内容服务。全网累计观看人数达6 284万人次，阅读量达57 586万次。

单纯的文字表达由于受表达者及接受者个性、语言环境、文化背景、教育背景等因素影响，使得其在传递过程中交流双方因上述差异或障碍而难以充分沟通，以音视频为代表的流媒体信息比文本信息更直观、更具有吸引力，可直接突破语言障碍，甚至能跨越心理障碍，达到沟通双方的心领神会。①深圳图书馆利用流媒体优势，搭建了以流媒体技术为基础的网络营销中心。该馆鼓励馆员发挥自身专业背景优势，自主创作、策划和拍摄图书馆宣传短片，介绍图书馆功能布局、基础设施、机构设置、经典导读、基层图书馆特色等，上传至网络平台，从而加深了读者对图书馆及馆员的了解，有助于形成读者心目中图书馆特有的品牌效应。

（二）直播

案例

国际社会公认，图书馆是没有围墙的大学，是社会教育的主要阵地。大英图书馆，即英国国家图书馆（The British Library），一直致力于为所有终身学习者提供学习资源，服务对象涵盖学校及教师、家庭及社区、高等教育、成人等。成人教育方面，大英图书馆提供多学科的短期课程，由该馆专家和客座专家现场讲授，有语言课程、硕士课程及单独的学习日课程，包括生活绘画、喜剧写作、书籍装订、创意写作和哥特式文学等内容，学习时长不等，学费不等。

2020 年，“新冠”肺炎疫情持续肆虐全球，大英图书馆不得不暂停部分线下活动，甚至取消了针对成人的短期课程（short courses）。2020 年 9 月，大英图书馆推出在线课程新项目，以弥补常规线下课程受到疫情限制的影响。18 周岁以上，身处任何地域，不论任何社会、经济背景的读者都可在线报名参加，16—17 周岁的读者提供父母签署的书面许可后也可报名参加。大多数课程的目标学习者为“初学者”（beginners），课时从几小时到两周不等，个别

① 王晓红.视频文本化及其技术功能初探[J].新闻爱好者，2013(3)：7-12.

课程为期一月。教师通过云视频会议软件 ZOOM 授课,学员可以看到老师的演示和讲义,听到老师的讲解,在线向教师提问,与同学在虚拟小组讨论室进行交流。在之后的 6 个月期间,共有 1 000 名学员参加了 37 门课程,内容涵盖非洲女性作家、中世纪女性作家、回忆录写作、古英语、绘画和正念、爱好者杂志制作等。2022 年初,该馆的线下课程数量仍少于线上课程,并且线下课程参加人数均有限制。

疫情期间,直播已然成为图书馆开展线上活动的主力所在。美国的哈佛大学图书馆自 2020 年 4 月 16 日起每周举办一场面对公众的直播,耶鲁大学图书馆将每周的在线课程中在线聊天时长由 45 个小时增加至 91 个小时。国际图联、美国图书馆学会等机构也纷纷组织开展线上直播课程,提升图书馆馆员职业素养。

直播技术由来已久,并不是一个新概念,起初多用于游戏玩家使用流媒体直播网站 Twitch 聊天,与“粉丝”互动。①网络直播是利用互联网和流媒体技术,通过视频、图像、音像、文字、弹幕等方式进行的直播。2016 年被称为“中国网络直播元年”,网络直播这种新的传播方式也在图书馆界悄然兴起,一些图书馆开始尝试将网络直播作为线下服务的补充。近年来,网络直播行业引发社会各行业的高度关注,逐渐渗透至电商、教育、体育、微博、游戏、旅游等行业,并从“直播+”发展为“+直播”。图书馆+网络直播的创新服务模式已得到较多图书馆的认可与应用,也为图书馆的转型发

---

① 杨敏,于倩倩.直播技术在图书馆领域的应用及发展[J].新世纪图书馆,2021(3):50-54.

展提供了可行路径。直播具有显而易见的优点，第一，其接近面对面真实交流，具有实时性和互动性；第二，投入成本低，参与门槛低，用户只需要借助手机或电脑，通过宽带、Wi-Fi 等联网即可；第三，很好地解决了地域限制问题，极大地扩展服务人群；第四，很好地解决了时间冲突问题，部分直播平台提供回放功能，因此无法实时参加的用户可以选择后期学习。直播作为新媒体技术的代表，正在成为图书馆未来服务发展方向之一。

（三）会议、在线培训

案例一

2022 年 1 月 19 日，国家图书馆出版社牵头举办了一场名为“图书馆人奇妙夜”的直播活动，该活动分为五大板块：“阅读推广”“图书馆馆员职业”“学校图书馆”“图书馆学教育与研究”“一起向未来”。该活动有以下几大亮点。第一，准备充分。活动主办方在直播前开展了问题征集、专家联络、视频剪辑、脚本撰写、直播现场布置、现场线下宣传等全面的准备工作。第二，主题全面。以上五大板块，层层相扣，既有行业、学科、专业的宏观问题，也有关于图书馆馆员业务、学术的具体问题。第三，邀请业界知名度高、为图书馆事业作出突出贡献的专家和学者在直播期间答疑解惑。

经统计，共有 2 万多名图书馆人通过两个直播平台参加了这场学术盛会，这是新媒体时代图书馆创新的一次勇敢尝试。直播期间，参与人员对价值观念、工作方式、技巧和经验等隐性知识进行了很好的交流和学习。在这些公开讨论和对话中，能够发现个体思维和业务处理方式的差异性，从而引发更多思考，有利于将图书馆打造成富有创造性、竞争力和凝聚力的行业。

案例二

2020 年“新冠”肺炎疫情暴发后，澳门大学图书馆采取了灵活应对的方式，通过与第三方 Clarivate（科睿唯安）、中国知网、Datastream(路孚特)、EBSCO 等数据库供应商合作，开设了一系列信息素养培训的线上课程，方便图书馆用户远程参与。2020 年 3 月下旬开始，澳门大学、澳门科技大学和旅游学院发起联盟电子资源在线培训计划，澳门理工学院、澳门城市大学和圣若瑟大学图书馆等也陆续加入并举办了不同的资源培训。每场在线培训根据会议软件的不同可以容纳 200 至 300 人，会议软件主要以 Zoom 为主，也有使用 WebEx 的，在线培训针对联盟院校的馆员和师生开放，各场有 50 至 200 多人参与，各院校师生可以通过在线互动进行交流，为师生们提供了相互学习和讨论的平台和契机。①在线培训内容不限于联采的资源，还包括那些常用的或各成员馆共有的资源。联盟计划下开展的在线培训深化了各校的联系和交流，进一步促进了学术资源的共享和利用。

2020 年初暴发的“新冠”肺炎疫情给以线下服务为主的公共图书馆带来了巨大的冲击，国内外图书馆都积极调整服务策略，纷纷由线下转为线上，以直播形式开展培训，并办讲座、读书会、学术会议等。疫情对图书馆行业有非常大的影响，国际图书馆协会联合会（International Federation of Library Associations and Institutions, IFLA）向全球图书馆行业发出预警，称未来几年可能会进入低谷。②

---

① 王国强，潘雅茵，许伟达.停课不停学，闭馆不打烊——澳门大学图书馆抗疫纪实[J].高校图书馆工作，2020，40(3)：12-16.

② 刘炜.“后疫情时代”图书馆加速转型的人才需求[J].图书馆建设，2020(6)：8-14.

在此背景下，包括云会议、在线培训的线上服务将成为帮助图书馆走出困境、推动公共文化服务体系转型升级的重要方式。

“微课”、直播课、直播会议等形式的流媒体知识共享模式具有如下特点。

（一）知识共享主体

借助流媒体的知识分享更接近于现实中面对面的交流，知识分享主体运用语言、表情、肢体动作和多媒体技术等更好地传递自身的知识，能够让知识消费者更好地吸收掌握分享的知识。该模式中充当“主讲人”“主播”者，应具有较强的语言表达能力和吸引能力，此外还需要有较强的临场应变能力和全场把控能力，能够保证直播活动的顺利推进。这一知识共享模式需要大量的线下准备工作，从而保证视频和直播的流畅性和有效性。

（二）知识

图书馆的显性知识包括传统的纸质类文献和数字资源。新媒体极大地丰富了显性知识的呈现方式，将知识以文字、图像、声音、音频和动画等数字化形式呈现出来，减少了知识消费者信息处理和理解掌握的障碍，从而提高了知识共享效率。另外，在前期的知识组织和加工过程中，知识生产者要依赖于自己的专业技能、操作经验和体会，这就促成了隐性知识的分享和传播。

（三）知识共享环境

流媒体知识共享是近年来，尤其是 2020 年“新冠”肺炎疫情暴发后迅速兴起的知识共享模式。良好的知识共享氛围可以促进这一模式的良性发展。因此，图书馆对有意愿参与短视频制作、视频直播的馆员应给与支持和鼓励，例如积极搭建相应的平台、提供机会、甄选合适的团队成员、为知识共享主体制定完善的奖励制度等。知识共享主体也要营造积极向上、相互协作的团队文化和氛围。此外，知识共享主体还应积极鼓励和引导知识消费者积极主动地参与提问和讨论，积极开展良性互动的有效沟通。

（四）知识共享技术

流媒体知识共享模式离不开移动互联网、智能终端、远程视频直播系统等新媒体技术的支撑。以二进制数形式获取、存储、传递、处理信息载体，要求知识共享团队必须配备具有技术背景的人员。由于知识分享内容和形式均以文字、图像、声音、音频和动画等数字化形式呈现，对流量耗费较大，故对 Wi-Fi 环境有一定的要求。其能够让知识共享主体通过移动新媒体端，随时随地地参与到直播知识分享活动中，能够增加知识共享主体参与的积极性和能动性，提高知识共享的效率。

参考文献

（一）中文参考文献

[1] 中国科学技术情报所专利馆.国外专利法介绍 1[M].北京:知识出版社,1981.

[2] 安娜.高校数字图书馆用户教育探究[J].情报理论与实践,2009,32(8).

[3] 安妮·布鲁金.企业记忆知识管理战略[M].赵晓江,译.沈阳:辽宁教育出版社,1999.

[4] 蔡旭彦.微信公众号内容与读者参与的关系——以国图艺术中心为例[J].传媒坛,2021,4(24).

[5] 曹树金,刘慧云,王连喜.大数据驱动的图书馆精准服务研究[J].大学图书馆学报,2019(4).

[6] 常宝,储雪林,李红艳.试论粘滞知识及其管理对策[J].科学学研究.2005,23(2).

[7] 陈传夫,等.图书馆发展中的知识产权问题研究[M].北京:中国人民大学出版社,2015.

[8] 陈敦亮.基于新媒体环境下数字图书馆资源建设的研究[J].信息记录材料,2021,22(4).

[9] 陈卫星.传播的观念[M].北京:人民出版社,2004.

[10] 褚金涛.中美高校图书馆用户教育的比较研究[J].图书馆杂志,2004(2).

[11] 封丽.高校图书馆专利信息服务实践与模式研究[J].科技视界,2020(12).

[12] 谷学强,张子铎.移动阅读时代学术类公众号的内容生产与运营策略——基于五家学术公众号的内容分析[J].出版科学,2020,28(2).

[13] 关培兰.组织行为学[M].北京:人民大学出版社,2002.

[14] 郭宇,王晰巍,杨梦晴,等.移动新媒体的知识共享因素研究——基于信息生态视角[J].情报学报,2014(12).

[15] 杭小树.基于数据库与知识库的知识发现方法及工具实现研究[D].安徽:中国科学技术大学,2002.

[16] 何林.2015年版《普通高等学校图书馆规程(修订)》评述[J].情报探索,2016(12).

[17] 贺子岳.网络环境下图书馆人力资源的开发研究[M].北京:北京图书馆出版社,2004.

[18] 胡航,杨旸,飞云倩.教育信息化助推教育现代化:使命、路径与策略[J].教学研究,2021,44(1).

[19] 胡锦涛.在"三个代表"重要思想理论研讨会上的讲话[M]//保持共产党员先进性教育读本.北京:党建读物出版社,2005.

[20] 黄春燕.大数据环境下图书馆用户教育的演变与变革创新思考[J].图书馆理论与实践,2016(11).

[21] 黄勤南.新编知识产权法教程[M].北京:中国政法大学出版社,1995.

[22] 黄如花,李白杨.数据素养教育:大数据时代信息素养教育的拓展[J].图书情报知识,2016(1).

[23] 黄文峋.图书馆评估指标的构建与分析探究[J].河南图书馆学刊,2019, 39(10).

[24] 纪河,朱燕菲.继承与创新:由共同体走向学习共同体[J].中国远程教育,2019(10).

[25] 贾同兴.知识组织的进步[J].国外情报科学,1996(2).

[26] 蒋宏,徐剑.新媒体导论[M].上海:上海交通大学出版社,2006.

[27] 蒋永福.知识组织论:图书情报学的理论基础[J].图书馆学情报学,2000(11).

[28] 金海军.知识产权私权论[M].北京:中国人民大学出版社,2004.

[29] 柯平.知识资源论——关于知识资源管理与图书馆学的研究对象[J].图书馆论坛,2004(6).

[30] 孔德利.人力资源的开发管理与图书馆事业发展[J].图书馆工作与研究,2004(6).

[31] 李丹.图书馆开展流媒体服务研究[J].河北科技图苑,2015, 28(5).

[32] 李桂贞.论元数据及其在知识管理中的应用[J].现代情报,2006(11).

[33] 李海玉.全媒体时代的图书馆资源建设[J].参花(下),2021(8).

[34] 李华伟,董小英,等.知识管理的理论与实践[M].北京:华

艺出版社，2002.

［35］李婧，孙媛媛.高校图书馆主题书展服务实践案例与启示［J］.图书馆学研究，2016(12).

［36］李昆.新媒体环境下图书馆学科服务团队知识共享研究［D］.长春：吉林大学，2016.

［37］李良荣.网络与新媒体概论［M］.北京：高等教育出版社，2019.

［38］李林容.新媒体概论［M］.北京：法律出版社，2015.

［39］李志宏，王海燕.组织员工隐性知识共享的博弈分析［J］.科技进步与对策，2010，27(6).

［40］林崇德.管理心理学［M］.北京：人民出版社，2001.

［41］刘春田.知识产权法［M］.北京：高等教育出版社，2003.

［42］刘海君.高校图书馆人力资源的全员培训和梯次开发［J］.图书馆建设，2003(2).

［43］刘家瑞，等.知识产权地域性冲突法评述［J］.中央政法管理干部学院学报，1998(6).

［44］刘军.公共关系学［M］.北京：机械工业出版社，2006.

［45］刘利.图书馆信息资源的特征及其有效利用［J］.中国科技信息，2007(5).

［46］刘炜."后疫情时代"图书馆加速转型的人才需求［J］.图书馆建设，2020(6).

［47］刘文清.论图书馆评价［D］.湘潭：湘潭大学，2003.

［48］刘亚.美国高校图书馆成效评估及启示：AiA 项目研究报告分析［J］.图书馆，2019(8).

［49］刘娅，丁和根.新媒体运营与管理理论［M］.南京：南京大学出版社，2018.

［50］马春梅.流媒体时代高校图书馆的服务模式［J］.新闻战线，2015(8).

［51］迈克尔·波兰尼.个人知识 迈向后批判哲学［M］.许泽民，译.贵阳：贵州人民出版社，2000.

［52］毛芸.基于微课程的高校图书馆信息素养教育探索——以北京师范大学图书馆为例［J］.高校图书馆工作，2017(1).

［53］孟鲁洋，张胜军，李国平.企业知识与知识共享对策研究［J］.图书情报导刊，2005，15(3).

［54］潘德利.试论图书馆信息资源的特征［J］.辽宁教育学院学报，2000(1).

［55］潘忠党，刘于思.以何为“新”？“新媒体”话语中的权力陷阱与研究者的理论自省——潘忠党教授访谈录［J］.新闻与传播评论，2017(1).

［56］彭兰.“新媒体”概念界定的三条线索［J］.新闻与传播研究，2016，23(3).

［57］苏新宁，任皓，吴春玉，朱晓峰.组织的知识管理［M］.北京：国防工业出版社，2004.

［58］孙恒志.从已有知识定义的缺陷看知识定义的科学整合［J］.山东科技大学学报(社会科学版)，2002，4(3).

［59］孙杰远，温雪.微课的原理与技术［M］.北京：中国轻工业出版社，2016.

［60］谭笑.跨媒体营销策划与设计［M］.北京：中国传媒大学出

版社,2016.

[61] 王国强,潘雅茵,许伟达.停课不停学,闭馆不打烊——澳门大学图书馆抗疫纪实[J].高校图书馆工作,2020, 40(3).

[62] 王维国.论知识的公共性维度[M].北京:中国社会科学出版社,2003.

[63] 王晰巍,郭宇,魏骏巍,等.移动互联网环境下企业隐性知识共享影响因素研究——基于信息生态视角的分析[J].图书情报工作,2014, 58(24).

[64] 王湘玲,王律,尹慧.基于社交 APP 的翻译移动学习共同体模式构建与实验研究[J].外语电化教学,2017(4).

[65] 王晓红.视频文本化及其技术功能初探[J].新闻爱好者,2013(3).

[66] 王知津,李培,李颖,等.知识组织理论与方法[M].北京:知识产权出版社,2009.

[67] 乌云高娃.ARL《2018 年图书馆评估大会论文集》解读及启示[J].图书与情报,2019(5).

[68] 吴汉东.知识产权法学[M].北京:北京大学出版社,2001.

[69] 吴慰慈.图书馆学概论[M].北京:国家图书馆出版社,2008.

[70] 夏先良.知识论 知识产权、知识贸易与经济发展[M].北京:对外经济贸易大学出版社,2000.

[71] 谢强.微媒体背景下"微课"对于高校图书馆的作用探析[J].中国管理信息化,2015(19).

[72] 徐芳.战略性新兴产业知识共享影响因素分析[J].现代情

报,2017, 37(7).

[73] 徐瑞平,陈莹.企业知识共享效果综合评估指标体系的建立[J].情报杂志,2005(10).

[74] 徐扬.虚拟科研组织中的知识共享管理[J].科技进步与对策,2010, 27(5).

[75] 徐引篪,霍国庆.现代图书馆学理论[M].北京:北京图书馆出版社,1999.

[76] 燕今伟,朱强.《普通高等学校图书馆规程》修订述要[J].大学图书馆学报,2016, 34(2).

[77] 杨琳桦."科技是第七种生命形态"[N].21 世纪经济报道,2010-11-29(13).

[78] 杨敏,于倩倩.直播技术在图书馆领域的应用及发展[J].新世纪图书馆,2021(3).

[79] 杨雨山.德鲁克的管理精髓[M].北京:中国铁道出版社,2009.

[80] 游丽华.图书馆用户教育[M].北京:中国社会科学出版社,2008.

[81] 于爱华.MOOC 时代背景下的图书馆服务模式创新研究[J].图书馆学研究,2014(21).

[82] 于良芝.图书馆情报学概论[M].北京:国家图书馆出版社,2016.

[83] 郁振华.波兰尼的默会知识论[J].自然辩证法研究,2001(8).

[84] 张才明.虚拟社区隐性知识共享研究[J].情报科学,2020, 38(9).

[85] 张成洪，严正，宋亮. 协同商务环境下的知识共享框架[J].复旦学报(自然科学版)，2003(5).

[86] 张楚.知识产权法概论[M].北京：中国人民大学出版社，2019.

[87] 张克永，李贺. 网络健康社区知识共享的影响因素研究[J].图书情报工作，2017(5).

[88] 张向先，郭顺利，李昆.新媒体环境下图书馆学科服务团队知识共享影响因素及实证研究[J].图书馆学研究，2017(13).

[89] 张玉敏.知识产权法[M].北京：法律出版社，2005.

[90] 张志林.印刷传播知识管理[M].北京：中国书籍出版社，2004.

[91] 赵亮，冯蒙朝，王瑞花.企业虚拟社区用户知识共享动机的演变机制研究[J].情报理论与实践，2017，40(11).

[92] 郑成思.知识产权法教程[M].北京：法律出版社，1993.

[93] 郑荣，王戴尊，喻昕.高校图书馆知识共享体系的构建研究[J].情报科学.2011(3).

[94] 郑章飞，陈有志.从立法角度看《普通高等学校图书馆规程》的修订[J].大学图书馆学报，2015，33(4).

[95] 中国互联网络信息中心.第 47 次《中国互联网络发展状况统计报告》[R/OL]. (2021-02-03)[2021-02-08]. http://www.cnnic.cn/hlwfzyj/hlwxzbg/hlwtjbg/202102/t20210203_71361.htm.

[96] 中国互联网络信息中心.第 48 次《中国互联网络发展状况统计报告》[R/OL].[2022-02-15]. http://www.cnnic.net.cn/hlwfzyj/hlwxzbg/hlwtjbg/202109/P020210915523670981527.pdf.

［97］中华人民共和国文化和旅游部.公共图书馆评估指标 第2部分：省、市、县级公共图书馆［S/OL］.［2022-05-05］. http://zwgk.mct.gov.cn/zfxxgkml/hybz/202012/t20201205_915575.html.

［98］钟义信.论"信息—知识—智能转换规律"［J］.北京邮电大学学报，2007，30(1).

［99］周九常，等.图书馆知识转移与共享［M］.北京：知识产权出版社，2010.

［100］朱涵，郭劲赤.美国《高等教育信息素养框架工具包》对移动信息素养教育的启示［J］.图书馆学研究，2020(16).

［101］朱涵，郭劲赤.移动环境下的澳洲高校图书馆信息素养教育探究［J］.情报探索，2022(5).

（二）外文参考文献

［1］Amy，Mollett，Danielle，Moran，Patrick，Dunleavy. Using Twitter in university research，teaching and impact activities：A guide for academics and researchers.［EB/OL］.（2011-09）［2022-03-16］. http://blogs. lse. ac. uk/impactofsocialsciences/files/2011/11/Published-Twitter_Guide_Sept_2011.pdf.

［2］Association of Research Libraries. 2006 Library Assessment Conference［EB/OL］.［2022-05-20］. https://www. libraryassessment.org/past-conferences/2006-library-assessment-conference/.

［3］Chaomei Chen. Information visualization：beyond the horizon［M］. London：Springer，2004.

［4］Corbett A. T，Anderson J. R. Knowledge tracing：Modeling the acquisition of procedural knowledge［J］. User Modeling and User-Adapted Interaction, 1994, 4(4).

[5] Danaher A. P. et al. Mobile Learning Communities [M]. New York: Routledge, 2009.

[6] DEAKIN University. Your publishing plan. [EB/OL]. [2021-04-08]. http://deakin. libguides. com/c. php? g = 558289&p=3912334.

[7] Goldstein, Jukeor, Rev. Copyrights Highway: From Gutenberg to the Celestialed[M]. Stanford Calif.: Stanford University Press, 2003.

[8] Harold L. Vogel. Entertainment Industry Economics: A Guide for Financial Analysis[M]. Cambridge: Cambridge University Press, 2007.

[9] J. Boyle. A Closed Mind about an Open World[J]. Financial Times, 2006(8).

[10] Megwalu A. Academicsocial networking: A case study on users' information behavior [J]. Advances in Librarianship, 2015 (39).

[11] Peter M. Senge. The Fifth Discipline: The Art & Practice of The Learning Organization[M]. New York: Currency Doubleday, 1990.

[12] Reidenbach R. E, Grimes S. How Concept Knowledge Affects Concept Evaluation[J]. Journal of Product Innovation Management, 1984, 1(4).

[13] Schubert P, Lincke D. M, Schmid B. A global knowl-

edge medium as a virtual community: the Net Academy concept [J]. AMCIS 1998 Proceedings, 1998.

[14] Shouhomhg Wang, Godwin Ariguzo. Knowledge Management Though the Development of Information Schema. Information & Management, 2004(41).

[15] Siva Vaidhyanathan. Copyright Jungle[J]. Columbia Journalism Review, 2006, 45(3).

[16] S. K. Baker, M. E. Jackson. The Future of Resource Sharing[M]. New York: The Worth Press, Inc., 1995.

[17] Tracey Caldwell. The Digital Copyright Balance[J]. Information World Review, 2006, 229(10).

[18] Yee FenLim. Digital Rights Management, Merging Contract, Copyright and Criminal Law[M]. Berlin: Springer Pr., 2006.

[19] Zack M. H. Developing a knowledge strategy[J]. The strategic management of intellectual capital and organizational knowledge, 2002.

后 记

本书的研究尚有许多不足之处，恳请各位同仁老师批评指正。例如，对新媒体环境下的知识共享技术有待进一步研究与追踪，对新媒体环境下用户行为有待进一步分析，对新媒体环境下知识共享评估指标的建构有待进一步完善等。

本书撰写出版过程中得到了许多人的协助，在此我们想感谢给予指导的前辈，感谢提出建议的同仁，感谢曹艾达编辑和上海社会科学院出版社的指导和帮助。我们会继续努力，在未来的学习研究中，将本研究的不足之处逐一改进。

2022 年夏于上海

图书在版编目(CIP)数据

新媒体环境下的图书馆知识共享 / 朱涵，张韵著
.— 上海 ：上海社会科学院出版社，2022
ISBN 978 - 7 - 5520 - 3927 - 6

Ⅰ. ①新… Ⅱ. ①朱… ②张… Ⅲ. ①院校图书馆—信息资源—资源建设—研究 Ⅳ. ①G258.6

中国版本图书馆 CIP 数据核字(2022)第 139368 号

新媒体环境下的图书馆知识共享

著　　者：朱　涵　张　韵
责任编辑：曹艾达
封面设计：周清华
出版发行：上海社会科学院出版社
上海顺昌路 622 号　邮编 200025
电话总机 021 - 63315947　销售热线 021 - 53063735
http：//www.sassp.cn　E-mail：sassp@sassp.cn
照　　排：南京理工出版信息技术有限公司
印　　刷：上海龙腾印务有限公司
开　　本：890 毫米×1240 毫米　1/32
印　　张：9.125
插　　页：1
字　　数：202 千
版　　次：2022 年 9 月第 1 版　2022 年 9 月第 1 次印刷

ISBN 978 - 7 - 5520 - 3927 - 6/G・1196　　定价：69.00 元

版权所有　翻印必究